活页式教材使用注意事项

根据需要,从教材中选择需要撕下来单独使用的页面。

小心地沿页面根部的虚线将页面撕下。为了保证沿虚线撕开,可以先沿虚线折叠一下。
注意:一次不要同时撕太多页。

03 撕下的活页式页面或者笔记记录页,使用后放置到封底活页式口袋夹中,以免丢失。
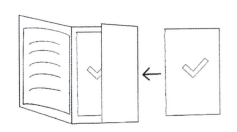

温馨提示: 在第一次取出教材正文页面之前,可以先尝试撕下本页,作为练习。

高等职业教育产教融合系列教材

跨境电商实务
（活页式教材）

主　编　徐　丹
副主编　徐　婷　张　彤　郝力云
参　编　仝　玺　汪　凯

北京理工大学出版社
BEIJING INSTITUTE OF TECHNOLOGY PRESS

内 容 提 要

本书着眼于实战，遵循跨境电商行业人才从新手、熟手到能手的成长规律，将理论结合实际，从零基础开始，系统、全面地讲解了跨境电商平台运营的基础知识和应用技巧。全书共分为13个项目，主要内容包括跨境电商概述、多种跨境电商平台规则、跨境电商选品和市场分析、店铺注册与管理、跨境电商产品发布与管理、跨境电商视觉设计、跨境电商国际物流、跨境电商营销、跨境电商数据化运营、订单管理及商机获取、跨境电商支付与结算、跨境客户开发与管理、跨境电商客服。本书基于编者多年跨境电商运营经验、跨境电商教学经验，以及带领跨境电商专业学生团队创业的经验编写而成，内容通俗易懂，后台数据均来源于企业真实运作案例，是一本不可多得的实战型教材。

本书可作为高职高专电子商务类、经济管理类、国际贸易类和跨境电商类相关专业的教材，也可供电子商务及外贸行业从事跨境电商相关工作的人员工作时参考使用。

版权专有　侵权必究

图书在版编目（CIP）数据

跨境电商实务 / 徐丹主编 . -- 北京：北京理工大学出版社，2024.7
ISBN 978-7-5763-3113-4

Ⅰ . ①跨… Ⅱ . ①徐… Ⅲ . ①电子商务－商业经营 Ⅳ . ① F713.365.2

中国国家版本馆 CIP 数据核字（2023）第 210223 号

责任编辑：李　薇	文案编辑：郭　洲
责任校对：周瑞红	责任印制：施胜娟

出版发行 /	北京理工大学出版社有限责任公司
社　　址 /	北京市丰台区四合庄路6号
邮　　编 /	100070
电　　话 /	（010）68914026（教材售后服务热线）
	（010）68944437（课件资源服务热线）
网　　址 /	http://www.bitpress.com.cn
版 印 次 /	2024年7月第1版第1次印刷
印　　刷 /	河北鑫彩博图印刷有限公司
开　　本 /	787 mm×1092 mm　1/16
印　　张 /	18
字　　数 /	445千字
定　　价 /	55.00元

图书出现印装质量问题，请拨打售后服务热线，负责调换

前 言

为进一步深化《国家职业教育改革实施方案》《职业教育提质培优行动计划（2020—2023年）》等文件要求，全面落实立德树人根本任务，充分发挥教材建设在职业教育人才培养中的重要作用，天津商务职业学院"跨境电商实务"课题组成员在长期的教育教学研究、课程改革和行业企业实践积累的基础上，紧密围绕互联网经济快速发展形势下社会对技术技能人才的需求，与校外企业建立实训基地，针对当地龙头企业展开市场调研，了解行业企业用人需求情况，针对岗位需要的工作能力进行总结、梳理，形成职业院校学生培养能力目标，根据企业要求的岗位工作能力目标，匹配需要学习的知识模块，以技术逻辑和业务流程组建项目，形成模块化课程。以模块化课程建设为主线，进行活页式教材的开发和项目化教学实施，对标行业发展新技术、新标准、新模式，坚持专业知识教育和人文素质培养相结合、坚持行业岗位技术标准和专业课程教学标准相结合，开发了岗、课、赛、证四方面融合一体的《跨境电商实务（活页式教材）》。本书具有以下特点。

（1）标准与需求相融合：本书全面落实国家专业教育教学标准，对标"跨境电商数据运营B2B职业技能等级证书"和"跨境电商数据运营B2C职业技能等级证书"初级、中级、高级标准，参考行业企业的岗位技能标准，将跨境电商运营技术、规范要求，企业人才培养体系思路引入课堂，结合学情分析，充分考虑学生知识吸收情况和能力情况，将行业标准、1＋X考证标准转化为教学标准，以标准强化学生的科学化、规范化和精细化。

（2）思政与专业相融合：本书开发立足《高等学校课程思政建设指导纲要》，将课程思政、劳动素养、职业素养、工匠精神和人文素养融入教材建设。

（3）生产与教学相融合：本书的编写与开发充分结合职业院校学生学习特征，以企业典型岗位操作规范和标准进行编写，以跨境电商企业操作平台的业务流程组织内容和体例，以学生学情和需求分析设计选取教学方法和评价手段，以学生学习实操的视角统筹开发配套资源，充分强调实操练习的重要性，校企合作开发，形成"一体化教学资源包"，体现本书的职业性特点。本书将跨境电商企业岗位的典型工作任务及工作过程——跨境电商产品交易流程，作为本书的主体内容，通过任务模块、任务评价等，让学生熟悉跨境电商经营理念，掌握跨境平台业务操作技巧。

本书源于天津商务职业学院多年的教育教学和课程改革实践经验，结合了全国职业院校职业技能大赛考点要求、结合了 1＋X 跨境电商数据运营职业技能等级证书考核标准、结合了"跨境电商实务"课程标准要求,反映了职业教育教学改革的阶段性成果。本书编写过程中倾注了编者大量的心血,也融入了对职业教育课程改革的见解和心得体会,同时借鉴了诸多专家学者的宝贵经验,经过校内实践,不断完善,几易其稿,最终形成了现有教材。

  本书由天津商务职业学院徐丹担任主编,徐婷、张彤、郝力云担任副主编,仝玺、汪凯参编,具体分工见下表:

序号	姓名	单位、职务	编审内容
1	张彤	天津商务职业学院讲师	项目1　跨境电商概述 项目2　多种跨境电商平台规则 项目4　店铺注册与管理 项目9　跨境电商数据化运营
2	徐丹	天津商务职业学院讲师	项目3　跨境电商选品和市场分析 项目5　跨境电商产品发布与管理 项目7　跨境电商国际物流
3	徐婷	天津商务职业学院副教授	项目6　跨境电商视觉设计 项目10　订单管理及商机获取 项目11　跨境电商支付与结算
4	郝力云	天津利云科技有限公司总经理	项目8　跨境电商营销
	邵元娇	天津利云科技有限公司北辰运营中心运营总监	
5	仝玺	天津商务职业学院副教授	项目12　跨境客户开发与管理
6	汪凯	天津商务职业学院讲师	项目13　跨境电商客服

  邵元娇作为企业一线人员,在本书编写过程中提供了大量的平台案例、资料等宝贵的一线素材,在此表示感谢!同时我们在编写过程中,借鉴了一些出版物与网络资料的新数据和信息资源,也得到了许多从事跨境电商专业人士的大力支持和帮助,一并表示感谢!

  由于编者水平有限,书中难免存在不妥与疏漏之处,敬请读者批评指正。

编 者

目 录

项目1 跨境电商概述 ················ 1

任务1.1 跨境电商的定义 ············ 1

任务1.2 跨境电商的分类 ············ 4

任务1.3 跨境电商的历史和发展趋势 ····· 7

项目2 多种跨境电商平台规则 ········· 11

任务2.1 跨境电商平台规则 ············ 11

任务2.2 速卖通平台卖家基本义务 ······· 13

任务2.3 全球速卖通卖家违规及处罚
　　　　规则 ···················· 16

任务2.4 全球速卖通商品发布规范 ······· 17

任务2.5 阿里巴巴国际站平台规则 ······· 19

任务2.6 敦煌网政策规则 ·············· 21

项目3 跨境电商选品和市场分析 ······· 24

任务3.1 阿里巴巴速卖通选品方法
　　　　和原则 ···················· 24

任务3.2 阿里巴巴国际站选品分析 ······· 40

项目4 店铺注册与管理 ················ 48

任务4.1 开通阿里巴巴速卖通平台
　　　　店铺 ························ 48

任务4.2 开通阿里巴巴国际站 ··········· 51

任务4.3 敦煌网平台店铺注册 ··········· 58

任务4.4 敦煌网平台账户认证 ··········· 62

项目5 跨境电商产品发布与管理 ········ 67

任务5.1 速卖通平台产品标题编写 ······· 67

任务5.2 速卖通平台产品类目选择 ······· 73

任务5.3 速卖通平台商品图片和视频
　　　　上传 ························ 77

任务5.4 速卖通平台产品属性规范 ······· 82

任务5.5 速卖通平台产品详情页制作 ····· 84

任务5.6 速卖通平台产品定价与库存 ····· 90

任务5.7 速卖通平台产品包装与物流 ····· 95

项目6 跨境电商视觉设计 ·············· 98

任务6.1 图像处理工具入门 ············ 98

任务6.2　店铺海报的设计与制作………110

项目7　跨境电商国际物流………………119
　　任务7.1　速卖通平台国际物流分类………119
　　任务7.2　阿里巴巴国际站物流……………132
　　任务7.3　跨境电商平台物流运费模板的设置…………………………………134

项目8　跨境电商营销……………………145
　　任务8.1　速卖通平台活动…………………145
　　任务8.2　速卖通店铺活动…………………156

项目9　跨境电商数据化运营……………165
　　任务9.1　跨境电商数据化运营的概念……165
　　任务9.2　阿里巴巴速卖通数据化运营……167
　　任务9.3　阿里巴巴速卖通数据化运营重要指标分析…………………………171
　　任务9.4　阿里巴巴国际站数据化运营……177
　　任务9.5　阿里巴巴国际站数据化运营发布产品原则…………………………181
　　任务9.6　阿里巴巴国际站数据运营产品推广……………………………………183

项目10　订单管理及商机获取……………188
　　任务10.1　速卖通平台订单管理……………188
　　任务10.2　阿里巴巴国际站商机获取——查看访客详情和访客营销…………194
　　任务10.3　询盘设置…………………………198

　　任务10.4　阿里巴巴国际站订单管理——阿里国际站平台订单基础操作…………………………………204
　　任务10.5　阿里巴巴国际站平台信用保障订单起草…………………………210

项目11　跨境电商支付与结算……………216
　　任务11.1　认知跨境支付与结算……………216
　　任务11.2　传统跨境支付与结算方式——国际电汇…………………………219
　　任务11.3　传统跨境支付与结算方式——网上信用证…………………………222
　　任务11.4　PayPal……………………………225
　　任务11.5　Payoneer…………………………231
　　任务11.6　一达通……………………………235

项目12　跨境客户开发与管理……………241
　　任务12.1　跨境客户概况分析………………241
　　任务12.2　跨境客户开发策略与方法………247
　　任务12.3　跨境客户价值分析………………256

项目13　跨境电商客服……………………261
　　任务13.1　跨境电商客服思路与技巧………261
　　任务13.2　跨境客服沟通方法………………266

参考文献……………………………………280

项目 1

跨境电商概述

项目导读

经济全球化的形势加速了跨境电商的蓬勃发展，同时，跨境电商也促进了经济全球化。而且跨境电商的出现为经济全球化创造了一个良好的应用平台，一段时期之内，跨境电商依然会是跨境贸易交往的重要形式之一。为了更好地使用跨境电商这个工具，人们首先要了解跨境电商。

任务 1.1　跨境电商的定义

学习目标

【知识目标】
（1）理解跨境电商的概念。
（2）理解跨境电商的意义。

【能力目标】
能够掌握跨境电商的概念和意义。

【素养目标】
（1）培养多思、勤练的学习作风。
（2）培养总结、理解和归纳能力。

任务引入

在市场规模方面，2022 年中国跨境电商市场规模达 15.7 万亿元，较 2021 年的 14.2 万亿元同比增长 10.56%。2018—2021 年市场规模（增速）分别为 9 万亿元（11.66%）、10.5 万亿元（16.66%）、12.5 万亿元（19.04%）、14.2 万亿元（13.6%）。在模式结构方面，2022 年中国跨境电商的交易模式中，跨境电商 B2B（企业对企业）交易占比达 75.6%，跨境电商 B2C（企业对个人）交易占比 24.4%。从上述数据来看，跨境电商市场当前的发展趋势如何？

¤ 任务分析

跨境电商是在全球经济一体化的趋势下应运而生的一种商业模式，它能够促进国际贸易的发展，提高企业的国际竞争力，同时，为消费者提供更加丰富多样的商品和服务选择。为了更好地运营跨境电商店铺，人们需要对跨境电商的概念和意义有初步的了解，才能深入研究相关问题。

¤ 知识链接

知识点1　跨境电商的概念

跨境电商是指分属不同关境的交易主体借助互联网，通过各种电商平台完成交易，采用快件、邮政小包等方式通过跨境物流运送交易商品，进行跨境支付结算，最终将商品送达消费者手中，从而完成交易的一种国际商业活动。

视频：全球速卖通品牌出海

知识点2　跨境电商的意义

（1）推动经济一体化，贸易全球化。跨境电商是全球化时代的产物，是世界市场资源配置的重要载体，能进一步打破全球市场壁垒，促进跨境商业流通，推动经济一体化、贸易全球化。

（2）提高对外开放水平。跨境电商使国际贸易走向无国界贸易，促进跨境商业流通，必将成为新的经济增长热点，对提高我国对外开放水平有着深远的意义。

（3）创造新的经济增长点。跨境电商是互联网时代的产物，是"互联网+外贸"的具体体现。它响应了国内消费者对更高生活质量的需求，必将改善消费者福利。

（4）有利于传统外贸企业的转型和升级。跨境电商有助于在成本效率方面加强我国进出口竞争优势，提高外贸企业利润率，对维持我国对外贸易的稳定增长具有深远的意义。

> ■ **素养提升**
>
> 跨境电商是全球化的产物，学习跨境电商可以让学生更好地了解全球经济和贸易的发展趋势，提高他们的国际视野和竞争力。跨境电商也是全球化和数字化时代的必然产物，它打破了国界限制，促进了国际贸易和文化交流。跨境电商是"互联网+外贸"的具体体现，响应了国内消费者对更高生活质量的需求，可以改善消费者福利，并有助于在成本效率方面加强我国进出口竞争优势，提高外贸企业利润率，对维持我国对外贸易的稳定增长具有深远的意义。

¤ 工作任务实施

为充分理解跨境电商的概念和意义，明确跨境电商的分类，请学生们登录相关网站进行了解和学习。

1. 中国国际进口博览会 https://www.ciie.org

中国国际进口博览会简称中国进博会，是中国首个以进口为主题的国家级展会，由中华人民共和国商务部和上海市人民政府主办，中国国际进口博览局、国家会展中心（上海）有限责任公司承办。进博会的主要宗旨在于进一步打开中国市场，为境外优质商品和服务提供展示与交易平台（图1-1）。

图 1-1　中国国际进口博览会网站

2. 中国一带一路网 www.yidaiyilu.gov.cn

中国一带一路网已正式上线运行，网站微博、微信同步开通（图 1-2）。一带一路网是中华人民共和国外交部、国家发展和改革委员会、商务部联合主办和支持的国家级多语种网站，以中、英、法、俄、德、西、阿、日八个语种发布。一带一路网致力于传播"一带一路"建设理念，宣传政策沟通、设施联通、贸易畅通、资金融通、民心相通的丰硕成果，展示沿线国家人民追求和平与发展的愿望，为推动共建一带一路提供舆论支持和文化交流服务。

图 1-2　中国一带一路网

3. 中华人民共和国商务部 https://www.mofcom.gov.cn

商务部主要负责制定电子商务行业对外贸易和国际经济合作的发展战略与新政策，起草并推进对外贸易和对外经济合作领域的法律法规草案，制定部门规章，推动跨境电商行业规范健康发展（图 1-3）。

图 1-3　中华人民共和国商务部网站

4. 中华人民共和国海关总署 http://www.customs.gov.cn/

海关总署主要负责监管跨境贸易电子商务进出口经营活动，监管进出境货物、物品的通关和税收征管，负责口岸管理、海关查验、保税监管、知识产权、海关保护等职责。

5. 敦煌网 http://www.dhgate.com

敦煌网是全球领先的在线外贸交易平台。敦煌网 CEO 王树彤是中国最早的电子商务行动者之一，2004 年创立敦煌网。敦煌网帮助中国中小企业通过跨境电子商务平台走向全球市场，开辟一条全新的国际贸易通道，让在线交易不断地变得更加简单、更加安全、更加高效。

6. 全球速卖通 http://www.aliexpress.com

全球速卖通是阿里巴巴旗下的面向国际市场打造的跨境电商平台，被广大卖家称为"国际版淘宝"。全球速卖通面向海外买家客户，通过支付宝国际账户进行担保交易，并使用国际物流渠道运输发货，是全球领先的英文在线购物网站。

¤ 工作任务实施

1. 浏览中国国际进口博览会网站，简述进博会对跨境电商的影响。

2. 浏览中国一带一路网，简述"一带一路"倡议的最新发展动态。

3. 浏览中华人民共和国商务部网站，请找到商务部最新颁布的跨境电商管理政策。

4. 浏览中华人民共和国海关总署网站，请找到海关总署对于跨境电商监管的政策。

学习步骤：同学 4～6 人为一组，选出组长；每位同学独立访问网站学习；小组成员相互讨论，形成汇报 PPT 并在课堂上进行展示。

¤ 任务评价

请完成表 1-1 的学习评价。

表 1-1　任务学习评价表

序号	检查项目	分值	结果评估	自评分
1	是否了解跨境电商的定义？	25		
2	是否了解跨境电商的意义？	25		
3	PPT 内容	25		
4	PPT 汇报	25		
	总分	100		

● 习题巩固

1. 什么是跨境电商？
2. 请解释跨境电商与国内电商的主要区别。
3. 请提供一个跨境电商平台的实际例子，说明它的运作方式。
4. 解释为什么跨境电商可以让企业扩大其市场范围。
5. 列举一些跨境电商可能面临的国际市场挑战。

任务 1.2　跨境电商的分类

¤ 学习目标

【知识目标】

（1）理解跨境电商不同分类的概念。
（2）了解跨境电商的分类。
（3）了解如何对不同跨境电商业务进行正确分类。

【能力目标】

能够根据不同经营特点和目标市场，对跨境电商平台进行分类。

【素养目标】
(1) 培养多思、勤练的学习作风。
(2) 培养总结、理解和归纳能力。

任务引入

初步了解跨境电商的定义后，需要进一步深入学习相关部分内容。本任务我们将更详细地学习如何对跨境电商进行分类。能够进行正确分类，针对不同的跨境电商业务模式和措施，可以制定相应的跨境电商政策，促进跨境电商的健康发展。正确的分类可以让人们更好地了解跨境电商的交易模式、物流模式、支付方式等，更好地了解跨境电商的进出口情况，从而更好地掌握跨境电商的发展趋势和特点，为政策制定和企业决策提供参考。

同时正确的分类可以让人们更好地了解跨境电商的消费者需求和市场情况，从而为消费者提供更好的服务和体验，促进跨境电商市场的繁荣发展。

任务分析

作为全球经济一体化的趋势下应运而生的一种商业模式，跨境电商能够促进世界经济的发展，提高企业国际化程度，丰富消费者选择。

下面我们会按照不同的分类方式，分别介绍跨境电商的分类。

全球跨境电商主要平台介绍

知识链接

知识点 1　跨境电商的分类

跨境电商按照不同的分类方式有不同的类型，以下是按照交易主体和服务类型的分类。

1. 按照交易主体分类

(1) B2B 跨境电商：以企业为主体进行的跨境电商活动，主要为企业之间进行跨境交易，如阿里巴巴国际站，主要针对的是批发和采购市场。

(2) B2C 跨境电商：企业直接向消费者销售产品或服务，如亚马逊、淘宝国际、海外购物平台和商家自营的海外直邮平台。

(3) C2C 跨境电商：消费者之间进行跨境交易，如 eBay 国际站，允许个人销售产品给其他个人消费者，跨境电商平台上的个人交易及二手商品交易都可以归入这个范畴。

(4) O2O 跨境电商：线上与线下相结合的跨境电商，如海外购物中心、海外自提点等。

2. 按照交易模式分类

(1) 保税区模式：商品先进入目标市场的保税区，等待收到订单后再发货。

(2) 直邮模式：商品直接从国家 A 邮寄到国家 B 的消费者手中。

(3) 海外仓模式：商品先存放在目标市场的海外仓库，等待收到订单后再发货。

3. 按照销售渠道分类

(1) 独立网店：企业拥有自己的网上商店，如自建网站。

(2) 第三方电商平台：在像亚马逊、eBay、阿里巴巴、京东等平台上销售商品。

(3) 社交媒体平台：通过社交媒体平台如 Facebook、Instagram 等进行销售。

(4) 跨境电商园区：一些国家和地区设立了跨境电商园区，为企业提供相关基础设施和服务。

4. 按照物流方式分类

(1) 国际快递：使用国际快递公司如 DHL、UPS 等进行物流配送。

（2）海运：通过海运运输商品到目标市场。

（3）空运：通过航空运输快速将商品送达目标市场。

5．按照目标市场分类

（1）主要目标国家或地区：根据企业选择的主要目标市场，可分为美国、欧洲、东南亚等市场。

（2）全球性跨境电商：企业在全球范围内进行销售，没有明确的主要目标市场。

知识点2　跨境电商分类的意义

（1）市场理解和定位：通过正确分类，人们可以更好地理解跨境电商市场的不同部分和细分市场。这有助于企业确定他们最有可能成功的目标市场，并调整他们的策略以满足这些市场的需求。

（2）产品和服务定位：不同的跨境电商分类可能涉及不同类型的产品和服务。通过准确分类，企业可以更好地确定他们要销售的产品范围和服务类型，并确保它们与目标市场一致。

（3）竞争分析：正确分类有助于企业识别潜在竞争对手，了解他们的优势和劣势，以及市场上的竞争格局。这可以帮助企业制定更有效的竞争策略。

（4）法律和监管遵从：不同的跨境电商分类可能受到不同的法律和监管要求。正确分类有助于企业了解并遵守适用的法规，以避免潜在的法律问题。

（5）资源分配和战略规划：准确分类有助于企业更好地分配资源，包括资金、人力资源和市场营销预算。这有助于优化战略规划，提高效率。

（6）市场细分和个性化营销：正确分类有助于企业更细致地分析市场细分，了解不同细分市场的特点和需求。这使企业能够更好地实施个性化的营销策略。

（7）风险管理：不同的跨境电商分类可能面临不同类型的风险，包括市场风险、法律风险和供应链风险。正确分类有助于企业识别和管理这些风险。

正确分类有助于企业更好地理解和应对跨境电商领域的挑战与机会。它是制定有效战略、提高市场竞争力和降低风险的关键步骤。

> **素养提升**
>
> 跨境电商本质上涉及国际合作和文化交流。充分的交流和沟通可以增强国际友好关系，以促进跨境电商的发展，使地区间不平衡经济发展水平变得更加均衡。
>
> 跨境电商为中小型企业提供了进入国际市场的机会，无须建立实体店面或渠道。这有助于拓展产品销售市场，增加出口机会，提高国际竞争力。通过跨境电商，企业可以更容易地向"一带一路"沿线国家投资和扩展业务，这有助于促进跨境投资和经济合作，推动物流和基础设施建设：跨境电商的发展需要健全的物流和基础设施支持，这促使了"一带一路"沿线国家加强物流、交通和通信基础设施的建设。

工作任务实施

请登录阿里速卖通网站，浏览速卖通网站并回答下列问题。

1．速卖通平台的市场定位是什么，它销售商品的特点有哪些？

2．阿里巴巴国际站和速卖通平台之间有什么区别与联系？

3．速卖通上有哪些类别的产品可以购买？

¤ 任务评价

请完成表1-2的学习评价。

表1-2　任务学习评价表

序号	检查项目	分值	结果评估	自评分
1	按照交易主体，跨境电商可以分为几类？	20		
2	按照交易模式，跨境电商可以分为几类？	20		
3	跨境电商分类的意义是什么？	20		
4	按照物流方式，跨境电商可以分为几类？	20		
5	跨境电商正确分类的意义是什么？	20		
	总分	100		

¤ 习题巩固

1．按照经营模式，跨境电商可以分为哪些主要类型？
2．中国是跨境电商的主要出口国家之一，中国的优势是什么？

任务1.3　跨境电商的历史和发展趋势

¤ 学习目标

【知识目标】
（1）了解跨境电商的发展历史。
（2）能对跨境电商的不同发展阶段进行分析。
（3）理解跨境电商的发展趋势。

【能力目标】
能正确运用科学方法掌握跨境电商的发展阶段和发展趋势，为后续市场经营打好基础。

【素养目标】
（1）通过科学分析得出客观结论，做到有理有据。
（2）养成严谨、细致、求甚解的工作态度。

¤ 任务引入

小王所在的贸易公司要进行跨境电商市场经营，准备在速卖通上开店铺，但开始工作前需要对这个行业有一定的了解，所以，简单认识行业发展的历史和将来发展的趋势是非常必要的。

⌑ 任务分析

在跨境电商市场经营中，影响市场选品的因素很多，目标国家地域、企业熟悉的产品领域、资金情况、对全球市场的熟悉程度都会影响到企业的选品，在数字时代，我们还要依靠市场以往的经营数据，借助表格图形，进行科学、理性的分析，得出正确的结论。

⌑ 知识链接

知识点1 跨境电商的发展阶段

1. 早期阶段（1990年至2000年初期）

20世纪90年代末至21世纪初，互联网开始在全球范围内迅速普及。这为跨境电商的发展创造了基础，因为互联网连接了世界各地的消费者和商家。详细介绍请扫描二维码查看。

跨境电商的早期阶段

2. 中期阶段（2000年中期至2010年初期）

在这一时期，跨境电商市场扩展到全球范围。越来越多的国家和地区加入了这一全球化的电商生态系统，企业开始将产品销售到更多的国家和地区。详细介绍请扫描二维码查看。

跨境电商的中期阶段

3. 现阶段（2010年至今）

2010年至今，跨境电商行业经历了快速而深刻的发展和变革。在这一时期，跨境电商市场持续扩大，各种产品类别和品牌进一步涌入国际市场。

跨境电商发展现阶段

知识点2 跨境电商的发展趋势

1. 全球化和市场多样化

跨境电商将继续全球扩张。随着互联网的普及和物流技术的进步，企业将更容易进入国际市场。

各国政府之间签署的贸易协定将有助于降低关税和贸易壁垒，促进跨境电商的发展。企业将更加注重本地化，以满足不同国家和地区的消费者需求，提供包括语言、文化、支付方式等方面的定制服务。物流和配送网络的改进将加速全球范围内的产品流通，减少交货时间和成本。

2. 技术创新

跨境电商会越来越多地利用人工智能（AI）和大数据分析来优化产品推荐、个性化服务和供应链管理，提高用户体验。

3. 物流和供应链优化

智能供应链管理提高跨境电商供应链效率，利用大数据和人工智能来预测需求，以便更好地计划库存和减少过剩，同时，使用物联网（IoT）和传感器技术来监测货物在供应链中的位置和状态，提高跨境电商供应链数字化水平，使供应链可视化，使用供应链管理软件来监控整个供应链，包括库存、订单和运输。加强国际合作，与物流提供商、关税中介、仓库等供应链合作伙伴建立紧密联系，以简化流程和提高效率。使用本地化仓储或海外仓，在跨境市场设立本地仓库，减少跨境运输时间，提供更快的交货，提升快速反应能力和灵活性，进行实时数据分析，快速分析市场变化和需求波动，以便及时调整库存和生产计划。

4. 移动和社交电商

在跨境电商未来的发展中，移动和社交电商将扮演重要角色，因为越来越多的消费者使用移动设备和社交媒体进行在线购物。如移动电商，跨境电商企业将继续优化移动应用程序，以提供流畅的购物体验，包括快速加载、简化的购物流程和直观的界面。在移动支付领域，更多的安全移动支付选项将出现，如移动钱包、支付宝等，为全球消费者提供便捷的支付方式。为提升本地化水平，移动应用将提供本地化的内容和功能，包括多语言支持、货币转换和本地支付方式。使用增强现实（AR）和虚拟现实（VR），例如虚拟试衣室、商品可视化和虚拟购物体验将改善在线购物的趣味性和实用性。推送通知更加个性化，可以根据用户的偏好和行为，使用移动应用来发送个性化的推送通知，提供个性化的优惠和推荐。

在社交电商方面，社交媒体平台将继续整合购物功能，现在用户可以直接在平台上购买产品，而不必离开应用程序。社交媒体上的实时直播销售将变得更加普遍，品牌可以展示产品并与观众互动。使用社交购物引擎更加便捷，平台将使用算法和数据分析来提供个性化的购物建议，根据用户的兴趣和行为推荐产品。社交媒体上的影响者将继续对消费者购买决策产生影响，成为跨境电商的有力推广者。未来跨境电商将更加侧重于移动和社交电商，因为这些渠道为消费者提供了更直观、具有互动性且个性化的购物体验。企业需要紧密跟踪这些趋势，并在移动应用和社交媒体上积极参与，以满足不断变化的消费者需求，扩大市场份额。

> ■ 素养提升
>
> 跨境电商促进了文化和人员交流。通过在线市场，消费者能够接触到来自不同国家和地区的产品，促进了文化的交流和互动。同时，跨境电商特别有利于中小型企业，因为它们可以通过在线平台进入国际市场，而不需要大规模的物流和分销网络。这有助于"一带一路"国家中的中小型企业实现国际化。"一带一路"倡议强调基础设施建设，而跨境电商需要可靠的网络基础设施和电子支付系统。因此，跨境电商的发展可以促进"一带一路"沿线国家之间的互联互通。

¤ 工作任务实施

1. 跨境电商的发展分为哪几个阶段？

2. 跨境电商的发展趋势是怎样的？

3. 跨境电商可以从哪些方面促进"一带一路"倡议的实行？

4. 认识阿里巴巴速卖通平台。

（1）请输入 seller.aliexpress.com 进入阿里巴巴速卖通中文后台（图1-4），查看优秀中文卖家的跨境电商经营经验和成功案例分享。

（2）请注意单击"阿里全球速卖通—AliExpress 商家门户—卖向全球"。

（3）浏览网站并总结平台特色。

图 1-4　阿里巴巴速卖通中文后台

¤ 任务评价

请完成表 1-3 的学习评价。

表 1-3　任务学习评价表

序号	检查项目	分值	结果评估	自评分
1	是否理解跨境电商的发展趋势对于未来行业的影响？	20		
2	能否理解跨境电商的发展对"一带一路"的推动作用？	20		
3	列举一些促使企业扩展到国际市场的全球化因素	20		
4	为什么跨境电商中的物流和供应链优化至关重要？	20		
5	列举几种改进国际物流的技术和方法	20		
	总分	100		

💡 习题巩固

项目 2

多种跨境电商平台规则

项目导读

随着全球化的发展，跨境贸易已经成为一个不可忽视的趋势。在跨境贸易中，跨境电商平台扮演着重要的角色。作为跨境贸易重要的载体，各跨境电商平台都制定了一系列的规则来规范平台上的交易行为。

在入驻平台前，对于平台的各种规则进行充分的学习和了解是非常必要的，通过本项目的训练，学生能了解规则的概念和意义，理解不同跨境电商平台的相关规则，理解规则并在运营中使用规则。

任务 2.1 跨境电商平台规则

学习目标

【知识目标】
（1）了解跨境电商平台规则的概念。
（2）理解跨境电商平台规则的意义。
（3）了解速卖通平台规则的总则。

【能力目标】
能够根据速卖通平台规则，确定在平台开店所需的重要信息。

【素养目标】
（1）培养多思、勤练的学习作风。
（2）培养总结、理解和归纳能力。

任务引入

我们先需要充分了解整体平台规则，掌握平台规则是确保卖家在平台上合规经营的关键。

平台规则通常包括法律法规、商业政策和行为准则，遵守这些规则可以防止卖家违反法律或平台政策。遵守规则可以保护卖家和买家的权益，保护买卖双方合法权益，包括付款安全、产品质量和纠纷解决等方面。

◘ 任务分析

跨境电商通常涉及国际贸易，因此，需要确保消费者在不同国家购物时享有同样的权益保护，包括提供透明的商品信息、合理的退货政策、客户服务支持等，以维护消费者的信心。而且跨境电商可能涉及的知识产权问题和税收法规问题，在平台规则中都有体现，学习规则细节前，需先就整体规则明确概念。

◘ 知识链接

知识点　跨境电商平台规则的概念和意义

跨境电商平台规则是指在跨境电商平台上，为了维护平台的运行稳定，交易顺畅和公平公正，由平台制定的一系列规则和管理条款。

跨境电商平台规则的制定目的是加强对平台上的卖家和买家的管理，促进平台的健康发展。这些规则种类繁多，包括但不限于商品交货质量标准、交易整体和分步流程、售后服务处理、违规违纪处罚等。

跨境电商平台规则的意义在于创造良性竞争环境，维护平台的正常运行，使交易效率提高，保障买卖双方的权益。

跨境电商平台规则的存在可以有效地遏制一些不法商家的违法违规行为，提供更加公平公正的交易环境，从而保证消费者的利益得到最大化的保障。另外，跨境电商平台规则还可以规范商家的经营行为，提高跨境电商平台的形象和服务的信誉度。

> ■ **素养提升**
>
> 遵守跨境电商平台规则有助于维护在线交易的秩序和诚信。这有助于在社会上建立一个公平、透明和诚实的商业环境，对社会的稳定和公平产生积极影响。跨境电商平台规则有助于促进国际贸易和经济合作。通过制定规则，国与国间的商业合作可以更加高效和可靠，从而推动全球贸易发展。这些规则通常包括对消费者权益的保护措施，如商品质量检查、消费者信息披露等，使消费者在跨境购物时受到公平和合法的对待，塑造中国制造的良好形象。

◘ 工作任务实施

1. 什么是跨境电商的平台规则？

2. 了解并在经营中遵守跨境电商平台规则的意义是什么？

◘ 任务评价

请完成表2-1的学习评价。

项目 2　多种跨境电商平台规则

表 2-1　任务学习评价表

序号	检查项目	分值	结果评估	自评分
1	什么是跨境电商平台规则？	25		
2	设立跨境电商平台规则的意义是什么？	25		
3	如果不遵守平台规则，一般来说会有什么后果？	25		
4	为了确保跨境电商平台的安全性，哪些措施是必要的？	25		
	总分	100		

习题巩固

任务 2.2　速卖通平台卖家基本义务

学习目标

【知识目标】

（1）理解速卖通平台卖家基本义务。

（2）理解速卖通平台如何保障买家知情权。

（3）了解速卖通平台规则总则。

【能力目标】

能够根据速卖通平台规则，确定在平台开店所需的重要信息。

【素养目标】

（1）培养多思、勤练的学习作风。

（2）培养总结、理解和归纳能力。

任务引入

理解速卖通卖家基本义务有助于建立积极的合作伙伴关系，包括与速卖通平台方和其他卖家的关系，而建立这样的合作伙伴关系对于业务的增长和成功非常重要。遵守基本义务的卖家会获得平台方的支持和合规监管，特别是在问题或纠纷出现时，平台方通常会优先考虑遵守规则的卖家。所以，需要从理解卖家基本义务开始做起。

任务分析

理解速卖通平台卖家的基本义务是建立成功电子商务业务的关键。遵守这些义务有助于确保业务合法、合规，提供出色的购物体验，建立声誉，降低风险，并为业务的长期可持续性奠定基础。卖家应始终遵循这些义务并与平台方合作，以实现共同的商业目标。

知识链接

知识点 1　速卖通平台卖家基础规则——卖家基本义务

交易市场的卖家应就双方达成的买卖交易自主对买家负责，切实履行卖家的信息披露、质量保证、发货与服务、售后及质保等义务。同时，卖家有义务了解并熟悉交易过程中的平台对买家市场规定，遵守并提供善意、合理的配合。

全球速卖通卖家基础规则之卖家基本义务请扫描二维码查看。

卖家基本义务

知识点 2　速卖通平台卖家基础规则——交易规则

注册作为入驻全球速卖通的第一步，遵守平台规则非常重要。速卖通平台接受依法注册并正常存续的公司开店，并有权对卖家的主体状态进行核查、认证，包括但不限于委托支付宝进行实名认证。通过支付宝实名认证进行认证的卖家，在将速卖通账号与支付宝账户绑定的过程中，应提供真实有效的法定代表人身份信息、联系地址、注册地址、营业执照等信息。认证、准入及开通店铺规则请扫描二维码查看。

请注意速卖通条款中"完成认证的卖家不得在速卖通注册或使用买家账户"的规定。

请同学们思考为什么平台会如此规定？

速卖通注册规则

知识点 3　速卖通平台卖家基础规则——发布商品

作为店铺运营的核心步骤，发布商品的规则十分重要，选择"标准销售计划"的店铺，店铺内在线商品数量上限为 3 000 个；选择"基础销售计划"的店铺，店铺内在线商品数量上限为 300 个；特殊类目（Special Category）下每个类目在线商品数量上限为 5 个。平台保留为行业发展、消费者利益而不时调整可发布商品数的权利。具体规则请扫描二维码查看。

速卖通发布商品规则

知识点 4　速卖通平台卖家基础规则——物流规则

请思考速卖通平台主要可以选择的物流方式是什么？物流规则请扫描二维码查看。

速卖通物流规则

■ 素养提升

为推进贸易流程便利，缩短交付时间，跨境电商大力兴建位于目标市场国家或地区的仓储中心，使中国制造的商品能够更快地送达顾客手中，提高了交付速度，有助于提升客户体验，减少了等待时间，降低国际运输费用，这有助于提高中国制造产品的竞争力，并可能降低产品价格。使中国制造的便利性更深入人心。跨境电商平台力求把中国制造的优秀产品传播到世界各地，同学们在跨境电商平台销售产品时要充满自信，把我国企业生产的产品推广出去。同时，我们在任何一个平台操作时都一定要遵守平台规则，与外国企业贸易行为一定要严格守规。

¤ 工作任务实施

注册完速卖通平台，完成认证之后，卖家考虑网店选择使用的物流方式，是否使用菜鸟平台的线上物流服务商？还是使用菜鸟无忧物流或其他的线下物流方式？还是使用海外仓？

请设计一家新开张的阿里速卖通店铺销售服装，主要出口国为巴西，请根据前面所学知识点选择合适的物流方式。

¤ 任务评价

请完成表 2-2 的学习评价。

表 2-2　任务学习评价表

序号	检查项目	分值	结果评估	自评分
1	认证后完成类目招商准入，商品发布数量限制为多少？	20		
2	为什么完成认证的卖家不得在速卖通注册或使用买家账户？	20		
3	速卖通平台主要可以选择的物流方式是什么？	20		
4	请同学们回答选择"标准销售计划"的店铺和"基础销售计划"的店铺，店铺内在线商品数量上限为多少个？	20		
5	销售退款多长时间内必须处理？	20		
	总分	100		

习题巩固

1. 速卖通平台主要用于（　　）。
   A. 国内 B2C 交易　　　　　　　　B. 国内 C2C 交易
   C. 跨境 B2B 交易　　　　　　　　D. 跨境 B2C 交易
2. 速卖通卖家需要遵守（　　）的规定来确保产品质量。
   A. 提供虚假商品信息　　　　　　B. 不提供退款政策
   C. 提供准确的商品描述和图片　　D. 不提供客户支持

任务 2.3　全球速卖通卖家违规及处罚规则

¤ 学习目标

【知识目标】
（1）理解速卖通平台卖家违规的处罚措施。
（2）理解速卖通平台违规的类型。
（3）了解速卖通平台违规处罚的节点。

【能力目标】
能够了解速卖通平台规则，避免违规。

【素养目标】
（1）培养多思、勤练的学习作风。
（2）培养总结、理解和归纳能力。

¤ 任务引入

如果对速卖通平台规则理解错误，卖家在日常操作中可能产生违规行为，受到处罚。为避免此类情况发生，我们先需要充分了解整体的跨境电商平台违规行为界定和处罚措施。

¤ 任务分析

为避免触犯平台条款，需要对违规行为的分类和定义有所了解。了解违规规则有助于确保跨境电商业务是合法合规的。不遵守规则可能导致法律问题和处罚，甚至可能导致卖家的业务被关闭。违规行为可能对消费者产生负面影响，包括欺诈、产品质量问题和不当的交易。了解规则有助于确保卖家业务不会危害消费者权益。跨境电商平台通常会对违规行为采取惩罚措施，包括罚款、限制账户权限或永久封禁。了解规则可以帮助卖家避免这些不利后果。

¤ 知识链接

知识点　违规处理措施的条款

违规处理措施：为保障消费者、经营者或速卖通的正当权益，在会员违规处理期间速卖通按照本规则规定的情形对会员采取以下违规处理措施，直至速卖通确认风险基本可控后予以部分或全部解除管控。

处理措施请扫描二维码进行阅读。

速卖通违规处理措施

¤ 工作任务实施

A 公司在速卖通平台上销售产品至俄罗斯市场，在拥有卖家账号的同时，在全球速卖通平台同时注册并使用其他账号，平台经过检测，发现了两个账号之间的关联。请查询平台规则，看看平台会怎样处理违规的商家呢？

¤ 任务评价

请完成表 2-3 的学习评价。

表 2-3 任务学习评价表

序号	检查项目	分值	结果评估	自评分
1	全球速卖通对违规有哪些处理措施？	20		
2	全球速卖通对违规分成几种类型？	20		
3	速卖通平台主要处罚的节点是什么？	20		
4	卖家已发货而未产生纠纷的订单平台会怎样处理？	20		
5	如果该会员涉嫌在全球速卖通平台同时注册或控制使用其他账号，平台一般会怎样处理？	20		
	总分	100		

习题巩固

任务 2.4 全球速卖通商品发布规范

学习目标

【知识目标】

（1）理解速卖通平台商品发布规范。

（2）了解速卖通平台标题规范的内容。

（3）了解速卖通平台图片规范的内容。

【能力目标】

能够根据速卖通平台规则完成标题拟定，完成图片修正。

【素养目标】

（1）培养多思、勤练的学习作风。

（2）培养总结、理解和归纳能力。

任务引入

账户注册完成后，我们需要根据选择的品类挑选合适的商品，根据全球速卖通不同规范准备产品的发布内容，为满足商品信息上传的条件，我们需要了解全球速卖通商品发布的规范，以做好相应的准备。

¤ 任务分析

为正确完成商品发布工作,商家要了解商品信息发布的规范,也必须了解平台对商品图片的要求,包括分辨率、背景、角度等,学习如何拍摄和编辑高质量的商品图片,以吸引顾客。

¤ 知识链接

知识点1 全球速卖通商品发布标题规范

商品发布标题规范请扫描二维码查看。

知识点2 全球速卖通商品发布数量实施细则

为了保障买家高效购买的体验,使速卖通有限的资源最大限度满足卖家经营的需求,平台对卖家发布商品的数量进行限制。具体细则请扫描二维码查看。

速卖通标题发布规范

速卖通商品发布数量实施细则

知识点3 全球速卖通商品发布图片规范

(1)商品图片应与文字信息相符,并应真实反映商品的实际情况。除指定情形外,图片应清晰完整无涂抹、无遮挡(平台规定需要遮挡的图片除外)。

(2)图片规格建议满足:图片比例在1∶1～1∶1.3,图片大于800×800 px,图片大小不超过5 M。增加白底图和营销场景图,有利于提升转化率。

(3)商品发布时,至少要提供2张图片,建议上传满5张。

> ■ 素养提升
>
> 遵循诚信原则,速卖通平台产品描述中要提供真实和准确的信息,不能夸大产品的性能或功能,以避免误导消费者。设置公平、具有竞争力的价格,不要进行不正当的价格操纵或欺诈性定价,而且作为介绍重要内容的图片,强调真实、高质量,确保图片反映实际产品的外观和特征。商品上架也要遵守跨境电商领域的法律法规,包括关于产品安全、知识产权和消费者权益的法规等。

¤ 工作任务实施

速卖通卖家准备发布商品图片,准备的图片一直不能满足平台规范,一直不能发布,请分析不能发布在速卖通平台的图片违反了哪些规范?

¤ 任务评价

请完成表2-4的学习评价。

表2-4 任务学习评价表

序号	检查项目	分值	结果评估	自评分
1	全球速卖通商品发布属性规范是什么?	20		
2	速卖通快速定位发布类目方法有哪些?	20		

序号	检查项目	分值	结果评估	自评分
3	全球速卖通商品发布图片规格建议是什么？	20		
4	如果无类目、行业的特殊规定，商家的商品发布数量限制是多少？	20		
5	在速卖通上发布产品时，卖家应该注意哪些方面以确保合规性？	20		
	总分	100		

习题巩固

1. 在速卖通上发布产品时，（　　）通常包括在产品描述中。
   A. 卖家的联系信息　　　　　　　　B. 产品的准确描述
   C. 顾客的评价　　　　　　　　　　D. 售价波动
2. 为了提高产品可见性，（　　）是产品标题中的好做法。
   A. 使用大写字母　　　　　　　　　B. 包括尽可能多的关键词
   C. 使用吸引人的促销词汇　　　　　D. 保持标题简洁明了

任务 2.5　阿里巴巴国际站平台规则

学习目标

【知识目标】
（1）熟悉阿里巴巴国际站平台规则。
（2）了解阿里巴巴国际站平台规则的使用范围。
（3）理解阿里巴巴国际站平台对不同违规的处理方式。

【能力目标】
按阿里巴巴国际站平台的规定操作，能够使店铺运营合理合法。

【素养目标】
（1）培养多思、勤练的学习作风。
（2）培养总结、理解和归纳能力。

任务引入

学习阿里巴巴国际站平台规则是为了确保在该平台上的合规经营，建立信任，保护权益，提高销售量，以及避免法律风险，所以，需要了解并熟悉阿里巴巴国际站平台的规则和政策，以确保合规经营和利益最大化。

任务分析

阿里巴巴国际站平台规则确保了卖家和买家的合规经营。了解这些规则有助于避免违规行为，降低因违规而导致的法律风险和处罚。遵守平台规则有助于建立买家和卖家之间的信任，而且阿里巴巴国际站平台规则包括知识产权保护，确保卖家不会销售侵犯他人知识产权的产品。这有助于维护知识产权所有者的权益。

¤ 知识链接

知识点 1　阿里巴巴国际站账号注册规则

阿里巴巴国际站账号注册规则请扫描二维码查看。

阿里巴巴国际站账号注册规则

知识点 2　阿里巴巴国际站信息发布

不得发布涉嫌欺诈的信息；不得发布可能存在交易风险或有损平台利益或妨碍平台服务正常运行的外部网站或应用信息，包括但不限于在沟通、商品详情、店铺页面、直播、短视频等场景发布外部网站或 App 的名称、超链接、二维码等信息；阿里巴巴国际站信息发布规则请扫描二维码查看。

阿里巴巴国际站信息发布规则

知识点 3　阿里巴巴国际站交易规则

为维护国际站诚信的交易环境和平台健康有序的市场秩序，国际站有权对违反诚信原则的不当交易、异常履约、虚假履约等交易违规等行为进行处置。阿里巴巴国际站将根据主动核查或会员举报获取的信息对涉及违规账号进行管控和处罚，并保留收回违规账号不当获取的网站权益和追偿网站损失的权利。阿里巴巴国际站交易规则请扫描二维码查看。

阿里巴巴国际站交易规则

¤ 工作任务实施

1. 阿里巴巴国际站有哪些重要的交易规则？

2. 回答下列问题：
（1）阿里巴巴国际站有哪些会员类型？

（2）国际站对违规会员采取的通用处罚措施包括哪几项？

¤ 任务评价

请完成表 2-5 的学习评价。

表 2-5　任务学习评价表

序号	检查项目	分值	结果评估	自评分
1	国际站会员类型有哪些？	20		
2	对于不当注册账号，阿里巴巴国际站将采取哪些措施？	20		
3	国际站根据违规类型采取哪种违规处罚方法？	20		
4	阿里巴巴国际站每项违规扣分和计次的有效期是多久？	20		

续表

序号	检查项目	分值	结果评估	自评分
5	阿里巴巴国际站的违规行为类型及处置措施是什么？	20		
	总分	100		

习题巩固

1. 在阿里巴巴国际站平台上，（   ）被视为违规。
   A. 遵守所有法律法规　　　　　　　B. 诚信合规经营
   C. 侵犯知识产权　　　　　　　　　D. 提供优惠促销
2. 在阿里巴巴国际站平台上，如果你的产品违反了平台规则，可能会发生（   ）。
   A. 无任何后果
   B. 产品会自动被删除
   C. 店铺可能会被关闭，面临罚款和法律诉讼
   D. 可以继续违规经营

任务2.6　敦煌网政策规则

学习目标

【知识目标】
（1）熟悉敦煌网政策规则。
（2）了解敦煌网入驻规则。
（3）了解敦煌网政策经营管理规则。

【能力目标】
按敦煌网平台的规定，作为中国卖家，准备入驻所需要的信息，完成入驻敦煌网平台的准备工作。

【素养目标】
（1）培养多思、勤练的学习作风。
（2）培养总结、理解和归纳能力。

任务引入

A公司经营B2B业务，准备在敦煌网上建立销售渠道，开启本公司的跨境电商之旅。为成功入驻，公司需要认真研究敦煌网平台政策和规则，做好入驻准备。

任务分析

为成功入驻，我们需要熟悉并掌握敦煌网平台的主要规则和政策，包括用户协议、卖家规范、交易流程等核心文件，确保自己在敦煌网平台上的一切行为和业务活动都符合平台的规定

和法律法规，以防止违规行为。

¤ 知识链接

知识点 1　敦煌网基础规则

为建立公平、诚信、透明的平台运营环境，规范平台经营秩序，更好地保障敦煌网用户的合法权益，根据《DHgate.com 对注册商户的服务协议》补充制定本规则。

敦煌网基础规则

敦煌网入驻规则

知识点 2　敦煌网入驻规则

卖家账户管理等敦煌网入驻规则请扫描二维码查看。

知识点 3　敦煌网平台佣金规则

敦煌网平台佣金规则请扫描二维码查看。

知识点 4　敦煌网平台卖家备货期管理

备货期管理规则请扫描二维码查看。

敦煌网平台佣金规则

备货期管理

> ■ 素养提升
>
> 敦煌网提供了一个国际贸易平台，帮助中国企业与"一带一路"沿线国家的商家建立联系，促进贸易合作，帮助中国产品提升市场份额；通过推广中国的优质产品，帮助中国制造商进入"一带一路"沿线国家的市场，这包括通过电商渠道向国际客户推广产品；敦煌网积极与"一带一路"沿线国家的政府、企业和组织合作，推动双边和多边合作项目的发展，促进经济互联互通，而且"一带一路"倡议不仅涉及贸易，还包括文化和人员交流。敦煌网也支持文化交流项目，促进了解和友好关系的建立。

¤ 工作任务实施

1．敦煌网主要面向的国家是哪些？属于哪种类型的跨境电商平台？

2．回答下列问题：

（1）敦煌网平台佣金规则有哪些？

（2）敦煌网平台卖家备货期是如何进行考核的？

¤ 任务评价

请完成表 2-6 的学习评价。

表 2-6　任务学习评价表

序号	检查项目	分值	结果评估	自评分
1	敦煌网平台卖家可以同时注册买家账户吗？	20		

续表

序号	检查项目	分值	结果评估	自评分
2	敦煌网平台卖家品牌销售类型分为哪几种？	20		
3	敦煌网平台可以申请跨品类经营吗？	20		
4	敦煌网平台上所指的备货期是什么？	20		
5	敦煌网平台物流未上网率相关考核指标是什么？	20		
	总分	100		

习题巩固

1. 描述入驻敦煌网平台的一般流程，包括提交申请、审核和批准。
2. 鞋类和鞋类辅料归属于哪个敦煌网经营品类？

项目 3

跨境电商选品和市场分析

📢 项目导读

通过本项目的训练,学生应了解跨境电商市场选品的各种方法,能为所经营的跨境电商平台店铺选择合适经营的品类;能根据真实市场情况进行客观、科学的数据分析,在种类繁多的商品市场中找到自己的经营方向,掌握 Excel 表格处理方法,增强对数据的识读和分析能力。

数据纵横功能
深度解析

任务 3.1 阿里巴巴速卖通选品方法和原则

¤ 学习目标

【知识目标】
（1）了解阿里巴巴速卖通选品的逻辑和原则。
（2）能针对所在区域市场进行跨境电商自我分析。
（3）理解"餐厅逻辑"选品方法。
（4）掌握速卖通数据纵横选品分析方法。

【能力目标】
能正确运用选品方法进行科学数据选品,为后续市场经营打好基础。

【素养目标】
（1）通过科学分析来得出客观结论。
（2）养成严谨、细致、求甚解的工作态度。

¤ 任务引入

小王所在的贸易公司要进行跨境电商市场经营,准备在速卖通上开店铺,但不知道应选择经营哪个类目、哪种商品,怕进错商品导致库存积压、资金占用,请此情况选用适当的跨境电商选品方法来为公司确定经营品类。

任务分析

在实际跨境电商市场经营中,影响市场选品的因素很多,地域、企业熟悉的领域、资金情况、对全球市场的熟悉程度都会影响到企业的选品,在数据时代,我们要依靠市场以往的经营数据客观理性地借助图表进行分析,得出正确的结论。

知识链接

知识点1 选品的逻辑和原则

究竟什么是选品?选品的目的是什么?

在店铺开始经营之前,我们首先要考虑店铺准备卖什么产品?七分选品,三分运营。选对商品并赶在一拨潮流趋势的前头,可能收获颇丰;看到市场爆款后跟风销售,可能订单量不错但是利润稀薄。选品不应根据个人喜好,也不能仅凭数据报告,选错商品会导致库存积压、资金浪费。本知识点将介绍选品的一些基本方法,作为了解市场的手段,选品不是一个按部就班的工作,而是应该建立在对商品了解和对目标市场需求了解的基础上,作出综合判断。

速卖通选品专家

商业的本质就是利益最大化。在运营、推广的过程中,总会有些产品好卖,有些产品难卖。有的产品短时间内就可能被打造成爆款,有的产品可能永远都不会成为爆款。所以,选品是一个认识市场、了解市场的过程。我们可以本着以下几个原则进行选品。

(1) 找到平台竞争比较小的蓝海产品线。

(2) 优化产品信息展示,严把产品质量关,做口碑。

(3) 选择特种产品,小需求也有大市场。在夹缝中求生存,不去与大商家比拼。

选择跨境商品时需要考虑几个原则:符合跨境电商平台的经营规则、符合目标市场法律法规、适合跨境物流寄送规则。跨境国际物流运费比较高、运输时间长、不确定因素多,运输途中可能遇到恶劣天气、海关扣留、物流周转路线长等情况,因此,在选择跨境经营商品时,应尽量选择保质期长、运输不受温度影响、耐挤压、体积小、质量轻的商品。同时,选品还要考虑下面几点。

(1) 选择使用简单、不需要太复杂的操作的商品。如果经营比较大众的商品,那么最好选择不需要复杂操作的,否则会增加售后解释成本,需要大量客服成本投入,而且需要解决时差问题。

(2) 选择复购率高的商品,最好是易耗品,消费比较快,回购率高,如果商品因为使用性质的原因复购率不高,则必须有足够的利润,如奢侈品,或者适合口碑传播。

(3) 商品供应货源应稳定、充足。商品卖爆时需要马上补货,如果无法满足补货需求,商品不得已要下架或为了赶货保证不了质量,会给卖家带来很大麻烦。

(4) 商品应有充足的市场需求。市场容量要大,有的类目竞争虽然不激烈,但是买家需求少,满足不了支撑企业运营的需求,大类目虽然竞争激烈,但是因为有庞大的市场容量,新手卖家也能有一小部分市场容量。

(5) 不要选择已经被大卖家占领,并几乎没有市场空间的领域,作为新手卖家,无论是价格竞争力还是货源多样性都没有与大卖家竞争的实力。

知识点 2　跨境电商的自我分析

第一，分析供应商资源，看看本地周边有什么商品资源。我国很多地区有大规模的产品供应带，如广州女装产业带、义乌小商品市场、苏州婚纱产业市场。产业带的特点是商品丰富，相关的上下游商品都很齐全，价格也有明显的优势。如果周边有合适的工厂可以合作，与工厂合作不仅可以控制成本价格，还可以进行批量定制，进行 OEM 生产，拿到独特的产品。如果没有这些线下工厂货源，还可以从线上寻找供应商货源，如阿里巴巴 1688 批发平台 www.1688.com，有海量的全国各地的货源可供选择。

第二，评估资金情况，合理分配资金。分配资金时要考虑回款周期和补货周期，尽量减少库存积压。

知识点 3　"餐厅逻辑"的选品方法

在数字零售（电商）里，大多数品牌的选品逻辑是"餐厅逻辑"。假设把你的线上生意比作在路边开了一家餐厅，基本常识告诉你，为了做好生意，需要至少定 4 种菜款。

（1）引流款/爆款：能够吸引客流进入餐厅的菜款，要性价比高，最好是刚需，喜欢的客人多，复购也多。宣传大多也是宣传引流款/爆款，如肯德基的原味鸡，美妆里的小棕瓶、小黑瓶等。品牌在线上做生意，一样需要引流款/爆款的大单品。

（2）利润款：把客人引进餐厅后，有些菜款可以有很高的毛利，但是愿者上钩。品牌线上生意的利润款是同一底层逻辑，利润款一般属于弱传播商品，或在上市初期进行推广及关键节点进行点位布局，闷声发财。

（3）尝新款：餐厅生意要好，不但要让新客来，也要让老客人多来，要让他们保持新鲜感，所以需要有尝新款，即市面上不太见到的，能让顾客有进店冲动的新奇菜款。这对应着品牌选品里也经常出现新品，新品是非常重要的增长和复购抓手。

（4）套餐款：爆款菜品卖得好还不够，最好搭配一些卖得不好的菜品，这样可以提高客单，因此就需要套餐款了。套餐可以锁住客人的钱包，买了我的套餐，就没钱去我周围餐厅吃饭了。所以，数字零售电商里有很多品牌套装，其目的有冲客单、冲 GMV、试用或阻击竞品、清库存等。

■ 素养提升

跨境电商的成功运营，其核心是客户的下单"黏合度"。一位老客户重复下单次数的多少真正决定了店铺的成功与否，从第一次订单中获得的产品与服务的高满意度购物体验往往决定了客户能否多次重复下单，这与跨境电商卖家的专业度和耐心密不可分，也对跨境电商卖家的综合能力提出了巨大挑战。

跨境电商从业人员要学习掌握唯物辩证法的根本方法，不断增强辩证思维能力，提高驾驭复杂局面、处理复杂问题的本领，跨境电商从业人员应在实际工作中应用辩证唯物观解决问题，利用专业知识和工作经验帮助客户解决实际问题。

知识点 4　速卖通数据纵横选品分析

站内选品是指根据速卖通平台的情况，结合一定的数据分析及自身的情况来选择要经营的行业及具体类目下的产品，具体分为行业选品、类目选品和产品选品。

一、行业选品

行业选品即根据速卖通平台目前的情况，确定要经营的行业。竞争激烈的行业称为红海行业，用红色气泡球显示，即现有的竞争残酷的行业，例如，服装、婚纱、假发行业等。未知的、有待开拓的市场空间称为蓝海行业，用蓝色气泡球显示。蓝海行业竞争不那么激烈，但又存在买家需求，适合新手进入，充满商机，有待发现。请扫描二维码查看速卖通行业数据概览——实时概况图和速卖通行业选品专家气泡图。

速卖通行业数据概览——实时概况图

新手买家可以从蓝海行业着手去经营，这样会避开很多的竞争者，容易快速成长，下面介绍如何分析一级类目的行业。在"跨境卖家中心"后台找到"生意参谋"页面。

速卖通行业选品专家气泡图

1. 行业数据

在数据概览图中可以选择所有行业的全品类，以及全品类的产品；查看核心数据可以选择几种类型，分别是最近1天、7天、30天、自然日、自然周、自然月。

2. 行业趋势

通过数据筛选（图3-1），可查看某个品类在某个国家一段时间的行业市场趋势，查看其动态，在趋势数据明细中还可以查看具体某天的具体数据，下载整理分析。

市场分析——查询类目筛选

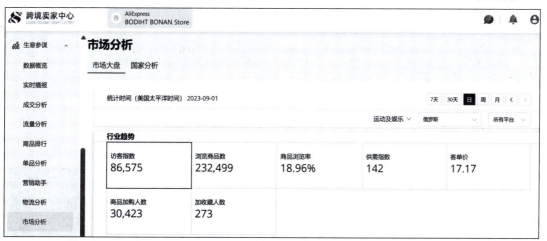

图3-1　生意参谋市场分析—行业趋势

3. 行业国家分布

通过国家筛选列表可以查看某类产品在全部国家的市场排名、访客指数、浏览商品数、商品浏览率、供需指数、客单价、商品加购人数、收藏人数（图3-2）。

如图3-3所示，单击后面的"趋势"按钮，则可以继续根据需要查看BR数据趋势，结合个人情况来决定进入哪个国家的市场。

市场分析——行业趋势（更多国家构成情况图）

市场分析——BR数据趋势图

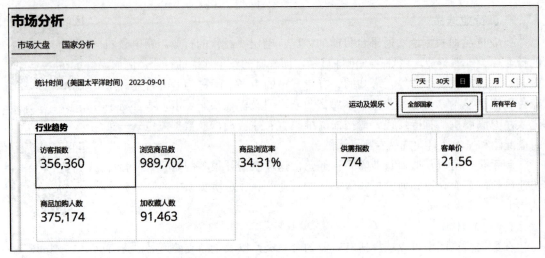

图 3-2 "市场分析"—"行业趋势"页面

排名	国家&地区	访客指数	浏览商品数	商品浏览率	供需指数	客单价	商品加购人数	加收藏人数	操作
1	巴西 较前1日	103,154 -2.90%	228,625 -2.31%	28.39% -0.49%	170 -3.68%	30.97 -4.41%	35,538 -2.91%	13,750 -3.76%	趋势
2	俄罗斯 较前1日	86,575 -0.60%	232,499 -2.23%	18.96% +2.32%	142 -1.39%	17.17 +5.27%	30,423 -7.81%	273 -9.30%	趋势
3	大韩民国 较前1日	85,870 +0.12%	230,102 +2.10%	25.91% +8.32%	155 +0.47%	18.47 -5.38%	39,891 +10.12%	3,817 +2.14%	趋势
4	西班牙 较前1日	80,884 -4.75%	197,592 -3.48%	24.59% +0.99%	138 -4.71%	17.57 +1.97%	29,373 -3.05%	6,787 -9.69%	趋势

图 3-3 "市场分析"—行业趋势和国家构成情况

二、类目选品

1. 类目的了解

卖家在了解了行业选品、确定了自己要做的行业后,接下来要确定卖这个行业下哪些类目的产品。

首先要了解该行业下有哪些类目。这里以女装类产品为例,先看女装行业下面目前都有哪些产品(请扫描二维码查看)。

女装行业中目前有半身裙、泳装、棉服、休闲西装、假皮草、假皮衣、成人礼服、牛仔裤、短裤、长裤、卫衣帽衫等类目。这里建议在后台发布产品类目时先了解平台在该行业下目前还有哪些类目的产品,从而有利于认识行业。

了解行业类目

2. 热销产品分析

当了解平台在该行业下目前有哪些类目的产品后,接下来要知道平台卖家主要都在卖哪些类目的产品,海外平台买家最需要哪些类目的产品。

(1)平台卖家热销的产品。这里我们用到平台提供的一个工具:生意参谋——选品专家,如图3-4所示。

这里有两个维度——热销和热搜。其中,热销代表卖家的角度,热搜代表买家的角度。选择行业(一级类目)、国家(建议选全球)、时间(可以选1天、7天、30天),选择完成后下载表格。

项目 3 跨境电商选品和市场分析

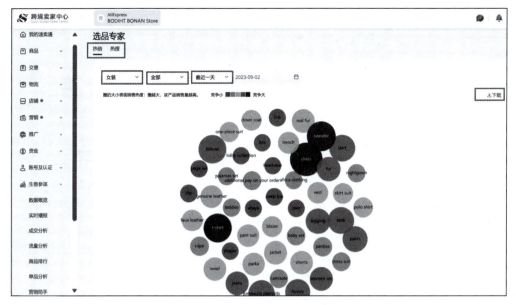

图 3-4 "生意参谋"—"选品专家"页面

如图 3-5 所示，表格有 4 个指标，下面具体介绍。

By catego	Country/R	Product Keywor	Searches	Search people index	Ranking by Browsing-to-Payment Conversion Rate	Competition Index
女装	全部	abaya	21197	6637	9	19807.63
女装	全部	bikini	163540	46866	38	4885.74
女装	全部	bikinis	36644	11382	48	12814.2
女装	全部	black	21131	9278	50	5452.76
女装	全部	blazer	47216	14427	35	11258.73
女装	全部	blouse	185381	53629	25	6622.6
女装	全部	bodysuit	23796	8568	7	15106.06
女装	全部	cardigan	45037	13422	20	11275.68
女装	全部	cargo	12578	4641	49	1425
女装	全部	clothes	227996	83679	33	1997.22
女装	全部	clothing	130750	47849	40	7481.44
女装	全部	coat	119746	34905	29	16560.84
女装	全部	corset	22400	9760	46	17704.22
女装	全部	costume	16344	8934	22	4670.5
女装	全部	cotton	13552	5260	44	145512.14
女装	全部	cover	15099	6040	45	22159.02
女装	全部	dress	1653450	388186	21	1261.13
女装	全部	gown	13752	5081	43	31706.01
女装	全部	hijab	17305	5450	47	27474.02
女装	全部	hoodie	78619	26791	34	5932.58
女装	全部	hoody	20080	7960	36	18176.6
女装	全部	jacket	242574	75508	13	2288
女装	全部	jeans	132233	42957	12	7101.26
女装	全部	jersey	13598	6820	32	12670.67
女装	全部	kimono	17067	5986	37	40770.5
女装	全部	pants	337564	100472	6	4447.31
女装	全部	piece	80629	30343	23	5080.35
女装	全部	robe	23124	9771	27	19503.61

图 3-5 选品专家热销女装类目数据下载表格

Product Keyword：产品词。

Transaction Index：成交指数，是在所选行业及所选时间范围内，累计成交订单数经过数据处理后得到的对应指数。成交指数不等于成交量，指数越大成交量越大。

Ranking by Browsing-to-Payment Conversion Rate：购买率排名，在所选行业及所选时间范围内，产品词的购买排名。

Competition Index：竞争指数，在所选行业及所选时间范围内，产品词对应的竞争指数。竞争指数越大，竞争越激烈。

这里看第一个指标：成交指数。按成交指数降序排列产品词，能找到前 6 名产品词（也就是类目）。下面介绍下载的数据表格调整方法步骤。

步骤一：先从选品专家里下载好某段时间某个行业产品的 Excel，如图 3-6 所示。已将表格素材放到二维码里，同学们可以自行扫描下载。

步骤二：如图 3-7 所示，把第四列 Transaction Index 数据、第五列 Ranking by Browsing-to-Payment Conversion Rate、第六列 Competition Index 中的数据由文本格式转换为数值格式，才可以进行排序。

选品专家——热销下载数据表（降序）

	By catego	Country/R	Product Keyword	Searches	Search people index	Ranking by Browsing-to-Payment Conversion Rate	Competition Index
1							
2	女装	全部	abaya	21197	6637	9	19807.63
3	女装	全部	bikini	163540	46866	38	4885.74
4	女装	全部	bikinis	36644	11382	48	12814.2
5	女装	全部	black	21131	9278	50	5452.76
6	女装	全部	blazer	47216	14427	35	11258.73
7	女装	全部	blouse	185381	53629	25	6622.6
8	女装	全部	bodysuit	23796	8568	7	15106.06
9	女装	全部	cardigan	45037	13422	20	11275.68
10	女装	全部	cargo	12578	4641	49	1425
11	女装	全部	clothes	227996	83679	33	1997.22
12	女装	全部	clothing	130750	47849	40	7481.44
13	女装	全部	coat	119746	34905	29	16560.84
14	女装	全部	corset	22400	9760	46	17704.22
15	女装	全部	costume	16344	8934	22	4670.5
16	女装	全部	cotton	13552	5260	44	145512.14
17	女装	全部	cover	15099	6040	45	22159.02
18	女装	全部	dress	1653450	388186	21	1261.13
19	女装	全部	gown	13752	5081	43	31706.01
20	女装	全部	hijab	17305	5450	47	27474.02

图 3-6　生意参谋—选品专家—热销下载数据表部分截取

	By catego	Country/R	Product Keyword	Transaction Index	Ranking by Browsing-to-Payment Conversion Rate	Competition Index
1						
2	女装	全部	abaya	2	0	0.04
3	女装	全部	additional pay on your order	2	0	0.43
4	女装	全部	africa clothing	2	0	0.18
5	女装	全部	asia	2	0	0.04
6	女装	全部	baby set	2	0	0.5
7	女装	全部	blazer	1410	0	1.06
8	女装	全部	blouse	21806	0	3.21
9	女装	全部	bra	40	0	0.01
10	女装	全部	camisole	2	0	0.39
11	女装	全部	cape	43	0	0.53
12	女装	全部	clip	2	0	0.11
13	女装	全部	down coat	1242	0	0.95
14	女装	全部	dress	38617	0	4.64
15	女装	全部	dress suit	13	0	0.41
16	女装	全部	faux leather	1002	0	1.19
17	女装	全部	fur	841	0	2.01
18	女装	全部	genuine leather	54	0	1.51
19	女装	全部	headwear	9	0	0.01
20	女装	全部	hoody	8468	0	2.41

图 3-7　生意参谋—选品专家—热销下载数据表数据转换

如图 3-8 所示，选中第四列 Transaction Index 数据，单击"数据"→"分列"按钮。

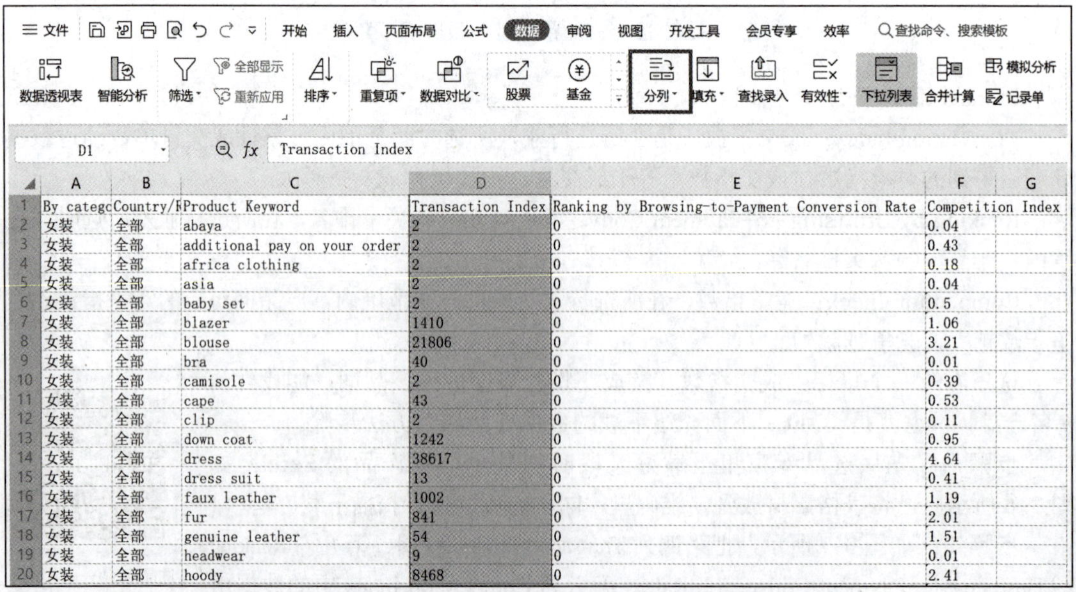

图 3-8　生意参谋—选品专家—热销下载数据表"分列"按钮

步骤三：如图3-9所示，在此对话框选择"分隔符号"，单击"下一步"按钮。

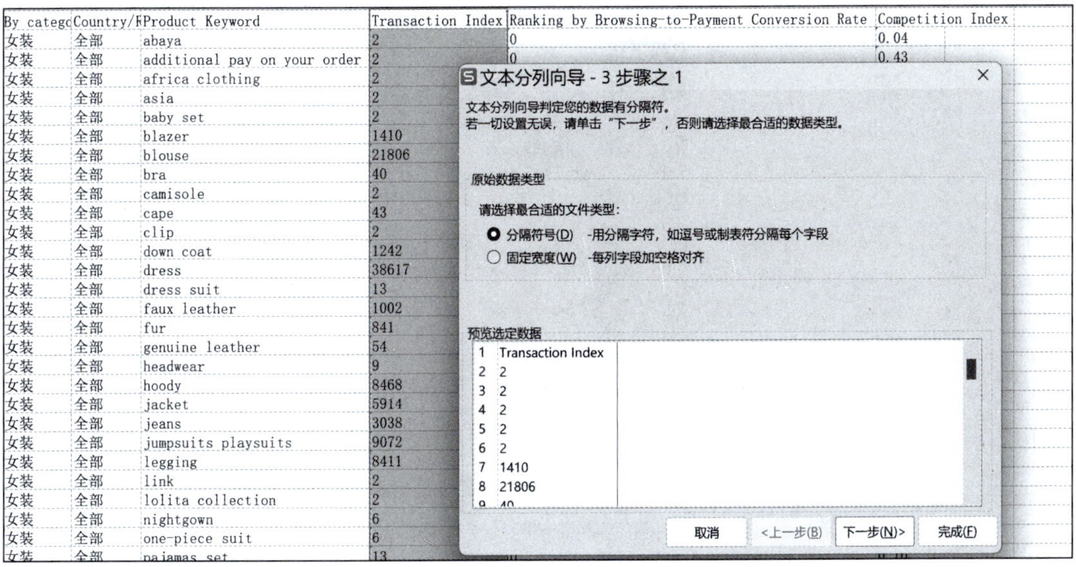

图3-9　生意参谋—选品专家热销分析1

步骤四：如图3-10所示，在此对话框中勾选"Tab键"选项，单击"下一步"按钮。

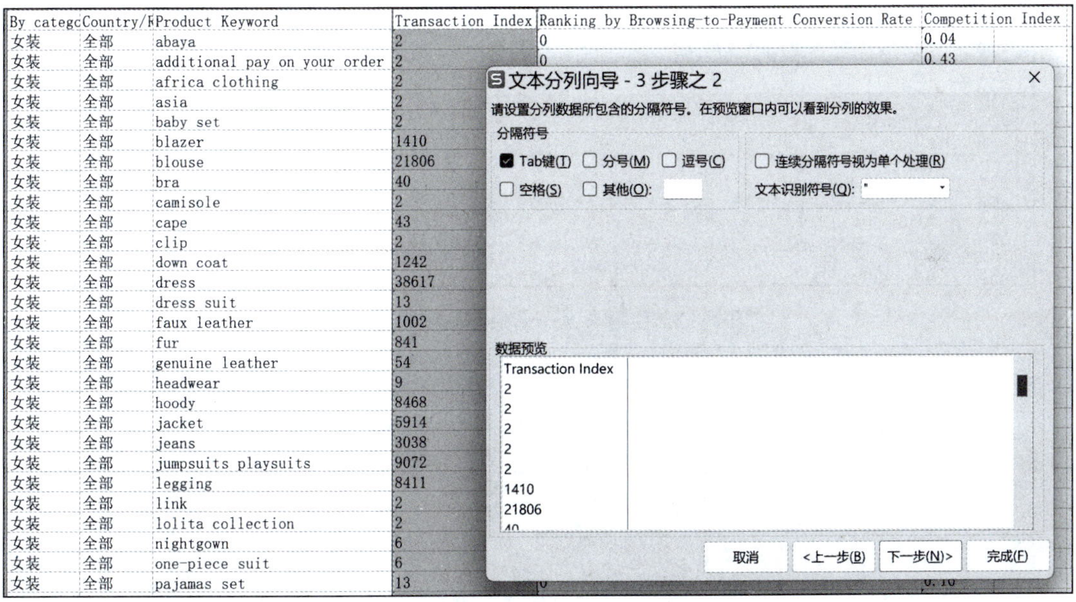

图3-10　生意参谋—选品专家热销分析2

步骤五：如图3-11所示，在此对话框中选择"常规"选项，单击"完成"按钮，则完成了"Transaction Index 成交指数"这一列的数据格式转换。采用同样方法，处理第五列、第六列数据。

步骤六：如图3-12所示，对表格进行降序排列。因为表格中有三列数值，需要选定其中某一列为依据进行排序，然后单击左上角 按钮将此表格"全选"。

步骤七：如图3-13、图3-14所示，选择"排序"中的"自定义排序"按钮，选择"主要关键字"下拉选项第四个，单击"确定"按钮，就得到想要的降序排列表格了。

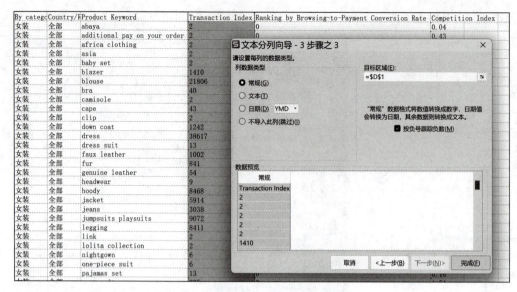

图 3-11　生意参谋—选品专家热销分析 3

图 3-12　生意参谋—选品专家热销分析 4

图 3-13　生意参谋—选品专家热销分析 5

项目 3 跨境电商选品和市场分析

图 3-14 依据主要关键字排序表格

步骤八： 如图 3-15 所示，在经过降序排列后的表格中可以看到按成交指数排序靠前的产品词：连衣裙、T恤、衬衫、毛衣、短裙、背心、连身裤运动服、内裤、连帽衫、紧身裤。

	By categc	Country/F	Product Keyword	Transaction Index	Ranking by Browsing-to-Payment Conversion Rate	Competition Index
1						
2	女装	全部	dress	38617	0	4.64
3	女装	全部	t-shirt	25370	0	3.33
4	女装	全部	blouse	21806	0	3.21
5	女装	全部	sweater	11601	0	3.55
6	女装	全部	skirt	10743	0	2.66
7	女装	全部	tank	10429	0	2.7
8	女装	全部	jumpsuits playsuits	9072	0	2.89
9	女装	全部	pants	8483	0	2.44
10	女装	全部	hoody	8468	0	2.41
11	女装	全部	legging	8411	0	2.3
12	女装	全部	jacket	5914	0	1.82
13	女装	全部	women set	5724	0	1.83
14	女装	全部	shorts	4409	0	1.73
15	女装	全部	jeans	3038	0	1.84
16	女装	全部	parka	2868	0	1.6
17	女装	全部	trench	1692	0	1.3
18	女装	全部	blazer	1410	0	1.06
19	女装	全部	wool	1302	0	1.7
20	女装	全部	down coat	1242	0	0.95

图 3-15 交易排行前六名商品

结论： 因此可知道从卖家角度来选择女装类产品是连衣裙排列第一，T恤、衬衫、毛衣需求比较热，这些类目就是目前女装行业下好卖的产品类目，可以作为选品参考。

下面再从买家的角度，看看哪些产品类目好卖？如图 3-16 所示，这里选择"热搜"维度，接着选择行业、国家、时间，下载表格，处理表格。

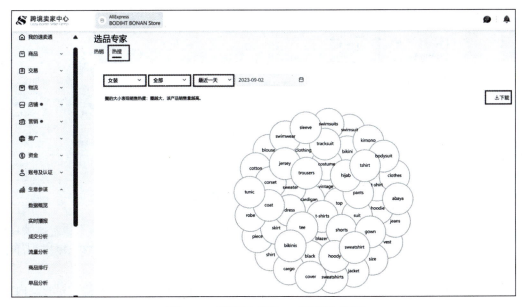

图 3-16 "选品专家"— "热搜"页面

· 33 ·

如图 3-17 所示，这里有 4 个指标，先了解它们的定义。

	A	B	C	D	E	F	G
1	By categ	Country	Product Keyword	Searches	Search people index	Ranking by Browsing-to-Payment Conversion Ra	Competition Index
2	女装	全部	abaya	21197	6637	9	19807.63
3	女装	全部	bikini	163540	46866	38	4885.74
4	女装	全部	bikinis	36644	11382	48	12814.2
5	女装	全部	black	21131	9278	50	5452.76
6	女装	全部	blazer	47216	14427	35	11258.73
7	女装	全部	blouse	185381	53629	25	6622.6
8	女装	全部	bodysuit	23796	8568	7	15106.06
9	女装	全部	cardigan	45037	13422	20	11275.68
10	女装	全部	cargo	12578	4641	49	1425
11	女装	全部	clothes	227996	83679	33	1997.22
12	女装	全部	clothing	130750	47849	40	7481.44
13	女装	全部	coat	119746	34905	29	16560.84
14	女装	全部	corset	22400	9760	46	17704.22
15	女装	全部	costume	16344	8934	22	4670.5
16	女装	全部	cotton	13552	5260	44	145512.14
17	女装	全部	cover	15099	6040	45	22159.02
18	女装	全部	dress	1653450	388186	21	1261.13
19	女装	全部	gown	13752	5081	43	31706.01
20	女装	全部	hijab	17305	5450	47	27474.02

图 3-17　选品专家热搜下载表格

Searches：代表搜索指数，即在所选行业及所选时间范围内，搜索该关键词的次数经过数据处理后得到的对应指数。搜索指数不等于搜索次数，搜索指数越大搜索量越大。

Search people index：代表搜索人气，即在所选行业及所选时间范围内，搜索该关键词的人数经过数据处理后得到的对应指数。搜索人气不等于搜索人数，搜索人气越大搜索人数越多。

Ranking by Browsing-to-Payment Conversion Rate：指购买率排名，即在所选择行业及所选时间范围内，该关键词购买率排名。

Competition Index：竞争指数，即在所选择行业及所选时间范围内，关键词对应的竞争指数。指数越大竞争越激烈。

以搜索指数降序排列产品词，于是得出目前从买家的角度来看卖得好的类目产品有哪些。重复前面热销下载表格的处理方法，得出热搜分析如图 3-18 所示。

	A	B	C	D	E	F	G
1	By categ	Country	Product Keyword	Searches	Search people index	Ranking by Browsing-to-Payment Conversion Ra	Competition Index
2	女装	全部	dress	1653450	388186	21	1261.13
3	女装	全部	shirt	441685	146382	16	5524.41
4	女装	全部	top	380747	106633	1	10732.81
5	女装	全部	pants	337564	100472	6	4447.31
6	女装	全部	skirt	324077	87344	8	2951.85
7	女装	全部	jacket	242574	75508	13	2288
8	女装	全部	clothes	227996	83679	33	1997.22
9	女装	全部	swimsuit	193402	55239	10	5743.92
10	女装	全部	blouse	185381	53629	25	6622.6
11	女装	全部	t-shirt	183538	56857	39	5612.94
12	女装	全部	shorts	175274	56422	24	3989.61
13	女装	全部	bikini	163540	46866	38	4885.74
14	女装	全部	jeans	132233	42957	12	7101.26
15	女装	全部	clothing	130750	47849	40	7481.44
16	女装	全部	coat	119746	34905	29	16560.84
17	女装	全部	suit	103877	35060	18	4594.43
18	女装	全部	t-shirts	92136	31704	42	5319.82
19	女装	全部	piece	80629	30343	23	5080.35
20	女装	全部	sweater	79337	27635	3	5227.68

图 3-18　交易排行前六名商品

排名前 10 的热搜女装类目是连衣裙、衬衫、上装、内裤、短裙、夹克、衣服、泳装、衬衫、T恤。前面讲到的排名前 10 的热销女装类目为连衣裙、T恤、衬衫、毛衣、短裙、背心、连身裤运动服、内裤、连帽衫、紧身裤。

结论：通过买家和卖家的角度，我们知道目前平台卖得好的类目有连衣裙、衬衫、内裤、短裙、紧身裤。

（2）产品选品。通过上述内容，我们知道如何在行业中选品，以及如何在类目中选品。下面学习如何在产品中选品。

如图 3-19 所示，选择"热销"→"女装/连衣裙"，"国家"选择"全球范围"，"时间"选择"最近 7 天"，单击"dress"，会进入这个词对应的页面，即 top 热销属性页面，下载表格进入销量详细分析页面。

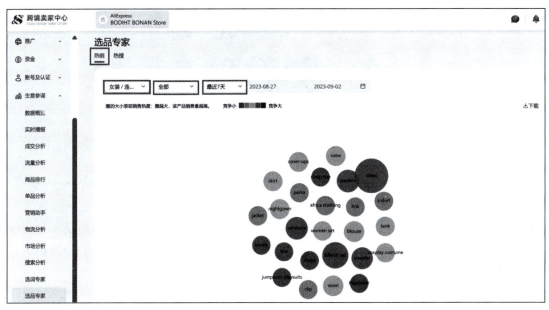

图 3-19 "选品专家"—"热销"页面

如图 3-20、图 3-21 所示，圆圈面积越大，产品销售量越大。

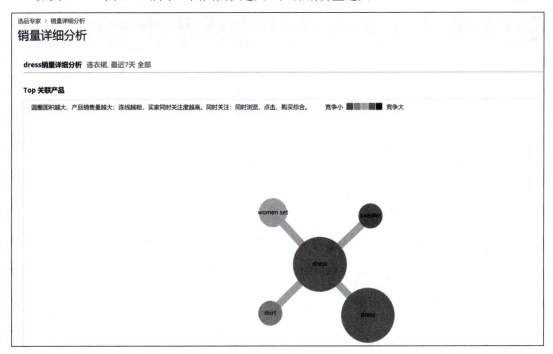

图 3-20 "选品专家"—"销量详细分析"页面

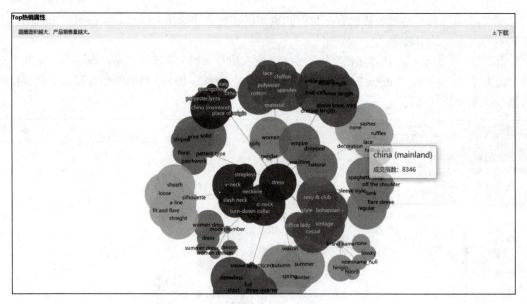

图 3-21 "选品专家"—"热销属性"页面

下载表格完成后,如图 3-22 所示,站在卖家角度(热销维度),来看卖家主要在卖哪些属性的连衣裙,根据这些属性特征选择经营的连衣裙款式。处理表格中 Transaction Index 的单元格属性,从文本转为数值,全选表格,进行降序排列,如图 3-23 所示。

图 3-22 "选品专家"—"热销属性"下载表格

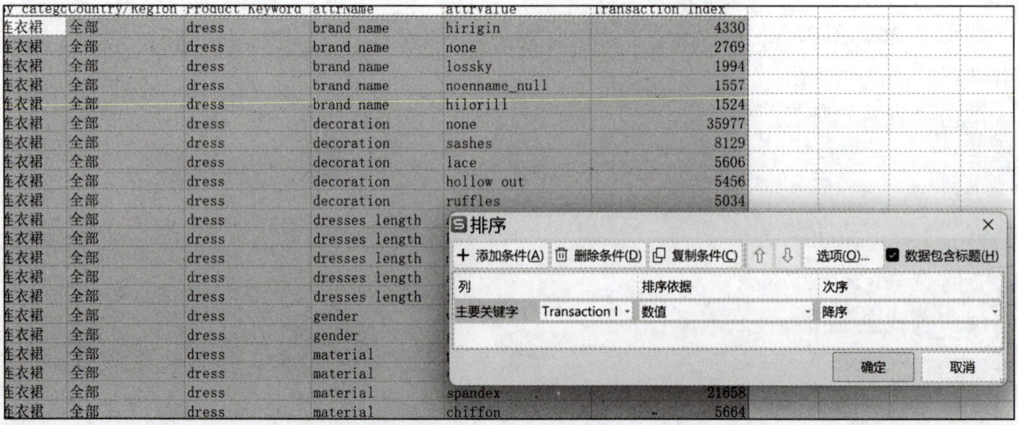

图 3-23 "选品专家"—"热销属性"表格格式调整

如图 3-24 所示，attrName 代表属性名称，attrValue 代表属性值。

	By catego	Country/Region	Product Keyword	attrName	attrValue	Transaction Index
1						
2	连衣裙	全部	dress	gender	women	85475
3	连衣裙	全部	dress	material	polyester	67006
4	连衣裙	全部	dress	waistline	natural	55422
5	连衣裙	全部	dress	season	summer	53578
6	连衣裙	全部	dress	sleeve style	regular	49166
7	连衣裙	全部	dress	pattern type	solid	45135
8	连衣裙	全部	dress	decoration	none	35977
9	连衣裙	全部	dress	dresses length	above knee, mini	34618
10	连衣裙	全部	dress	sleeve length(cm)	sleeveless	34039
11	连衣裙	全部	dress	material	cotton	30913
12	连衣裙	全部	dress	neckline	o-neck	30694
13	连衣裙	全部	dress	waistline	empire	29799

图 3-24　选品专家—热销属性排序表格

根据近 7 天全球交易市场情况排列，具备上述属性值的连衣裙比较受消费者欢迎。

3．搜索词分析

如图 3-25 所示，"热搜词"是买家最近 7 天在女装类目搜索的关键词排行榜；"飙升词"是搜索数量快速递增的关键词；"零少词"是被极少数人搜索过的关键词。通过搜索词分析可以了解最近哪些商品的热度上升，还可以看到搜索该关键词 Top3 的国家是哪些，结合季节的变化、节日的来临、社会的热点等因素，可以对未来可能热销的商品进行预判。

关键词分析（视频）

	Keyword	targetKeyword	Timeframe	The number	Exposure	Top3 hot search countries	Competitive	supply-demand index	Click-through rate	Whether brand original
2	traf	traf	2023-09-0	0.23	0	FR,ES,BR	18.6474	7.45	0.3534	N
3	y2k	y2k	2023-09-0	0.02	0	KR,US,RU	20.6312	2.43	0.329	N
4	vestidos para mujer	Womens dresses	2023-09-0	0	0	MX,CL,ES	32.5312	2.93	0.317	N
5	tienda traf	traf store	2023-09-0	0.5	-1	ES,CL,MX	12.3206	5.69	0.3953	N
6	traf official store	traf official store	2023-09-0	0.32	0	MX,CL,BR	26.0264	7.12	0.3738	N
7	vestidos	Dresses	2023-09-0	0.12	0	MX,BR,CL	30.5909	2.78	0.3127	N
8	ropa de mujer	Woman clothing	2023-09-0	0.15	0	MX,CL,ES	24.1097	2.21	0.2653	N
9	dress	dress	2023-09-0	0.22	0	US,GB,AU	44.725	2.25	0.3529	N
10	traf zara official store	traf zara official store	2023-09-0	0.29	0	ES,MX,CL	30.4148	3.18	0.3831	N
11	vestido	Dress	2023-09-0	0.02	0	BR,MX,CL	27.1426	2.97	0.333	N
12	tienda traf zara	zara traf store	2023-09-0	0.51	0	ES,CL,MX	12.1921	2.88	0.3419	N
13	vestido feminino	Female dress	2023-09-0	0.06	0	BR,US,CL	15.1062	3.15	0.2762	N
14	dresses for women 2023	dresses for women 2023	2023-09-0	0.12	0	US,GB,CA	54.9883	2.2	0.3225	N
15	vestidos para mujer elegantes	elegant and pretty women's	2023-09-0	0.15	0	MX,CL,ES	51.719	2.8	0.3326	N
16	jeans	jeans	2023-09-0	0.05	0	US,BR,FR	15.0354	1.99	0.2868	N
17	원피스	One piece dress	2023-09-0	0.17	0	KR,JP,CL	16.7139	4.85	0.2602	N
18	pants	pants	2023-09-0	0.12	0	US,GB,CA	23.2944	1.67	0.2878	N
19	dresses	dresses	2023-09-0	0.16	0	US,GB,SA	35.6791	2.09	0.3231	N
20	pantalones de mujer	Women's pants	2023-09-0	0.18	0	MX,CL,SA	10.8667	1.9	0.2809	N
21	pant sets	pant sets	2023-09-0	0	0	US,GB,SA	42.5035	1.92	0.3133	N
22	faldas	Skirts	2023-09-0	0.04	0	MX,CL,ES	11.5646	1.89	0.2383	N
23	stitch	Stitch	2023-09-0	0.05	0	FR,NL,ES	4.5791	3.02	0.2139	N

图 3-25　搜索词分析

如图 3-26、图 3-27 所示，如第一个词 traf，搜索人气排列在第一位，就单击"查看商品"按钮，可以查看什么商品销售比较好。

单击"查看趋势"按钮，通过查看图 3-28 和扫描二维码"选词专家产品趋势查看"，能看到每天这个词被搜索热度的变化。

发现 traf 找到的产品成交指数不好，参考性不大后，再查看图 3-29 方框里的另一个词 vestidos para mujer。

查看这个词的成交转化率波动情况，可了解该产品市场消费者需求情况。根据消费者或企业市场需求来决定是否进入该行业市场，根据市场供需情况来进行企业战略决策。如图 3-29 所示，继续单击"查看趋势"按钮，通过勾选不同的选项，可以看到此类商品搜索人气、点击率、成交转化率、竞争指数、搜索指数五个指标的变化趋势。

选词专家产品趋势查看

成交转化率变化趋势

· 37 ·

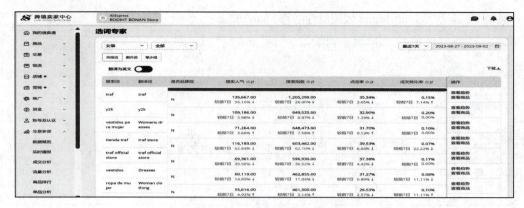

图 3-26 "选词专家"分析

图 3-27 "选词专家查看商品"界面

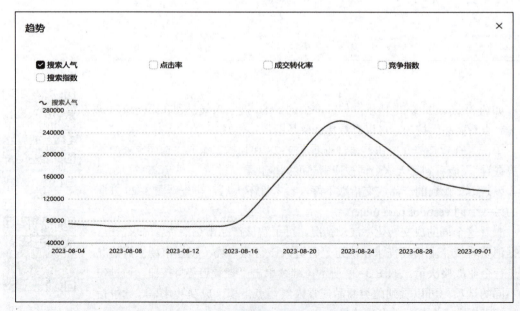

图 3-28 "选词专家产品趋势"查看

项目 3 跨境电商选品和市场分析

图 3-29 "热搜词"指标查看

知识点 5　apppc.chinaz.com

apppc.chinaz.com 相关内容请扫描二维码查看。

¤ 工作任务实施

apppc.chinaz.com

1．用手机扫描二维码，根据给定运动类产品某时间段的热销表，请进行分析，对表格以成交指数为依据进行降序排列，得出选品结论。

2．回答下列问题。

（1）选品的原则有哪些？

（2）你在选品时是根据个人兴趣喜好进行的吗？

运动类产品热销表

¤ 任务评价

请完成表 3-1 的学习评价。

表 3-1　任务学习评价表

序号	检查项目	分值	结果评估	自评分
1	是否了解跨境电商选品的原则？	20		
2	是否清楚跨境电商选品的方法？	20		
3	是否会运用速卖通平台的选品专家工具？	20		
4	是否会进行 Excel 表格单元格格式转换？	20		
5	是否能根据给定产品进行选品分析？	20		
	总分	100		

■ 素养提升

探索中国品牌营销新路径

在中国品牌走向全球的过程中，无数品牌在深耕创新力和产品力的同时，依托跨境电商相关解决方案，深入洞察消费者需求，讲述更富吸引力和更加本地化的故事，探索着海外营销的新思路，由此也提升了当地消费者对品牌的信任，为打造全球化品牌按下"加速键"。来自浙江的羽绒服品牌 Orolay，其经典产品 092 一度被国际主流媒体争相报道。除 Orolay 外，越来越多的出海品牌也在积极发掘和尝试多样化的品牌营销手段。数字艺术品牌 XPPen 将差异化的创意作为品牌打造的关键，通过符合本土审美的视觉素材吸引本地消费者；致欧家居科技股份有限公司则在直播中，以"人宠齐上阵"的创意呈现和实时的互动展示提升了品牌的认知度和好感度，实现了直播销售额的快速增长。直播成为各行业当前火爆的销售模式，作为学生应当主动尝试直播模式，发挥自己的年龄优势，在直播过程中不断磨炼不怕苦不怕累的精神。

习题巩固

一、单选题

跨境商家选择阿里巴巴国际站量身定制的一站式智能定制和智能投放营销解决方案，那么不属于商家可以选择功能的是（　　）。

A．系统智能选流　　B．智能选品　　C．智能投放　　D．智能推荐模块

二、多选题

直播选品的主要维度是（　　）。

A．价格好　　B．知名度高　　C．需求强　　D．销售商家多

三、操作题

登录速卖通平台，用生意参谋为秋冬季节运动类产品进行选品，看适合经营哪个品类？

任务 3.2　阿里巴巴国际站选品分析

学习目标

【知识目标】

（1）了解阿里巴巴国际站选品工具的种类。

（2）掌握市场参谋系列工具的使用方法。

【能力目标】

能够充分应用后台分析工具针对跨境电商 B2B 主流国家进行市场分析。

【素养目标】

（1）具有深挖精神，眼光远，对世界各国市场有充分的了解。

（2）养成不意气用事，而是用科学数据说话的习惯。

任务引入

阿里巴巴国际站与阿里巴巴速卖通平台相比在选品方面有何不同呢？阿里巴巴国际站以企业交易为主，经营的品类有何不同呢？结合速卖通选品方法，分析阿里巴巴国际站的选品工具有何不同？

项目 3 跨境电商选品和市场分析

✡ 任务分析

思考阿里巴巴国际站 B2B 网站应该如何选品，如何结合国际站分析工具进行科学选品？思考速卖通和国际站两个平台在选品方面有什么可以相互借鉴的。

✡ 知识链接

知识点 1　用市场参谋给选品做参考

我们可以从"市场参谋"查国家排行榜，以国家看市场，拓展机会国家的生意，如图 3-30 所示。

图 3-30　"市场参谋"—"查国家（地区）"选品参考

如图 3-31 所示，五金工具行业最近 30 天，查国家（地区）人气榜国家排列，第一是美国，第二是巴西，后面可以看到一系列市场数据，如市场规模、增速、供需、转化等。

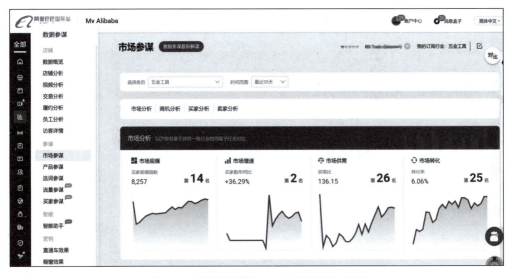

图 3-31　"市场参谋"—"市场分析"页面

选择已经订阅的类目，如本店铺是做五金工具的，那么选择五金工具类目，选择最近30天的情况。

如图3-32所示，看到五金工具需求排列在前三的国家是美国、巴西、埃及，也可以从右侧的热品榜中看到一些示例样品。例如，我们想查看某个国家如美国的市场情况，单击右侧的"查看详情"可进入下一页"市场洞察"，如图3-33所示。

市场参谋——行业类目选择

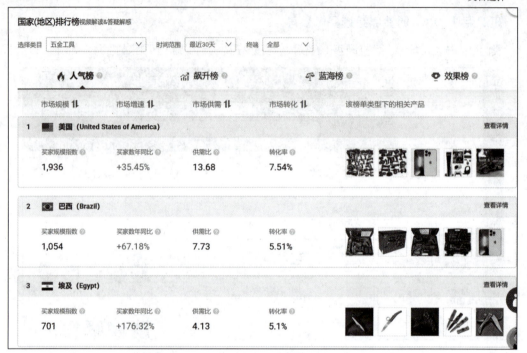

图3-32 "市场参谋"—"国家（地区）排行榜"页面

图3-33 "市场洞察"页面

如图 3-34 所示,选择"激光水平仪"选项,可以看到美国市场激光水平仪的买家排名、销售终端占比情况、最小起订量(MOQ)偏好情况和采购规模数据(请扫描二维码查看)。市场洞察数据如图 3-35 所示。

市场采购规模数据图

还可以通过图 3-36 看到"买家搜索偏好",搜索词热度排名 Top 20,这个是买家搜索指数排名,排名越高代表关键词被搜索得越多,帮助我们分析买家搜索关键词偏好。

例如,在左边的热词榜和右边的黑马词榜单里都出现了 nivel laser 激光器,这个词排名第三、第四,如果想了解这个词的近期情况,单击该词,进入"选词参谋",如图 3-37 所示,看到该词最近 30 天在美国市场搜索指数的涨幅情况,9 月初比 8 月份该产品市场需求涨幅比较大。

如图 3-38 所示,单击旁边的"关联搜索词",nivel laser 相关联的 neon lightsnivel laser 氖激光器,laser engraving machine 激光雕刻机,这个都可以作为关联词帮助拓品和选品。

回到热品分析,如图 3-39 所示,可以看到美国市场激光水平仪的访问量和询盘量排名都是第一,说明该产品市场需求热度较高。

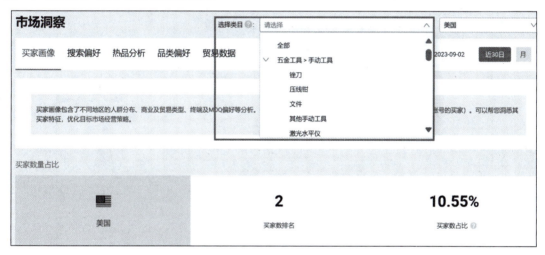

图 3-34 市场洞察类目筛选图

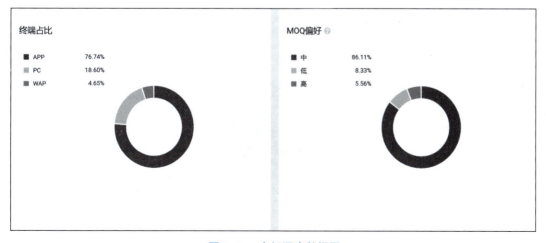

图 3-35 市场洞察数据图

搜索词热度排名Top20

排名	搜索词	搜索指数	
1	laser level	50	-21%
2	dewalt	25	+52%
3	nivel laser	16	+47%
4	agriculture laser land leveling system transmitter	11	–
5	rotary laser level	11	+460%
6	dewalt 20v combo kit	11	–
7	concrete tools	10	–

搜索词涨幅排名Top20

排名	搜索词	搜索指数涨幅
1	dewalt	+30
2	rotary laser level	+23
3	dewalt laser level 360	+17
4	nivel laser	+15
5	nivel laser dewalt	+14
6	nivel lâser	+6
7	niveau laser	+5

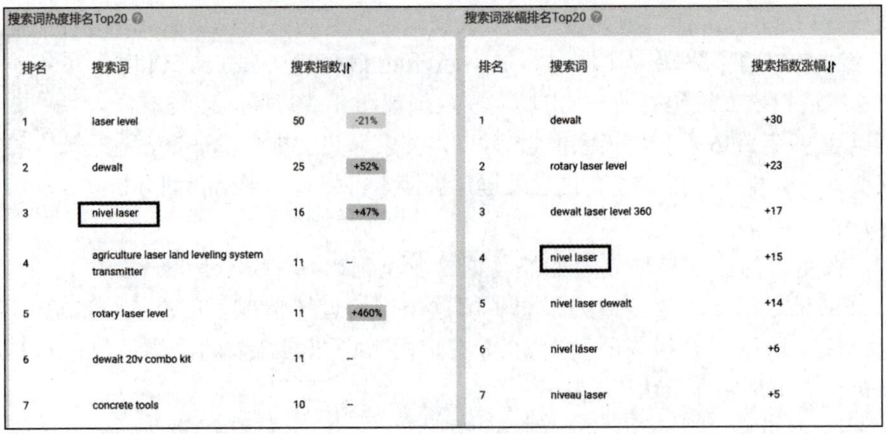

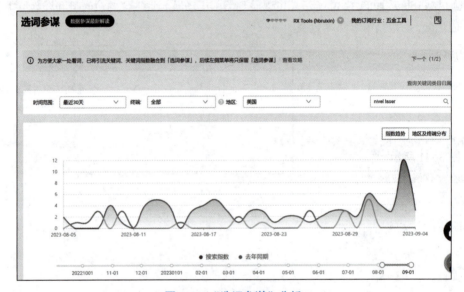

图 3-36 搜索词热度排名

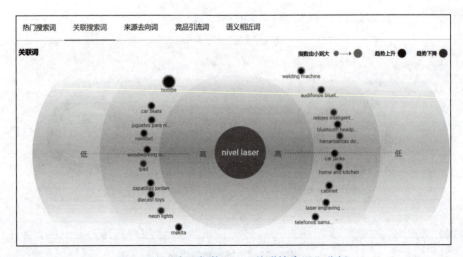

图 3-37 “选词参谋”分析

图 3-38 “选词参谋”—“关联搜索词”分析

图 3-39 "市场洞察"—"热品分析"

可以通过图 3-40 查看产品询盘和访问偏好排行前 20 名的产品，进行分析和参考。

图 3-40 市场洞察产品访问偏好排行

如图 3-41 所示，"品类偏好"帮助分析产品三级类目访问情况好的产品都有哪些，如果三级类目还没有确定好，可以作为参考。国家地区排行榜里列出了 20 个国家，可以做参考，针对主流销售国家进行深挖。

图 3-41 "市场洞察"—"品类偏好"排行

知识点 2　查行业分析市场

市场参谋查行业人气榜包括人气榜、飙升榜、蓝海榜和效果榜四个榜单，如图 3-42 所示。

（1）人气榜是按所选类目下的买家规模指数从高到低进行排序，旁边是产品举例。手动工具人气最高，动力工具排名第二，工具套装排名第三，泵及配件排名第四。

（2）飙升榜是按所选类目下"买家数年同比"从高到低排序，买家数年同比指的是该行业对应周期内的商机买家数同比去年同期的商机买家数，数值越大代表市场增速越高。

（3）蓝海榜是按所选类目下"供需比"从高到低排序，供需比是指该行业对应周期内商机买家数除以由买家访问的卖家数，数值越大，代表市场竞争越小。

（4）效果榜是按所选类目下"转化率"从高到低排序，转化率计算公式为：行业商机转化率，指所选行业下访客进店后有商机行为的人数除以有店铺访问行为的人数（商机行为包括询盘、TM 咨询、订单）。该指标与店铺商机转化率计算方式保持一致，只是范围不同（一个是行业内，一个是店铺内，请扫描二维码查看页面）。

图 3-42　"市场参谋"查行业人气榜

市场参谋查行业人气榜

市场参谋查行业产品飙升榜

市场参谋查行业蓝海产品榜

市场参谋查行业产品效果榜

例如，选择了五金工具行业，我们看到排列在前三名的商品是研磨材料、手动工具、阀门。可以参考选择这三类商品进行销售。

¤ 工作任务实施

1. 应用阿里巴巴国际站店铺分析和参谋工具，进行水上运动产品在巴西市场的销售情况分析，是否可以布局水上运动产品在巴西进行销售。给出后台分析数据图并写出分析报告，判断市场情况。

2. 回答下列问题。
（1）你是用什么工具来分析买家偏好的？

（2）你是如何利用选词工具来进行关键词分析的？决定选择什么品类的产品进行市场经营？

¤ 任务评价

请完成表 3-2 的学习评价。

表 3-2　任务学习评价表

序号	检查项目	分值	结果评估	自评分
1	是否清楚阿里巴巴国际站卖家后台有市场分析工具？	30		
2	是否能运用"市场参谋"来查询国家市场买家需求？	30		
3	是否能运用"市场参谋"来查询行业市场情况？	20		
4	是否会看人气榜、飙升榜、蓝海榜、效果榜几种榜单？	20		
	总分	100		

¤ 习题巩固

项目 4

店铺注册与管理

项目导读

跨境电商企业在全球市场竞争,通过学习注册和管理跨境电商店铺,企业可以更容易地抓住国际市场上的机会,实现全球增长。不同国家和地区的市场具有不同的文化、需求和规模,学习如何注册和管理店铺有助于企业更好地适应各个市场,满足不同客户的需求。

通过本项目的训练,学生能熟悉不同跨境电商平台店铺注册与管理的要求,了解注册的步骤,初步具备在不同平台上注册并开店的能力。

任务 4.1 开通阿里巴巴速卖通平台店铺

学习目标

【知识目标】

(1) 熟悉速卖通平台开店准备及入驻要求。
(2) 了解速卖通平台的入驻步骤。

【能力目标】

根据速卖通平台的规定,能够进行店铺注册。

【素养目标】

(1) 培养考虑问题周到、细致的作风。
(2) 培养做事情能统筹规划的能力。

任务引入

成功的跨境电商店铺可以增强品牌的知名度,提高店铺在网站上的可见性。学习如何有效注册和管理店铺是入驻的第一步,完成规则熟悉的工作后,我们需要进行开店准备工作。

任务分析

为了进行速卖通账户的注册,我们需要提前准备好一系列的资料和证件,现在我们就梳理需要做好的准备工作,好的准备是成功的开始。

知识链接

知识点 1　全球速卖通开店准备及入驻要求

在正式注册账户前，请首先准备好以下资料和工具：电子邮件地址、专用的手机和手机号码，注册人的个人信息，包括姓名、联系地址和电话号码，相关人员有效身份证件、银行信息、银行卡或支付方式，可以准备数码相机或高像素的手机。注册前准备工作和入驻要求请扫描二维码查看。

速卖通开店准备及入驻要求

知识点 2　全球速卖通入驻步骤

开通全球速卖通，请使用企业或个体工商户身份进行卖家账号注册，个人身份将无法注册账号。

（1）打开速卖通入驻页面 https://seller.aliexpress.com/，再打开速卖通卖家的中文后台，单击"立即入驻"按钮，如图 4-1 所示。

图 4-1　速卖通入驻界面

（2）选择公司所在国家站点，如图 4-2 所示。

图 4-2　注册国家选择界面

（3）创建速卖通账号，如图 4-3 所示。

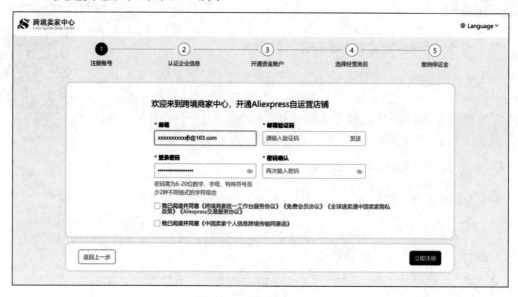

图 4-3　创建速卖通账号

（4）账号注册完毕后需提交入驻资料。个别类目需提供类目资质，审核通过方可经营。若要经营商标，需提供商标资料，等待平台审核通过；若商标在商标资质申请页面查询不到，需要根据系统引导进行商标添加。

（5）缴纳年费。根据所选的经营类目缴纳对应的年费。

（6）完善店铺信息。付费完成后，进入"卖家后台"→"店铺"→"店铺资产管理"设置店铺名称和二级域名。若申请的是官方店铺，需同步设置品牌官方直达及品牌故事内容。

（7）开店经营。入驻基本完成，开始对店铺进行装修并发布商品，速卖通店铺可以开始营业了。

速卖通年费查询

¤ 工作任务实施

1. 能够说出速卖通账号注册所需的所有资料。

2. 为建立速卖通店铺，我们先需要创建速卖通账号。请单击链接 https://sell.aliexpress.com/zh/__pc/newsellerlanding.htm 进入速卖通页面。

¤ 任务评价

请完成表 4-1 的学习评价。

表 4-1　任务学习评价表

序号	检查项目	分值	结果评估	自评分
1	如何进行速卖通入驻的准备工作？	20		
2	是否会完善店铺信息？	20		

续表

序号	检查项目	分值	结果评估	自评分
3	个人店铺和企业店铺之间有哪些主要区别？	20		
4	你更喜欢注册哪种类型的店铺，为什么？	20		
5	创建一份虚拟商品清单，包括商品名称、描述和价格	20		
	总分	100		

习题巩固

1. 请想出一个独特而容易记忆的店铺英文名称，如何使用有吸引力的店铺名称，吸引国外潜在买家？总结海外买家命名特点，可进入多个同类产品大卖家的店铺来学习优秀的店铺名。

2. 如何查询需要资质才能经营的类目？

任务 4.2　开通阿里巴巴国际站

学习目标

【知识目标】
（1）了解阿里巴巴国际站。
（2）了解阿里巴巴国际站入驻条件。
（3）掌握阿里巴巴国际站店铺注册程序。

【能力目标】
能够做好准备，进行阿里巴巴国际站注册。

【素养目标】
（1）培养思考问题的能力，不只满足于当前的收获。
（2）培养放眼全球分析经济发展趋势的能力。

任务引入

在全球电子商务领域，阿里巴巴国际站是一个重要的平台，允许将产品推广至全球买家。注册一个成功的店铺是迈向国际市场的第一步。通过本任务的学习，学生将能够理解阿里巴巴国际站的服务、注册的要求并初步注册阿里巴巴国际站店铺。

任务分析

作为重要的 B2B 跨境电商交易平台，为了正确选择出海平台，对于阿里巴巴国际站的充分了解是必须要做的工作。在这个任务中我们将充分认识阿里巴巴国际站。

知识链接

知识点 1 阿里巴巴国际站简介

> ■ 素养提升
>
> 2023年是我国提出共建"一带一路"倡议十周年。乘此东风，2023年6月15日至17日，中国（厦门）国际跨境电商展览会在厦门举办，哈萨克斯坦主题馆、金砖国家特色商品展示区，以及菲律宾、泰国、新加坡等近20家驻华领馆及境外经贸机构主题展区，通过跨境电商展示"一带一路"对沿路国家商贸的促进，进行消费、洽谈和贸易。

阿里巴巴国际站（Alibaba.com）是阿里巴巴集团旗下的在线B2B电子商务平台，专注于国际贸易（图4-4）。它为全球的买家和供应商提供了一个交流、交易和合作的平台，旨在帮助企业在全球市场中找到商机和合作伙伴。它连接了全球范围内的买家和供应商。买家可以浏览并采购来自不同国家和地区的产品，供应商则可以将产品推广至国际市场。平台上涵盖了广泛的商品类别，包括但不限于电子产品、机械设备、建筑材料、服装、化妆品、食品等。这使各种不同行业的企业都能在平台上找到适合其业务需求的产品。用户可以查看供应商的详细信息，包括公司资料、产品目录、交易历史和客户反馈。这有助于买家评估供应商的信誉和产品质量。平台支持多种支付方式，包括信用卡、电汇等，以确保交易的安全和顺利完成。另外，平台提供付款担保服务，以保障交易的安全性。而且，作为B2B网站，阿里巴巴国际站提供各种教育资源，帮助用户了解国际贸易的最佳实践、市场动态和贸易政策。

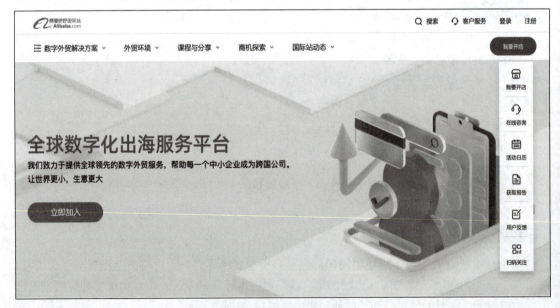

图 4-4 阿里巴巴国际站首页界面

整体来说，阿里巴巴国际站是一个重要的国际贸易平台，为全球企业提供了一个连接、交流和交易的机会，帮助它们在国际市场上找到商机、扩展业务，并建立全球贸易伙伴关系。这是一个促进全球经济合作和增长的关键平台。

知识点 2　阿里巴巴国际站优势

阿里巴巴国际站拥有许多优势，使其成为全球企业进行国际贸易的重要平台。更多国际站优势请扫描二维码查询。

阿里巴巴国际站优势

知识点 3　阿里巴巴国际站入驻条件

需要提供公司营业执照、公司法人身份证，阿里巴巴国际站经理上门实地考察，工厂、贸易、个体户均可申请；经营范围要求：需要有销售实体产品，如果只是技术、服务、物流则不行。

知识点 4　阿里巴巴国际站入驻费用

阿里巴巴国际站入驻费用主要是年费和广告费用，主要原因在于阿里巴巴国际站是 B2B 平台，实际成交无法完全量化，平台主要收取会员费。具体费用请扫描二维码查询。

阿里巴巴国际站入驻费用

知识点 5　阿里巴巴国际站开通流程

1. 阿里巴巴国际站签署合作协议

与阿里巴巴国际站签署合作协议，作为新商家参与国际站经营。商家已确认合同并款项到账，作为申请人根据系统后台要求完成以下三项内容。

（1）提交认证信息：需要阿里巴巴客户经理 + 商家 + 第三方认证公司一起合作完成。

1）客户经理：客户信息收集提交，如经营场地。

2）商家：销售提交信息确认 + 认证信息提交。

3）认证公司：认证信息审核，如营业执照商家资料提交后 7～8 天完成认证。

（2）商家提交公司信息。商家根据公司经营类型，按照网站指引完成公司信息填写。提交后 1 个工作日内审核。

（3）客户需要发布产品信息（至少 1 个），至少发布一款产品，且审核通过，发布后 1 个工作日内审核。

2. 阿里巴巴国际站需要进行现场认证

（1）目的：对网站供应商进行认证审核，以保障身份真实有效，为买家提供更加真实安全的交易环境，确保在网站上放心交易。

（2）内容：谈合作确定方案，拍照实地认证所需的资料（营业执照原件、办公室租赁合同原件、办公环境、企业信息核实表上盖公章），分发阿里会员账号和密码给用户（需 1 个工作日）。

（3）认证原因为确保经营主体的合法性：通过企业资质——工商执照、工商状态、执照有效期、法人身份和企业授权来进行查验，确保经营主体的真实性。通过核查实地经营——实际办公地址和现场情况、经营地址、企业类型、大门照片、办公环境等核查真实性。

3. 实地认证流程

付款→确认认证函→提交工商四要素→选择授权方式→提交英文名称等认证资料→认证审核→认证通过。

4. 阿里客户经理在系统录入合作订单

阿里客户经理在系统录入合作订单，客户进入自己的阿里会员后台在"我的外贸服务"→"我的订单"→"待确认订单"审核确认提交合同（需 1 个工作日）。

5. 阿里总部确认函确认

确认函确认→阿里总部再次审核确认合同,客户在阿里后台"我的外贸服务"→"我的订单"→"待付款订单"页面付款(需 1 个工作日),如图 4-5 所示。

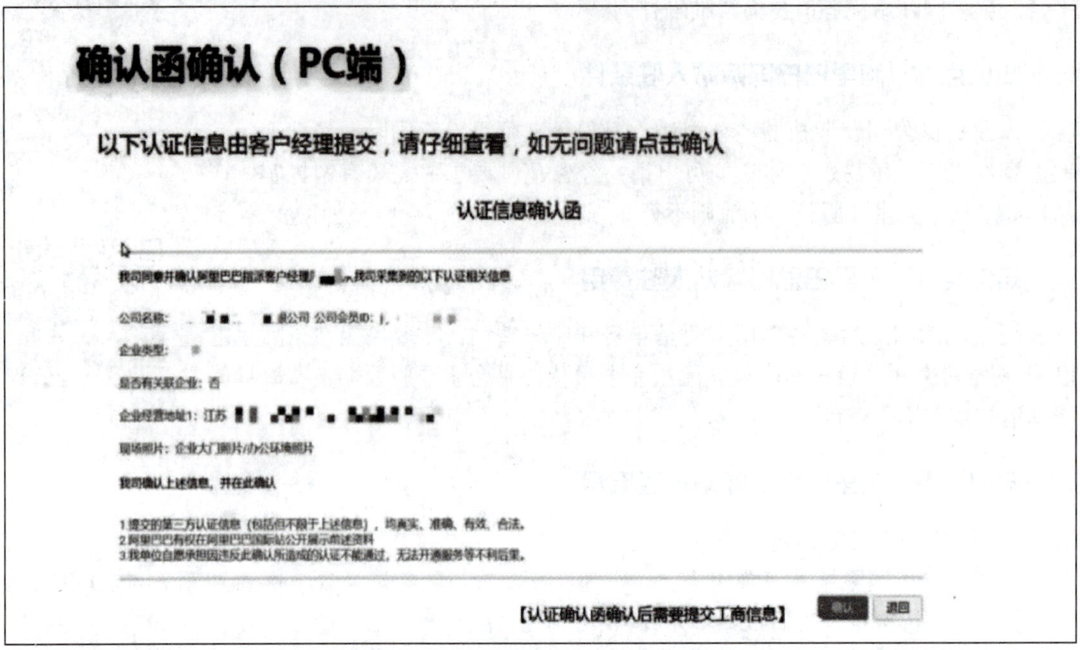

图 4-5　阿里巴巴国际站 PC 端确认函界面

工商信息提交——提交公司信息并审核通过,如图 4-6 所示。

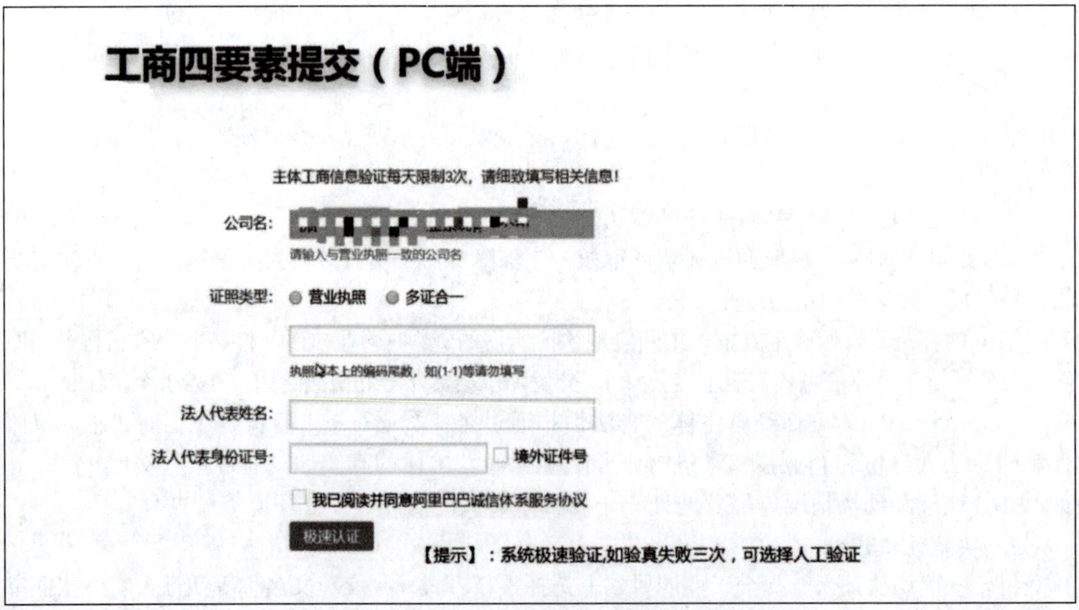

图 4-6　阿里巴巴国际站工商信息提交界面

6. 开通阿里巴巴选择授权方式

选择授权方式,开通阿里巴巴国际版供应商页面,如图 4-7~图 4-9 所示。

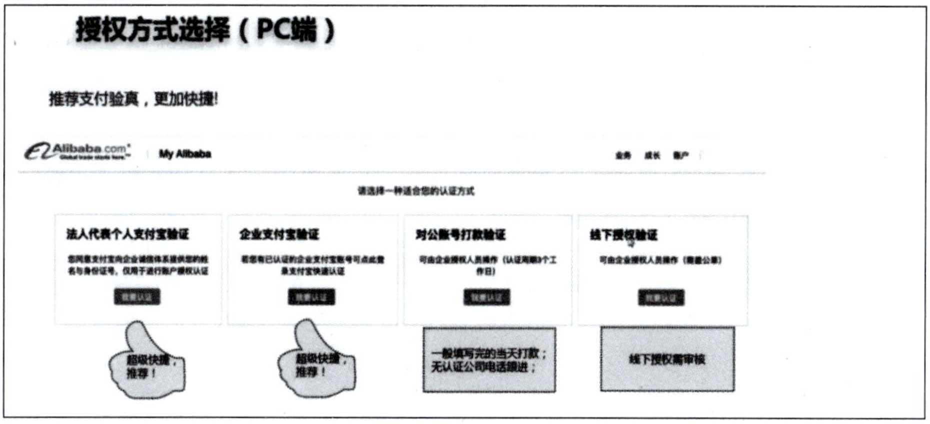

图 4-7　阿里巴巴国际站授权方式选择

图 4-8　阿里巴巴国际站线下授权

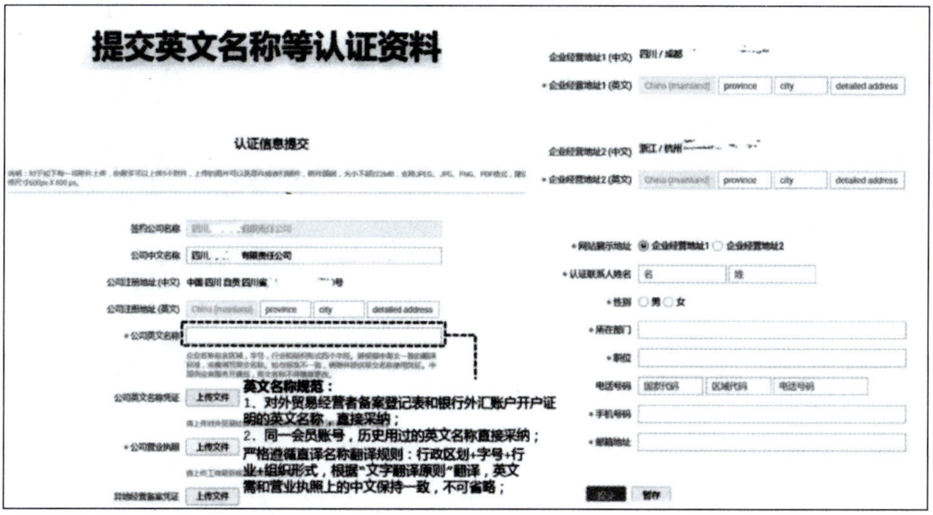

图 4-9　阿里巴巴国际站提交英文名称等认证资料

7. 信息通过审核

至少发布一款产品，且产品信息通过审核，如图 4-10 所示。

图 4-10　至少发布一款产品

8. 开通时间及开通公司页面

选择开通时间，确认开通公司页面，如图 4-11 所示。

图 4-11　阿里巴巴国际站选择开通时间

通过账号密码登录 My Alibaba 操作平台进行以上操作，登录网址为 http://sh.vip.alibaba.com/newborn/report.htm 提交认证信息。

工作任务实施

1. 学生分组模拟上门谈合作，确定方案，拍照实地认证所需的资料（营业执照原件、办公室租赁合同原件、办公环境、企业信息核实表上盖公章），分发阿里会员账号和密码给客户（需1个工作日）。

2. 阿里客户经理在系统录入合作订单，用户进入自己的阿里会员后台在"我的外贸服务"→"我的订单"→"待确认订单"审核确认提交合同（需1个工作日）。

3. 阿里总部再次审核确认合同，客户在阿里后台"我的外贸服务"→"我的订单"→"待付款订单"页面付款（需1个工作日）。

4. 开始实地认证（认证周期需5～16个工作日）。

5. 开通阿里巴巴国际版供应商页面操作步骤如下。

（1）提交认证信息，完成认证。

（2）提交公司信息并审核通过。

（3）至少发布一款产品，且产品信息通过审核。

（4）选择开通时间，确认开通公司页面。

（5）请通过账号密码登录 My Alibaba 操作平台进行以上操作。

登录网址为 http://sh.vip.alibaba.com/newborn/report.htm 提交认证信息。

任务评价

请完成表4-2的学习评价。

表4-2 任务学习评价表

序号	检查项目	分值	结果评估	自评分
1	什么是阿里巴巴国际站？	25		
2	阿里巴巴国际站的优势是什么？	25		
3	是否理解阿里巴巴国际站现场认证的原因？	25		
4	是否会提供公司信息？	25		
	总分	100		

习题巩固

1. 为什么阿里巴巴国际站的现场认证十分重要？
2. 为什么尽管《国际站规则考试》不是强制的，但非常建议卖家参加？

■ 素养提升

党的二十大报告指出，要"坚持高水平对外开放，加快构建以国内大循环为主体、国内国际双循环相互促进的新发展格局"。为实现内外贸一体化的高质量发展，在对中小微外贸企业出海的扶持上，阿里巴巴国际站新动作频频，先后推出"每天推荐一个新商机""简单出海""成长期专人指导"出口通升级三大行动，打造高水平开放平台。

任务 4.3　敦煌网平台店铺注册

敦煌网平台作为国内领先的 B2B 平台，店铺流量和销量具有很大优势，国内外中小企业为更好地经营 B2B 业务，在敦煌网平台上注册店铺进行销售也是非常必要的。

¤ 学习目标

【知识目标】
（1）熟悉敦煌网平台账户注册流程。
（2）了解敦煌网平台店铺账户认证要求。
（3）理解敦煌网平台店铺注册经营品类选择要求。

【能力目标】
根据敦煌网的规定，作为中国卖家能够进行账户的注册和完成账户认证要求。

【素养目标】
（1）培养多思、勤练的学习作风。
（2）培养总结、理解和归纳能力。

¤ 任务引入

敦煌网面向全球市场，帮助中国供应商与国际买家建立联系。学习注册敦煌网有助于理解国际贸易的基本概念和操作。平台上涵盖了多种商品类别，包括电子、家居、装饰品等各个领域。熟悉敦煌网平台后，我们练习敦煌网平台店铺注册步骤。

¤ 任务分析

注册敦煌网可以使卖家有渠道了解不同市场的需求和竞争情况。注册并运营账户需要遵循相应法规，这对经营合规，这的全球贸易业务至关重要。要抓住敦煌网为个人和企业所提供进入全球市场的机会，需要熟悉通过平台注册的方法。

¤ 知识链接

知识点　敦煌网注册开通流程

1. 注册入口

登录卖家首页：http://seller.dhgate.com/，单击"轻松注册"或"立即轻松开店"按钮，进入注册页面：http://seller.dhgate.com/merchant/register/pageLoad.do?f=，如图 4-12 所示。

项目 4 店铺注册与管理

图 4-12 敦煌网注册入口

2. 填写商户信息

请按照页面提示，填写真实的注册信息。请注意要选择正确的用户类型，选择错误将有可能导致注册关联超限，如图 4-13、图 4-14 所示。详情请登录 https://seller.dhgate.com/help/c0101/351401.html 查阅。

图 4-13 敦煌网"注册账号"界面

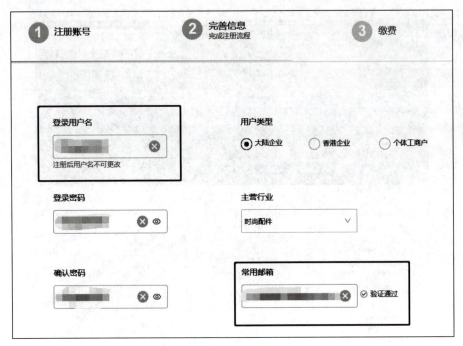

图 4-14 敦煌网注册用户名和常用邮箱

3. 验证手机、邮箱

在提交信息后会提示您进行手机、邮箱认证，请根据指引完成相应认证，如图 4-15 所示。

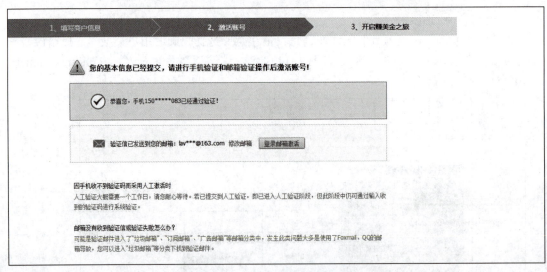

图 4-15 敦煌网手机验证码验证

4. 缴纳平台使用费

自 2019 年 2 月 20 日起，新注册的账户通过手机验证和邮箱验证激活账户后，页面将提示缴纳平台使用费，单击"立即缴费"按钮，即可进入缴费页面，如图 4-16 所示。

目前，平台使用费收取可分为标准档与增值档（新卖家首次充值）。其中，标准档可分为半年、年度缴纳，具体收费标准为 698 元（半年）、1 099 元（年度），如图 4-17 所示。

缴费成功后，商户可进入身份认证页面，上传相关资料证明申请，通过身份认证后完成，可正常操作后台相关功能，如图 4-18 所示。

图 4-16　敦煌网缴费界面

调整后缴费档位/元	使用费有效期	赠送扶持功能	赠送功能有效期
698	半年（6个月）	广告费100元	3个月
		数据智囊综合版	60天
1 099	一年（12个月）	广告费100元	3个月
		数据智囊综合版	120天

图 4-17　敦煌网标准档费用

图 4-18　敦煌网缴费成功界面

> ■ 素养提升
>
> 敦煌网平台作为国内 B2B 跨境电商交易平台，一直紧密配合"一带一路"倡议，利用平台优势加强中国企业与海外买家的连接，多方位促进中国与"一带一路"沿线国家的贸易畅通。
>
> 敦煌网为中国外贸从业人员和企业提供了一个进入国际市场的渠道，有助于推动中国的出口业务。这符合中国政府鼓励出口和促进国际贸易的政策。敦煌网的存在可以帮助中国建立与其他国家和地区的经济合作关系。通过在线平台，中国企业可以与来自世界各地的买家建立联系，有助于加强国际经济联系，促进互信。作为最早一批进入市场运营的跨境电商企业，敦煌网促进了中国在电子商务和互联网技术领域的发展。这对于中国政府鼓励科技和创新具有一定的意义。

¤ 工作任务实施

1. 登录卖家首页：http://seller.dhgate.com/，单击"轻松注册"或"立即轻松开店"按钮，进入注册页面。
2. 准备好网络上找到的公司信息，填写商户信息。
3. 请注意要选择正确的用户类型，详情请登录 https://seller.dhgate.com/help/c0101/351401.html 查阅。
4. 验证手机和邮箱。

¤ 任务评价

请完成表 4-3 的学习评价。

表 4-3　任务学习评价表

序号	检查项目	分值	结果评估	自评分
1	在敦煌网平台注册时是否会填写商户信息？	50		
2	是否会计算在敦煌网平台开店和使用的费用？	50		
	总分	100		

¤ 习题巩固

1. 在敦煌网平台注册时如何填写商户信息？
2. 敦煌网平台使用费用如何计算？

任务 4.4　敦煌网平台账户认证

¤ 学习目标

【知识目标】

（1）熟悉敦煌网平台身份认证的要求。

项目 4　店铺注册与管理

(2) 了解身份认证需要提交的资料。
(3) 学会国内企业身份认证流程及注意事项。
【能力目标】
根据敦煌网的规定，进行平台所需的身份认证。
【素养目标】
(1) 培养多思、勤练的学习作风。
(2) 培养文字总结、提炼、归纳的能力。

任务引入

根据国家市场监督管理总局颁布的第 49 号令《网络商品交易及有关服务行为管理暂行办法》（以下简称《办法》）的规定，自 2010 年 7 月 1 日起，通过网络从事商品交易及有关服务行为的法人、其他经济组织或自然人，需履行营业执照登载信息的展示（或个人身份信息申报）及经审查等义务。所以，在敦煌网注册账号完毕后，还需要进行法律要求的身份认证工作。

任务分析

为落实《办法》的执行，敦煌网全体新注册的卖家，需要进行个人身份认证或企业身份认证才可以正常提款。需要认识身份认证的原因并熟悉身份认证的流程。

知识链接

知识点 1　身份认证的介绍

敦煌网为了遵守国家法律，并让买家更方便、顺畅地通过平台进行交易，也同时为了提高用户持有账号的安全性，建议用户尽快完成相关身份认证及银行信息验证。

进入"我的 DHgate"后，平台会给予提醒："您尚未进行身份认证，您上传的产品将无法被买家看到，请尽快完成身份认证。"如图 4-19 所示。

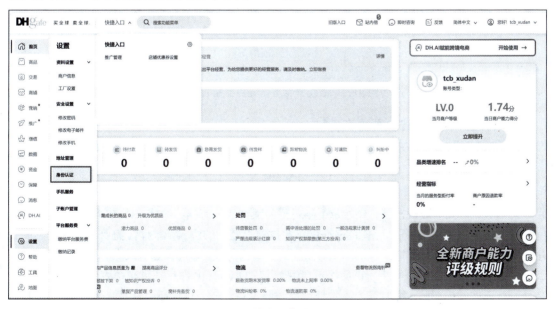

图 4-19　敦煌网身份认证界面

· 63 ·

单击选择"申请身份认证"按钮,进入设置中的"身份认证"界面。

选择身份类型后,单击"开始认证"按钮,如图4-20所示。

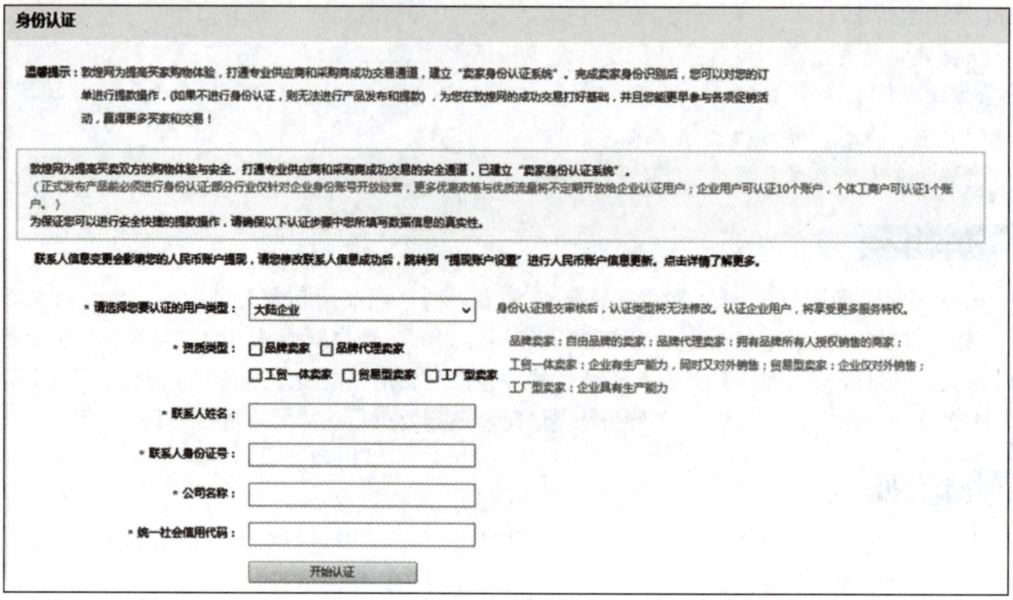

图 4-20　敦煌网身份认证信息填写

提交认证资料后,界面如图4-21所示。

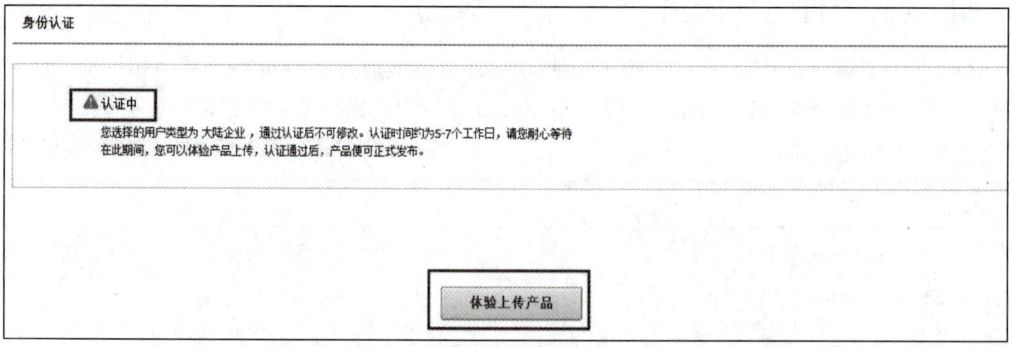

图 4-21　敦煌网身份认证提交完成界面

知识点2　身份认证需要提交资料

1. 申请认证资料要求

(1) 营业执照号:营业执照号是指营业执照的注册号,而并非营业执照编号;

(2) 营业执照副本图片:需提供有年检章的营业执照正本或副本,营业执照图片要求注册号、公司名、法人、经营范围、年检章清晰可辨,无修改、遮挡、涂抹或污渍等痕迹;

(3) 法人的证件照(正反面):请提供营业执照上登记的法人证件照,需要身份证正反面照片各一张。身份证信息要清晰可辨,无修改、遮挡、涂抹或污渍等痕迹;

(4) 联系人的手持证件照(正反面):请提供在DHgate上现有平台联系人的证件照片,务必是手持证件的头部照,而且需要身份证正反面照片各一张。身份证信息要清晰可辨,无修改、遮挡、涂抹或污渍等痕迹;

（5）带有贸易公司门牌及公司名称的图片：实体外贸公司和工厂类的商家需提供此项图片。必须是公司或工厂带有公司名称的门头照或前台的图片，如不能实现则务必提供手持营业执照在办公场所内的照片，不可盗用其他公司的图片，无修改、遮挡、涂抹或污渍等痕迹；

（6）外商独资企业：法人以中国台湾地区或其他国家、地区为籍贯的国内企业，也需提供法人的入境证件及营业执照以供核实身份。

2．身份认证注意事项

（1）每种资料只允许上传一张照片；文件大小为 5 M，上传格式为 jpg、gif、jpeg、png、bmp。

（2）证件都需要彩色原件扫描件或数码照片。

（3）如果您的身份证丢失，请提交护照的个人信息页。

（4）关联账户将会被连带认证或连带取消认证资质。

知识点 3　经营品类绑定操作

绑定方法：登录卖家后台"商户"→"经营品类管理"，选择经营的品类进行绑定，经营品类一旦绑定将无法更改，请慎重操作，如图 4-22 所示。

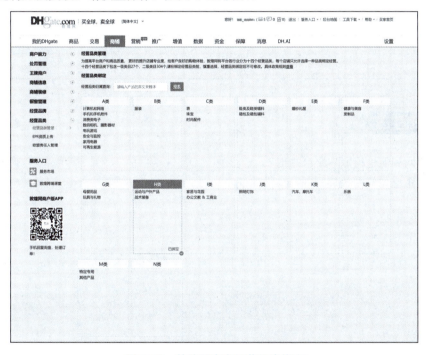

图 4-22　敦煌网商家经营品类绑定

> ■ **素养提升**
>
> 2022 年，政府工作报告提出要多措并举稳定外贸。加强出口外汇服务，加快出口退税进度，帮助外贸企业稳订单稳生产，而敦煌网累计注册供应商 230 万，年均在线产品数超过 2 500 万，注册买家 3 640 万，覆盖全球 223 个国家和地区，拥有 100 多条跨境物流线路和 10 多个海外仓及 71 个币种的支付能力，在北美、拉美、欧洲等地区设有全球办事机构，服务中国制造产品出海。

¤ 工作任务实施

1. 进入敦煌网平台进行身份认证，进入"我的 DHgate"后，看到平台提示尽快完成身份认证。

2. 单击选择"申请身份认证"按钮，进入设置中的"身份认证"界面。

¤ 任务评价

请完成表 4-4 的学习评价。

表 4-4　任务学习评价表

序号	检查项目	分值	结果评估	自评分
1	是否会进行敦煌网账户注册？	20		
2	是否会执行中国企业身份认证操作？	20		
3	敦煌网的卖家经营规则是什么？	30		
4	敦煌网的惩罚规则是什么？	30		
	总分	100		

¤ 习题巩固

1. 敦煌网如何进行账户平台注册？
2. 中国企业如何在敦煌网进行身份认证？

项目 5

跨境电商产品发布与管理

¤ 项目导读

通过本项目的学习,学生能为选择经营的跨境电商平台选择适合经营的品类;掌握店铺选品分析的方法;了解速卖通平台、阿里巴巴国际站等平台的产品发布规则和要求,能正确完成商品的标题编写、图片编辑、详情页制作等发布工作,具备在上述平台进行产品上架的能力。

任务 5.1 速卖通平台产品标题编写

¤ 学习目标

【知识目标】

(1) 熟悉全球速卖通平台上传产品标题编写规范。
(2) 了解产品标题编写思路。
(3) 学会制作产品关键词表。
(4) 掌握产品标题制作方法。

【能力目标】

根据速卖通平台的规定,作为中国卖家正确进行产品标题的编写,适合产品发布使用。

【素养目标】

(1) 培养多思、勤练的学习作风。
(2) 培养文字总结、提炼、归纳能力。

¤ 任务引入

如图 5-1 所示,在速卖通平台上,卖家要销售商品,需要给每个商品编写一个属于自己的标题,犹如每个人都有自己的名字一样,有了名字,就可以使别人快速识别自己,每个产品有了自己的标题,就可以把自己的特点体现出来,买家客户就容易找到商品,继而下订单进行购买。可以说,标题是每个产品的"身份标识"。通过本任务的学习,请回答下列问题。

(1) 什么是跨境平台产品标题?是不是可以由卖家随意编写而成?

（2）标题的作用是什么？

（3）你在编写一个合格的产品标题时，会注意哪些重要事项？请列举出来。

图 5-1　速卖通平台在售产品标题样例

¤ **任务分析**

在跨境电商平台进行商品发布时，应先选择合适的类目，为商品编写一个合规标题，才能往下继续进行。编写标题是新手卖家发布新产品遇到的第一个"拦路虎"。标题编写首先要遵守规范，其次是吸引客户，帮助引流。因而，为了正确阅读产品标题和编写产品标题，必须首先熟悉速卖通平台相关标准和规定。

¤ **知识链接**

知识点 1　产品发布准备工作

选品做好了，下面可以准备进行产品发布了。速卖通店铺发布商品准备工作如图 5-2 所示。

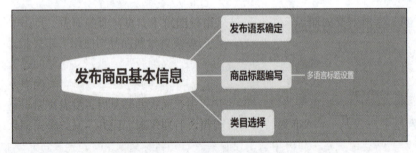

图 5-2　发布商品准备工作

1. 商品发布路径

进入速卖通跨境卖家中心，如图 5-3 所示，单击左侧商品菜单下的"商品发布"按钮，进入商品发布基本信息填写页面。

2. 商品发布语系的选择

现在速卖通平台可以选择 17 种语言进行发布，即英语、葡萄牙语、俄语、法语、西班牙语、印度尼西亚语、意大利语、阿拉伯语、德语、荷兰语、日语、韩语、泰语、越南语、希伯来语、土耳其语、波兰语。根据目的国家使用的语言，进行发布语言的选择。如果想发往多语言国家，就要进行多语言设置，如图 5-4 所示。

视频：产品发布流程

项目 5　跨境电商产品发布与管理

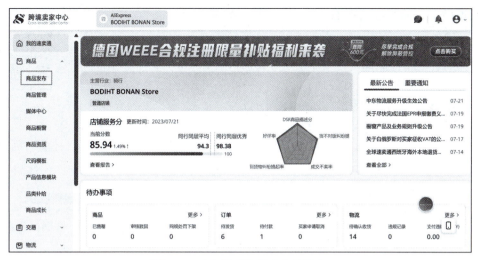

图 5-3　速卖通后台卖家产品发布

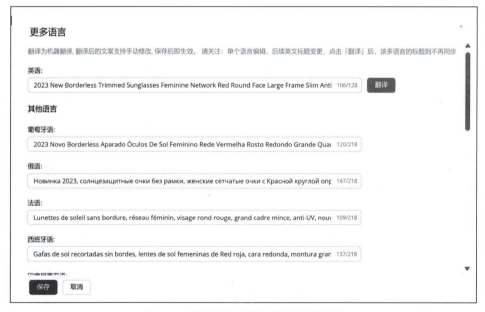

图 5-4　设置多语言商品标题翻译页面

3．商品标题的编写

用英语对商品进行描述，表达产品品牌及属性特点，使消费者或企业看到后有继续点入商品页面查看商品，继而发起询盘的欲望。编写标题的详细规则方法见知识点 2 的讲述。

4．多语言商品标题翻译

先用一个已经编辑好的标题来演示。如果单击"设置多语言"按钮，我们可以看到如下多种语言标题即被翻译过来，如图 5-4 所示。

有了英文标题后，要想同时译成多种语言，让产品被更多国家的消费者看到，就可以单击"翻译"按钮，将标题自动翻译为多种语言。翻译为机器翻译，翻译后的文案支持手动修改，保存后即生效。需要注意的是，对某一语言的标题进行编辑后，后续再进行英文标题变更时，单击"翻译"按钮后，该语言的标题将不再同步。

· 69 ·

知识点 2 标题编写规范

1. "名"要对"品"

商品名称应与商品图片、商品描述等其他信息要素相符，应尽量准确、完整、简洁，可使用商品通称等。

2. 合理设置关键词

卖家可设置 1～3 个与商品相符的关键词（可选择品牌、型号、风格、功能、材质等关键词），以便买方搜索，同时，可设置商品使用场景的关键词。不具有品牌授权的商品不得使用品牌关键词等有知识产权风险的词汇。

3. 禁止出现的情况

禁止出现的商品名称情况包括但不仅限于以下几类：标题无明确商品名称、标题带有联系方式、标题商品名堆砌、标题描述堆砌（包括不限于商品名称、品牌、型号、修饰词堆砌）、标题商品名称与商品图片不符、标题描述与详细描述中的买卖意向不符等。

视频：产品标题的书写

知识点 3 标题编写方法

一、标题编写公式

一个好的标题要逻辑清晰，清晰的逻辑能够帮助用户快速地获取关键信息，一个好的标题通常包含产品的功能、特性及优势。

产品标题包括销售方式、重要属性、产品名称、核心词、营销词。可以参考这样的排列：标题 = 营销词 + 销售方式 + 重要属性 + 产品名称 + 核心词，可以用以下内容表达商品的属性。

1. 营销词

营销词能营造热销氛围，体现当前市场热销属性，多人追捧，但多无实际意义，如 2023 new arrival、Hot sale、Popular、New Trend 等词。

2. 属性词

属性词能够直观体现产品特点，如材料、做工、颜色、尺码、特点、功能、规格等方面，如果标题里能包含这个产品的特殊属性，那么比较容易被国外消费者搜索到该产品。

3. 核心词

核心词在标题里非常重要，是客户在网站搜索栏里经常输入的所要购买的产品的信息。标题中的核心关键词不要太靠后，要在第三或第四个位置出现，要让客户早点看到所销售的产品具体是什么。

4. 场景词

场景词是指描述产品应用场景的词汇，如 for iPhone/Samsung/Xiaomi、for Women。

二、标题制作技巧要求

（1）长度适中。产品标题用英文编写，上限为 128 个字符，不一定要写如此多的字符，80 个字符左右就可以。

（2）速卖通（B2C）和阿里巴巴国际站（B2B）标题字符数上限均为 128 个，敦煌网标题字符数上限为 140 个。

（3）禁止关键词重复堆砌 3 次及以上，可以使用近义词交替使用。

（4）标题单词不要全小写，标题中重要的属性词、关键词首字母要大写。

（5）品牌名称要全部大写。

（6）单词一定要拼写正确，否则用户无法搜索到标题。

（7）标题可视化效果要好。由于标点符号、空格和 +、-、#、&（and）等字符都只算一个字符。用这些字符能够突出标题里面的一些关键词，帮助用户快速定位。甚至可以用"【 】"来突出某个核心词。不要加过多的介词、副词、连词。数字要用阿拉伯数字，不要用英文表达。标题中写 new arrival，或者 new arrive，其搜索指数为 1 056 和 43，值非常低。如果有更好的词，建议删除这两个词。如果确实应该保留，一定要加上日期，如"2023 new arrival"。因为"2023 new arrival"的搜索指数是 63 581，是前面词搜索指数的 60 倍。Free Shipping 表示包邮，不需要写在标题上。

（8）标题中不得出现店铺信息，如电话、地址及电子邮件等。

> ■ **素养提升**
>
> 国家主席习近平向 2023 年中国国际服务贸易交易会全球服务贸易峰会发表视频致辞，指出："当前，百年变局加速演进，世界经济复苏动力不足。服务贸易是国际贸易的重要组成部分，服务业是国际经贸合作的重要领域。全球服务贸易和服务业合作深入发展，数字化、智能化、绿色化进程不断加快，新技术、新业态、新模式层出不穷，为推动经济全球化、恢复全球经济活力、增强世界经济发展韧性注入了强大动力。""我们将打造更加开放包容的发展环境。扩大面向全球的高标准自由贸易区网络，积极开展服务贸易和投资负面清单谈判，扩大电信、旅游、法律、职业考试等服务领域对外开放，在国家服务业扩大开放综合示范区及有条件的自由贸易试验区和自由贸易港，率先对接国际高标准经贸规则。放宽服务业市场准入，有序推进跨境服务贸易开放进程，提升服务贸易标准化水平，稳步扩大制度型开放。"

¤ 工作任务实施

一、编写商品英文标题

1. 请针对图 5-5 所示的商品标题进行分析，看看此产品标题是由哪几个部分组成的，把标题的各个组成部分挑出来写入表 5-1 中。

图 5-5　英文标题编写结构分析

表 5-1　标题编写练习

出现顺序	英文标题部分词组	将词组翻译成中文	所属词类型
例 1	Wireless Bluetooth Sunglasses	无线蓝牙太阳镜	属性词+核心词
2			
3			
4			

2. 根据下列产品的中文标题进行英文标题的编写。

中文标题：施华洛世奇手链玫瑰仿水晶石澳大利亚制造，5.9/4.5 厘米。

二、回答下列问题

1. 什么是产品英文标题？是不是以往见到的冗长、难度大的句子？跨境电商英文标题编写是如何组成的？

2. 小游戏：排列组合积木（阿里巴巴国际站练习）。

题目：产品标题制作。

试题安排：假如你要发布一款蓝牙耳机套装（图 5-6），已提供如下关键词，请根据下列关键词组合一个标题，标题越优质，分数越高。

营销词：2021 newest、hot sale。

属性词：Bluetooth、in-ear headset、sport、high quality。

主关键词：Wireless earphone。

根据题目要求，请你完成以下操作。

（1）标题精准有吸引力，有营销词、属性词和热搜词，不超过 128 个字符。

（2）标题符合英语语法，并且没有拼写错误。

图 5-6　蓝牙耳机

¤ 任务评价

请完成表 5-2 的学习评价。

表 5-2　任务学习评价表

序号	检查项目	分值	结果评估	自评分
1	是否能看懂跨境电商产品标题？	10		
2	是否清楚跨境电商产品标题编写的规则？	20		
3	是否会分析跨境电商产品标题的结构组成？	20		
4	是否清楚跨境平台产品标题编写的规则？	20		
5	是否能独立编写跨境平台产品标题？	30		
	总分	100		

习题巩固

一、单选题

1. 在标题"2022 hot sale 16 GB White MP4 Player for women"中，属于场景词的是（　　）。

   A. 2022 hot sale　　　　　　　　B. 16 GB White
   C. MP4 Player　　　　　　　　　D. for women

2. 产品信息质量分小于 2 分，对该产品采取的措施正确的是（　　）。

   A. 设置为橱窗产品　　　　　　　B. 投放 P4P 广告
   C. 优化标题及详情页　　　　　　D. 设置折扣

二、实操题

请为自己即将发布的产品撰写标题。

（1）分析产品属性特征。

（2）结合前面讲的标题撰写要求，书写英文标题。

任务 5.2　速卖通平台产品类目选择

学习目标

【知识目标】

（1）了解全球速卖通平台上传产品发布的类目规范。

（2）掌握商品类目选择方法。

【能力目标】

能正确地对即将发布的商品进行归类，以便海外客户能较容易在正确的类目中搜索到商品。

【素养目标】

（1）养成认真负责的态度和严谨细致的作风。

（2）培养客观科学、认真负责的职业态度。

任务引入

在速卖通平台上，进行商品发布，除编写高质量的标题外，还要对商品进行正确的归类，很多时候我们掌握了产品货源，但不知道应该在哪个类目下进行发布。通过本任务的学习，请回答以下问题。

（1）如果我们不知道商品该归入哪个类目下，用什么方法可以寻找归类？

（2）有什么方法能够做到类目查询和正确归类？

（3）如果类目错放会有什么后果？

任务分析

商品应选择相关性高且最合适的最小类目。在跨境电商平台进行商品发布时，我们要将商品归到合适的类目下，这样才能方便海外客户将来顺利搜索到我们的商品，进而提升曝光率、成交率。我的商品应该发布到哪个类目？请看下面知识链接。

¤ 知识链接

知识点　定位类目方法

1. 同类产品搜索定位法

到买家前台找到搜索结果靠前的同类商品，将产品链接或产品 ID 复制到工具中定位；如果我们不知道商品应该发布在哪个类目，则可以先到前台链接，输入关键词查询相似的商品，通过商品 ID 进行查询，快速查看商品 ID 可单击查询到产品类目。

2. 通过核心商品关键词搜索定位

如果很明确发布商品是归属何类别，就可以直接在类目搜索中寻找归类了。

¤ 工作任务实施

操作方法：

步骤一：在 1688 上确定了准备经营的产品货源，如图 5-7 所示。

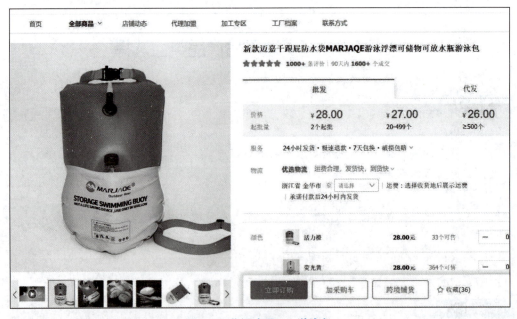

图 5-7　货源产品——游泳包

步骤二：将此产品标题翻译为英文标题。

中文标题：防水袋游泳浮漂可储物可放水瓶游泳包。

英文标题：Waterproof bag swimming float can store water bottles, swimming bag.

步骤三：通过前台链接查询到商品在平台的 ID 号。商品链接：在网址栏即可获取产品 ID，或 .html 前面的一整段网址，如图 5-8 所示。

步骤四：查询到产品 ID 号后，在发布页面打开"帮助中心"，找到客服小何进行查询，如图 5-9、图 5-10 所示。

步骤五：产品 ID 号查询到后，在客服小何进行查询，即可知该类目为运动及娱乐类目，如图 5-11 所示。

步骤六：知道其为运动大类，再进行微调，精准归类，如图 5-12 所示。

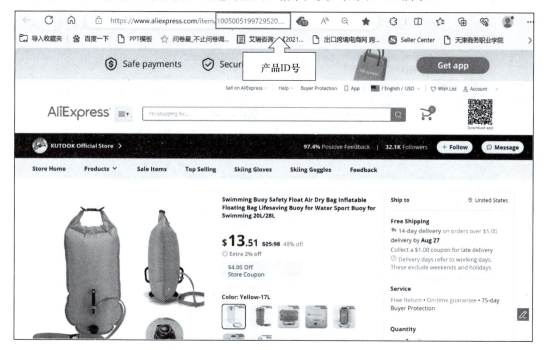

图 5-8　速卖通平台上同类产品 ID 号查询

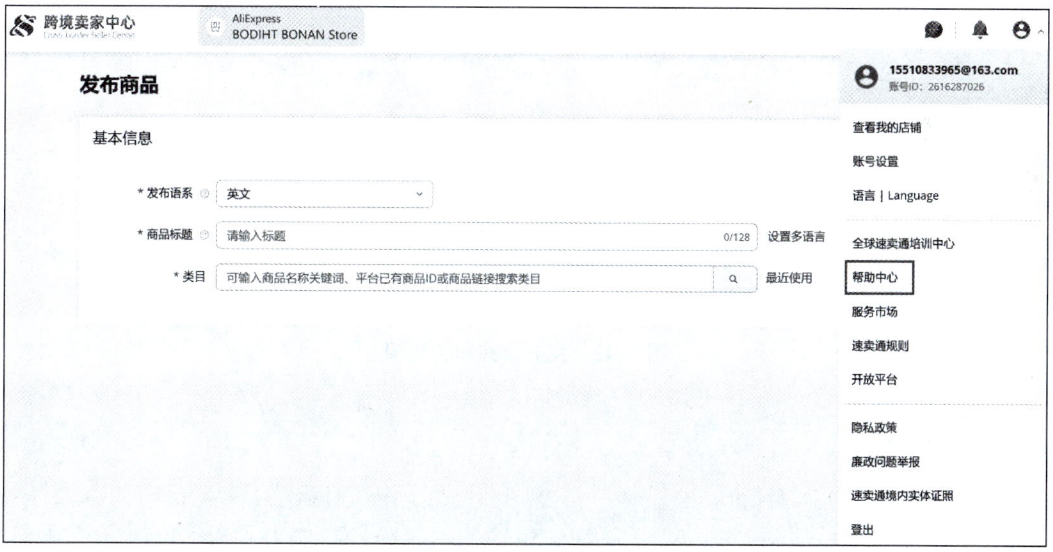

图 5-9　帮助中心进行类目查找

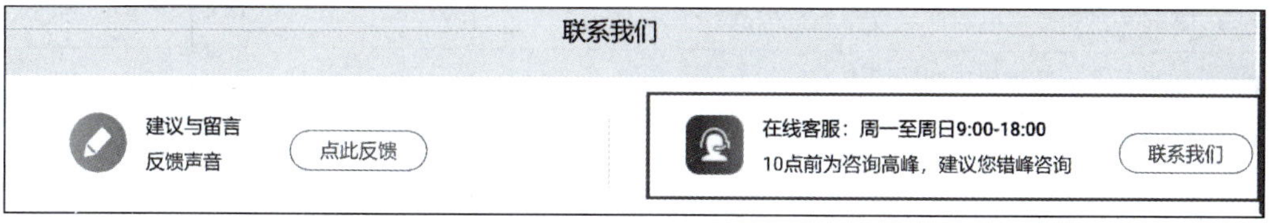

图 5-10　找到客服小何在线查询

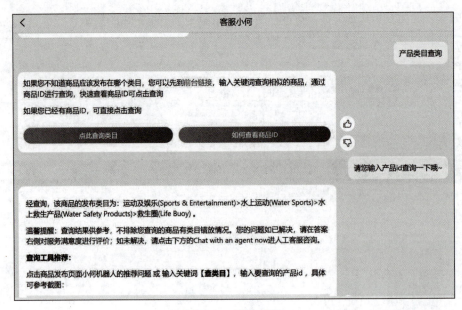

图 5-11　查询结果

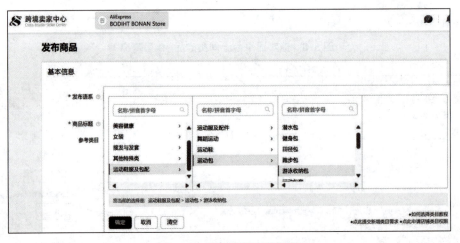

图 5-12　发布商品归类微调

任务评价

请完成表 5-3 的学习评价。

表 5-3　任务学习评价表

序号	检查项目	分值	结果评估	自评分
1	是否清楚跨境电商产品发布类目规范？	10		
2	是否能大概清楚货源所属大类？	30		
3	是否会查询产品 ID 号？	30		
4	是否知道如何调用"客服小何"工具进行类目查询？	30		
	总分	100		

习题巩固

1. 对于女装店铺定位分析描述正确的是（　　）。
   A. 女裙主图　　　　　　　　　　B. 女裙海报
   C. 女裙标题　　　　　　　　　　D. 女裙价格
2. 商家 A 想了解产品行业情况，在阿里巴巴平台中输入"eyelashes"单击 supplers，结果显示平台中有 2 741 家，商家行为为（　　）。
   A. 目标市场分析　　　　　　　　B. 受众偏好分析
   C. 竞争对手分析　　　　　　　　D. 市场准入分析

> **素养提升**
>
> 　　山东自贸试验区济南片区探索跨境电商新模式，助力稳外贸促消费。一是打造跨境商品展示交易中心。实现跨境电商"1210 保税备货""9610 直购""9710 电商 B2B 直接出口""9810 电商 B2B 出口海外仓""网购保税＋线下速提"模式全覆盖。创新"1210"保税备货与"线下体验"相结合，实现实物感知、现场下单、配送到家，形成线上线下良性互补，提升消费体验。二是创新进口商品零售模式。融合"线上线下""前店后仓""即买即提"等形式，形成保税存储灵活、订单流转迅速、海关有效监管的进口商品零售新模式。三是创新存储展销模式。利用"链上自贸"模式，通过"一物一码"实现进口商品保税状态下的出区展销及交易，根据项目布局暂存至实体店面进行销售，进一步优化进口货物的清关、仓储、销售管理。作为跨境电商从业人员，要深入学习实时政策，在具体工作中勇于挑战自己，学习新知识，严谨认真、不骄不躁，立于不败之地。

任务 5.3　速卖通平台商品图片和视频上传

¤ 学习目标

【知识目标】
（1）了解全球速卖通平台商品发布的图片要求。
（2）掌握商品图片上传规范。

【能力目标】
能正确编辑和上传商品图片，提升商品曝光率和点击率。

【素养目标】
（1）养成认真负责的态度和严谨细致的作风。
（2）培养客观科学、认真负责的职业态度。

¤ 任务引入

　　如图 5-13 所示，在速卖通平台上，请为商品上传 6 张主图和 2 张营销图及 1 个商品视频，网站对商品展示图片有要求，需认真学习商品图片规范。通过本任务的学习，回答以下问题。

（1）商品图片上传的规格是什么？
（2）商品发布时，至少要提供几张图片？
（3）图片在设计上有什么要求？

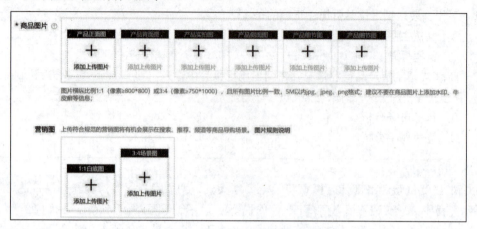

图 5-13　商品图片编辑上传

¤ 任务分析

商品图片发布非常重要，一张好的产品图片能让产品在众多产品中脱颖而出，增加点击率，进而促进交易率的提高。尤其跨境电商平台上与海外客户沟通比较不易，有语言障碍，商品图片越清晰明了，下单的概率就越大。所以，明确平台商品图片发布规范和要求、发布高质量图片非常重要。

视频：产品发布之主图的设置

¤ 知识链接

在营销导购场景中，应选择优质的商品图片，且按行业特性选择性上传 1∶1 白底图、3∶4 场景图、商品主图，对导购转化有明显的正向提升效果。

知识点 1　速卖通商品图片规范要求

一、商品展示图

产品的图片能够全方位、多角度展示商品，大大提高买家对商品的兴趣。我们可以上传不同角度的商品图片。产品可以最多同时上传 6 张图片，包括产品正面图、产品背面图、产品实拍图、产品侧面图、产品细节图、产品使用场景图等。

二、商品营销图

营销图将展示在搜索、推荐、频道、平台活动会场等商品导购场景，上传符合规范导购图的商品有优先露出机会，如果系统检测图片不符合规范，将不会被前台导购场景调用展示，单击查看规则说明了解更多信息。

1. 1∶1 白底图基本规范

（1）商品图片背景用纯白色或全透明。
（2）图片尺寸不小于 800×800 px。
（3）图片比例采用正方形（宽高比 1∶1）或 3∶4（像素≥750×1 000），且所有图片比例一致。

（4）图片格式采用 jpg、jpeg、png 三者之一，图片大小不超过 5 MB。

（5）商品图片应与文字信息相符，并应真实反映商品的实际情况。除指定情形外，图片应清晰完整、无涂抹、无遮挡（平台规定需要遮挡的图片除外）。

2．速卖通平台对 1∶1 白底商品图片的设计要求

商品图片的设计要求如图 5-14 所示。

图 5-14　商品图片编辑

（1）图片背景必须为纯白色或全透明。

（2）商品主体需居中正面展示，与四边保持一定间距，建议不小于 50 px。

（3）允许表达多 SKU、套装、配件等产品属性信息，需保证产品主体清晰可识别。

（4）正确的商品展示图如图 5-15 所示，错误的商品展示图如图 5-16 所示。

图 5-15　正确的白底商品展示图例　　图 5-16　错误的白底商品展示图例

3．速卖通平台对商品 3∶4 场景图基本规范要求

（1）商品图片背景用纯色或实拍场景。

（2）图片尺寸不小于 750×1 000 px。

（3）图片比例采用长方形（宽高比 3∶4），且所有图片比例一致。

（4）图片格式采用 jpg、jpeg、png 三者之一，图片大小不超过 5 MB。

4. 速卖通平台对3∶4场景图设计要求

（1）允许背景为实物的场景、模特演示，用于辅助说明商品的使用方式、使用效果、使用场景、品牌调性等。

（2）商品主体需居中正面展示，与四边保持一定间距，建议不小于50 px（图5-17）。

（3）允许表达多SKU、套装、配件等产品属性信息，需保证产品主体清晰可识别。

图5-17　3∶4场景图要求

5. 图片不允许出现的信息

（1）图片不允许出现品牌LOGO、水印、任何形式的边框及"促销牛皮癣"等信息。

（2）图片不允许出现敏感类目、违禁商品、政治敏感、宗教敏感等产品信息。

（3）产品图片中不要有中文，要用目的销售国家的文字，方便消费者和客户进行识别。

（4）正确的场景图商品展示图如图5-18所示，错误的场景图商品展示图如图5-19所示。

图5-18　正确的场景图商品展示图例

图5-19　错误的场景图商品展示图例

知识点2　速卖通商品视频规范要求

现在商品展示多数把短视频展示放在第一步出现，力求短时间内给用户多角度、快速全面的体验。但是短视频不能太长，时长在30 s内，建议视频比例为1∶1、3∶4、9∶16，大小在2 GB以内，内容含商品主体，非PPT、无黑边、无水印、无中文。

视频：产品详细描述的填写规范

工作任务实施

1. M 公司主营产品是饰品挂件,如果你是该公司产品管理岗位实习生,请在速卖通买家界面(www.aliexpress.com)找到一款同类型产品的图片信息,并对其进行分析,评价每张图片是否优质,提出自己的意见(表 5-4)。

表 5-4　产品图片练习

图片类型	指出图片的优缺点	给图片打分(最高 5 分)
产品正面主图		
产品背面图		
产品实拍图		
产品侧面图		
产品细节图 1		
产品细节图 2		

2. 给自己即将发布的产品准备这六张图片,将其上传到速卖通网站上。

任务评价

请完成表 5-5 的学习评价。

表 5-5　任务学习评价表

序号	检查项目	分值	结果评估	自评分
1	是否知道速卖通平台商品上传 6 张主图片的要求?	10		
2	是否清楚跨境电商产品营销图的上传规范?	20		
3	是否能独立找出适合产品展示的 6 张图片?	20		
4	是否清楚跨境平台产品视频上传要求?	20		
5	是否能独立上传产品图片和短视频?	30		
	总分	100		

习题巩固

下面每幅产品的图片(图 5-20)都有错误,请同学们分别找出错误并说明原因。

图 5-20　产品找错图片

答案解析

任务 5.4　速卖通平台产品属性规范

¤ 学习目标

【知识目标】
（1）了解全球速卖通平台上传产品属性的规范要求。
（2）掌握产品属性总结提炼方法。

【能力目标】
（1）能正确找出主营商品的属性特征。
（2）能用英文正确地在标题、关键词和属性栏里表达出产品特征。

【素养目标】
（1）学生通过自己寻找产品属性的过程，激发学习和钻研知识的热情。
（2）培养细致、严谨的职业态度。

可漂浮储物泳包属性描述图

¤ 任务引入

扫描二维码，观察可漂浮储物泳包图，请根据速卖通平台产品属性填写页面，结合可漂浮储物泳包属性描述图和货源产品介绍，思考该产品的属性特征有哪些？准备进行属性填写（图 5-21）。

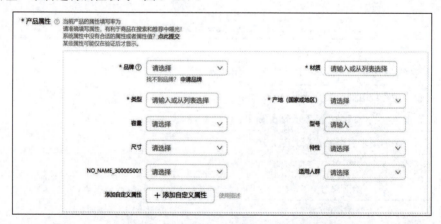

图 5-21　速卖通平台商品属性填写页面

¤ 任务分析

产品属性是买家选择商品的重要依据，特别是有标识的关键属性。详细、准确地填写系统推荐属性和自定义属性，能提高商品曝光机会。

¤ 知识链接

知识点　速卖通平台商品属性的填写

商品属性内容应与商品实际情况相符，如实填写成分、材料、尺码、品牌、型号、产地、保修信息、年龄是否合适等;防止重复铺货,卖家发布的不同商品信息之间要区别商品属性、描述(包括但不限于品牌、规格型号、材质、图片信息等)。

1. 品牌和型号

品牌为必填项,不能为空。商品的发布一定要有品牌做保障。若品牌为灰色状态不可选择,请进行"商标资质申请"。若想申请属于自己的商标,可进行"在线商标申请",拿到《商标申请受理通知书》后,即可进行"商标添加"及"商标资质申请"流程。"申请新品牌"是指已被平台收录的品牌,可以直接申请该品牌的经营权限。

2. 类型

类型是指在该产品大类下进行进一步细分,便于更好地匹配消费者需求。例如,对书包按书包带进行分类,可分为单肩包、双肩包、手提包等。

3. 产地

因为现在速卖通全球开店,扩展到较多国家,货通全球,要注意货物原产国。

4. 特性

特性用于表明产品主体特征,区别其他同类竞争产品,例如此游泳包的特性是"干湿分离"。

5. 尺寸和容量

尺寸和容量用于对包类产品大小的描述,决定了产品的尺寸规格。像服装类产品对尺码的要求就更是细致,需要建立尺码表来进行服装尺寸标注,使远隔重洋的消费者减少退换货的概率。

6. 添加自定义属性

自定义属性的填写可以补充系统属性以外的信息,让买家对产品了解得更加全面。属性名和属性值都要分别填入,如 color:red。

¤ 工作任务实施

这里是商品发布属性填写页面,请根据上面的属性参数,在下面找出合适的选项打"√"。

1. 类型:双肩包(Backpack)( )、单肩包(Shoulder Bag)( )、手提包(Handbag)( )。
2. 产地:中国大陆(Origin)(Mainland China)( )、德国[DE(Origin)]( )、西班牙(Origin)[ES(Origin)]( )、法国(Origin)[FR(Origin)]( )。
3. 适用人群:男童(Boys)( )、女童(Girls)( )。
4. 特性:湿性( )、干湿分离( )、干性( )。

¤ 任务评价

请完成表 5-6 的学习评价。

表 5-6 任务学习评价表

序号	检查项目	分值	结果评估	自评分
1	是否能够从货源处提炼商品特殊属性?	20		
2	平台提供填写的属性不全的,是否能通过自定义属性补充描述?	30		
3	你的货源属性在平台同类产品上是否有竞争力?	30		
4	阿里巴巴国际站的产品属性填写需要注意什么?	20		
	总分	100		

习题巩固

1. 如果一个产品没有品牌,是否可以在速卖通平台上进行发布?请阐述原因。
2. 产品属性填写不细致,是否会影响产品的销售?

任务 5.5　速卖通平台产品详情页制作

¤ 学习目标

【知识目标】
(1) 了解全球速卖通平台上传产品详情页规范要求。
(2) 掌握产品详情页制作方法。

【能力目标】
(1) 能做出适合展示主营产品的详情页面。
(2) 具备设计能力,能把产品特征巧妙地表现出来。

【素养目标】
(1) 学生通过自己寻找产品属性的过程,激发学习和钻研知识的热情。
(2) 培养细致、严谨的职业态度。

¤ 任务引入

产品基本信息录入完成,下面就需要将产品详情页制作好。我们不能做懒卖家,随便用几张图片制作详情页。优质的详情页,不仅能够留住买家,提高店铺成交转化率,还可以增加访问深度、降低跳失率、增加产品的搜索权重等。

通过本任务的学习,请回答下列问题。
(1) 什么样的详情页能够使客户下单?
(2) 进行详情页优化可以从哪些方面考虑?
(3) 如果跳失率较高,我们应该采取什么措施调整产品发布?

¤ 任务分析

我们的客户在大洋彼岸,看不到实际商品,所以全靠详情页进行细致的了解。对于卖家而言,了解详情页制作方法和标准尤为重要,这对是否能留住客户,能否有成交下单起到决定性作用。

¤ 知识链接

知识点 1　产品定位

1. 定位消费群体

我们对所售产品要有一个清晰的定位,其中对消费人群的定位,决定了我们将会使用什么样的元素来制作详情页。例如,母婴类服装和玩具要以儿童为模特,如图 5-22 所示。

图 5-22　产品详情页图片

我们也可以定义得更加准确一些，因为每个年龄段的买家对颜色的喜好有所不同，这样我们在设计详情页的时候，就可以大致确定整体页面合适的色系。例如，对母婴玩具用品来说，儿童比较活泼，喜欢的颜色比较鲜艳，可以用饱和度比较高一些的色彩，如红、黄、蓝、绿等，如图 5-23 所示。

图 5-23　母婴用品店铺 banner

2. 定位买家性质

我们要定位好买家是什么样的消费群体，是学生、家长，还是白领。对买家性质的定位会间接影响到详情页的表达。例如，同一个产品，学生可能更注重是否好看，而家长更注重实用性。学生无购买力，通常很多服装的购买是由家长来完成的，那么详情页制作时就需要实用性更强一些。

知识点 2　详情页的制作要求

1. 详情页的重要性

详情页对于海外客户直观地查看商品、询问商品、下单都至关重要。有的商家比较懒，不愿意在详情页上下功夫，加上海外客户与我们有时差，对咨询回答不及时，造成客户流失量比较大。

能让买家询盘下单的步骤如下。

（1）客户找到卖家的商品。通过关键词搜索，可以从众多商品列单里找到卖家的商品。

（2）单击进入商品页面。买家通过产品主图看中卖家的商品，这一步说明主图是成功的。接下来单击进去查看搜索页面出现的商品是否与用户输入的关键词匹配，有没有进一步下单的可能。

（3）浏览详情页。详情页是决定买家是否能询盘的相当重要的因素，如果买家能通过浏览详情页就了解产品的功能特性，有强烈的购买欲望进行下单，说明商品的详情页做得非常成功。

2．详情页的主要内容

（1）速卖通产品详情页的规范化布局。详情页应包括店铺促销产品、关联营销板块、限时限量促销信息、买家对产品的评价，以及产品描述图、细节图、场景图、对比图等。这只是从产品出发，要想做得更好，甚至要从团队文化板块、生产工艺流程板块、物流介绍板块、包装介绍板块、FAQ 板块、退换货处理板块等入手。

（2）详情页制作可以借鉴 FABE 营销法则，即属性（Features）、优势（Advantage）、益处（Benefits）、证明（Evidence）。属性，即产品的规格、材质、结构、功能、包装等；优势，即产品的卖点，卖点在详情页中提出，有助于区别竞争对手的产品；益处，即卖家的供货能力、利润空间大小等；证明，即卖家的企业实力、产品质量的相关认证、客户合照、参加的展会、生产车间情况等。

3．详情页的布局和要求

（1）详情页面中的文字均为目标国家交流文字，一般以英文为主，不要出现中文，海外客户读不懂。

（2）每个详情页面的图片规格大小要一致，图片像素最好是 800×800，长度要一致，不要出现大大小小不规范的图片布局，显得卖家很不专业。

（3）注意页面的排列顺序，主次分明。

4．详情页图片组成

（1）细节图，如图 5-24 所示。

（2）使用图，如图 5-25 所示。

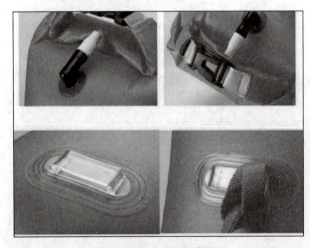

图 5-24　泳包细节图

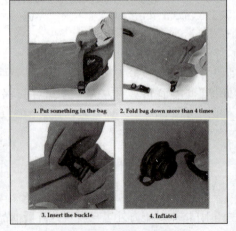

图 5-25　使用说明图

（3）功能说明图，如图 5-26 所示。

图 5-26　功能说明图

知识点 3　速卖通详情页编辑方法

速卖通编辑器详描内容用于 App 端浏览商品时的详描展示。也可以先用上方 PC 详描编辑完成后，再单击导入 PC 详描。翻译内容由系统机器翻译，商家如未检查翻译内容就展示信息，应自行承担责任，如图 5-27 所示。

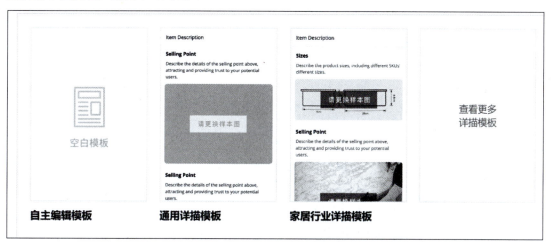

图 5-27　速卖通无线端详细描述编辑

我们可以选择自主编辑模板、通用详描模板、家居行业详描模板等。

1. 自主编辑模板

自主编辑模板（图 5-28）中有四个功能模块供大家使用。

（1）文字模块。鼠标左键按住文字框，不要松手，向右方拖拽到达编辑页面后松手（注意：不要双击），文字编辑模块即显现出来。可针对文本标题和正文进行编辑，如图 5-29 所示（请扫描二维码查看）。

（2）图片和图文模块添加（图 5-30）。上传图片的要求：图片宽度与高度均不能小于 260 px，支持 jpg、png 格式，单张图片大小不超过 2 MB，最多上传 10 张图片，每张图片都可以设置链接地址，引导客户至重点产品。

自主编辑文字模块

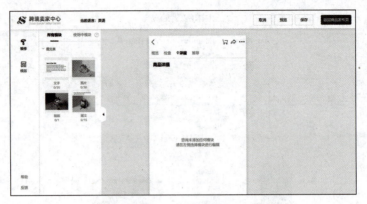

图 5-28　自主编辑模板

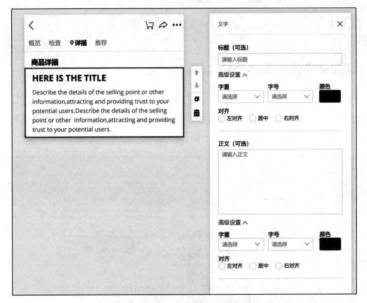

图 5-29　自主编辑文字模块

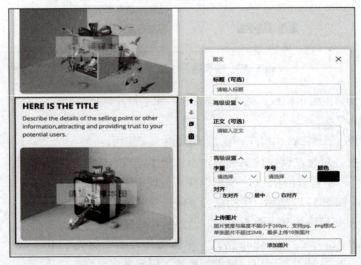

图 5-30　图文模块添加

（3）视频模块添加。上传的视频时长不超过 4 min，画面长宽比为 16∶9，文件大小不超过 1 GB。需审核通过后展示。

2. 通用详描模板及更多产品模板

通用详情模板（图 5-31）是网站已经编辑好的，大多数商家使用的模板，里面的内容也可以随时进行删减和调整，单击"装修"按钮进行整体页面编辑，添加模块又可以切换到图文视频编辑模式下。

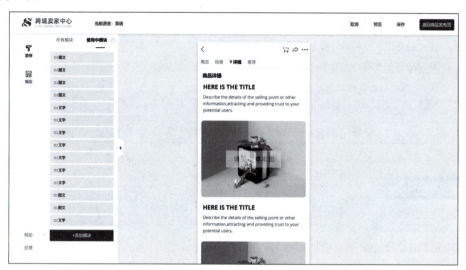

图 5-31　通用详情模板

知识点 4　阿里巴巴国际站产品详情页制作

阿里巴巴国际站产品详情页制作请扫描二维码查看。

阿里巴巴国际站产品
详情页制作

工作任务实施

请按下面要求为 App 端设计一份详情页。

1. 首页装修模块框架设计

请根据对同类店铺的调研，结合当前店铺实际情况，确定店铺 App 端装修风格，根据编辑器做出框架。

2. 准备装修素材

根据视觉规范制作广告图、海报图、背景图、热区切图等。

3. 添加设置页面模块

依次拖拽添加各个子模块，并上传图片，设置参数。

4. 首页发布

保持店铺首页装修结果,并发布首页,店铺首页装修效果就显现出来了。

¤ 任务评价

请完成表 5-7 的学习评价。

表 5-7 任务学习评价表

序号	检查项目	分值	结果评估	自评分
1	速卖通详情页布局需要哪些图片?	20		
2	速卖通详情页图片都有哪些要求?	20		
3	PC 端详情页和无线端详情页有什么不同?	30		
4	详情页最多可用多少张图片?	30		
	总分	100		

💡 习题巩固

1. 产品详情页制作可依据什么法则?
2. 产品详情页尺寸规格有哪些要求?

任务 5.6　速卖通平台产品定价与库存

¤ 学习目标

【知识目标】
(1) 了解在全球速卖通平台上传产品发布的价格计算。
(2) 掌握平台商品发货地与库存的含义及填写。

【能力目标】
能正确计算商品价格的能力。

【素养目标】
(1) 养成认真负责的态度和严谨细致的作风。
(2) 培养客观科学、认真负责的职业态度。

¤ 任务引入

在平台上销售商品要给其定价,定价的合理性决定了店铺流量、交易量的多少,库存是需要与定价搭配的,库存是销售的保证。请思考给一个产品定价需要考虑哪些因素?

¤ 任务分析

产品的定价对于店铺来说是非常重要的,因为定价影响点击率、排序、影响买家最终决定是否购买产品,也就影响了转化率。影响产品的定价因素有产品进价、运费、折扣率、利润率、促销活动的价格区间、同行的定价、销售策略等。

知识链接

我们填写商品发布页面时，填写完成基本信息页面之后，就需要填写价格与库存页面。价格与库存版块包括最小计量单元、销售方式、颜色、尺寸（部分类目）、发货地、零售价（USD）、库存数量、商品编码、区域定价、批发价信息，如图5-32所示。

图 5-32　价格与库存页面

知识点 1　最小计量单位解析

最小计量单元：指卖家所售卖的产品的最小度量单位，即单个产品的量词，具体如下。

1. 蒲式耳

蒲式耳（Bushel）是一种容积单位，类似我国旧时的斗、升等计量单位。在英国，1蒲式耳等于8加仑，等于4配克，等于2坎宁（英国容积计量单位），相当于36.368 8升（公制）。在美国，1蒲式耳相当于35.238升（公制）。1蒲式耳油料或谷类的重量各异。即使同一种油料或谷物也因不同品种或产地实际换算也有些差别。1英制蒲式耳（1.032 1美制蒲式耳）合36.367 7升。该单位只用于固体物质的体积测量。

最小计量单位解析

2. 打

打（dozen）是量词。用于某些商品，12个为一打。

3. 加仑

加仑（gallon）是一种容（体）积单位，英文全称gallon，简写为gal。加仑又分为英制加仑和美制加仑，两者表示的大小不一样。1加仑（美）＝3.785 412升，1加仑（英）＝4.546 092升。

4. 英吨

英吨long ton是英国重量单位。

5. 盎司

盎司（ounce）是英美制重量单位，1盎司等于1/16磅，合28.349 5克。

6. 夸脱

夸脱（quart）是个容量单位，主要在英国、美国及爱尔兰使用。1英制夸脱＝8及耳＝2品脱＝1/4加仑＝1/32蒲式耳。

7. 平方码

平方码是一个英制的面积单位，其定义是"边长为1码的正方形的面积"，1码为3英尺。1平方码等于1 296平方英寸。

8. 码

码（yard）是英美制长度单位。1码等于3英尺，合0.914 4米。

知识点2　销售方式

销售方式设定要根据重量、体积和货值决定是单件出售或者打包出售。一般，产品单价较高，重量和体积较大的产品适合单件卖；而产品单价较低，重量和体积较小的产品（例如珠宝首饰、3C配件等）适合多个组成一包出售。在设置每包件数时要注意，按包销售，定价时设置的价格就是整包价格，不是单件价格，不要设亏损了。

知识点3　颜色上传

此处上传的是带色产品缩略图，图片要求是图片大小750×1 000高清像素，四周不可留白，无logo和水印，不可使用无授权的网络图片；提供商品的正面＋侧面＋背面＋细节图；每个颜色下至少有一张正面图（套装产品，需上传一张包含所有商品的展示图）支持自定义输入属性值名称，要求输入内容为字母、数字。

颜色属性上传

可选择一个或多个主色系，并设置对应的自定义名称或上传sku自定义图片（图片可通过电脑上传或者从图片银行选择）。自定义图片可以代替sku色卡，同时图片大小不能超过200 kB，格式支持jpg、jpeg。若上传了自定义图片，在买家页面优先展示图片，若未上传，则在买家页面展示自定义名称，若两者都没有设置，则展示系统默认色卡图片和名称（图5-33）。

图5-33　带色产品缩略图

知识点4　尺寸

尺寸：对于服装等需要设置尺码的类目会展示尺寸属性，可以勾选通用尺寸，也可以自定义属性值名称，自定义属性值只允许含字母和数字。

知识点5　发货地与库存

卖家根据实际情况需要选择一个或多个发货地，尤其是需要从海外仓发货时，要注明发货地。库存数量表示特定属性的商品是否有货，以及有多少现货；库存情况决定了前台买家是否能正常购买商品。

知识点 6 商品价格填写与计算

区域定价：指在商品发布端，按照"ship to"区域不同，向卖家提供差异化定价的能力。区域定价设置步骤如下。

（1）点击设置，选择需要设置差异化定价的国家。

（2）选择直接报价、调整比例、调整金额中的一种方式进行调价。

批发价：对于支持批发的商品，可勾选"支持"。可以在弹出的窗口中设置起批数量和批发价格，批发价格以折扣形式填写。例如零售价为 $100，"批发价在零售价基础上减免 10%，即 9 折"，表示批发价为 $90。

价格是消费者为换取某种产品或服务的收益，而支付的所有价值的总和，是价值的货币体现。在跨境电商中，会遇到各种价格。比如，成本价是指采购价、国内外费用、佣金等成本的总和；上架价格是指产品上传的时候所填写的价格；折后价格是指产品在店铺折扣下显示的价格；成交价格是指用户在最终下单后所支付的价格。定价是竞争资产，在跨境电商中，同等条件下，产品价格越低，可能获得的点击率越高，产品转化率越高。

一、商品成本构成

1. 固定成本

固定成本（fixed cost）是指不随产量和销量变化的成本。例如企业的办公场地月租、生产机器购入成本、员工工资（含社保福利）都属于固定成本。

2. 变动成本

变动成本（variable cost）是指直接随生产规模变化的成本。在跨境电商中，变动成本包括产品成本、销售佣金等。变动成本相对固定成本比较好核算，往往有依据可查。

二、定价影响因素

定价需要考虑的影响因素非常多，下面简单说明跨境电商企业通常考虑的一些因素。

1. 渠道因素

卖家所掌握的零售批发渠道直接影响着定价。卖家掌握的渠道数量越多，定价弹性越大。波特五力模型中提到，卖家的议价能力越强，产品竞争力越大，定价弹性越大。

2. 品牌因素

产品的品牌能对顾客产生较大影响。良好的品牌形象可以给产品价格带来增值效应。名牌商品既增加了盈利，又让消费者在心理上产生满足感，良好的品牌可以使产品价格提高，同时还能增强顾客忠诚度。

3. 汇率因素

汇率又称"外汇行市"或"汇价"，是一国货币兑换另一国货币的比率，是以一种货币表示另一种货币的价格。一般来说，本币汇率下降，即本币对外的币值贬低，能起到促进出口、抑制进口的作用，出口产品定价需要适当提高。若本币汇率上升，即本币对外的币值上升，则有利于进口，不利于出口，出口产品定价需要适当调低。

4. 贸易术语

对于跨境电商企业而言，不得不考虑贸易术语对价格的影响，不同贸易术语下，成本归属、交易风险均有差别，定价不仅需要反映费用归属，还要对增加交易风险的贸易模式额外提高定价。例如易碎品 FOB 和 DES 的定价肯定不同，DES 价格除增加运费、保险分摊外，还需要考虑运输过程中损耗的分摊费用。

三、建立产品价格体系

1. 考虑产品定位的组合定价

在跨境电商店铺运营中，必须将产品定价分为引流款、平销款和利润款。应区分不同价格层级的产品的作用。

（1）引流款：结合产品成本，产品价格应低于市场价格，此产品会为店铺带来客流量。店铺的引流款定价在目标客户心理中位价中间偏下，计算公式如下：

$$定价 = 低价 + （高价 - 低价） \times 浮动系数$$

但根据产品的差异化程度，浮动系数一般为 -0.4～0.4，需要根据实际情况来确定浮动系数的具体值。需要注意的是，在实际应用中，引流款的定价浮动一般通过折扣的形式体现。另外，随着引流款销量的大幅提升，如果商家利用大规模生产的优势，商品的成本价就会大幅降低，则商家在定价上会获取越来越多的自由空间。

（2）平销款：日常销售产品。产品价格应和市场价格持平，保证店铺日常销售额。平销款可以直接使用心理中位对标进行定价，计算公式如下：

$$定价 = 低价 + （高价 - 低价） \times 0.618$$

（3）利润款：产品价格应高于市场价格，以保障店铺毛利，计算公式如下：

$$定价 = 低价 + （高价 - 低价） \times 浮动系数$$

其中，浮动系数一般在 0.75～1。利润款的定价一般高出引流款 10%～60%。

（4）形象款：设置形象款产品是为了提升店铺的形象，以增加消费者的价值感。形象款定价计算公式如下：

$$定价 = 低价 + （高价 - 低价） \times 浮动系数$$

其中，浮动系数一般在 1～2。这种产品一般在店铺中不会太多，一般为 1～2 款。

2. 标准定价公式

$$定价 = \frac{（产品成本 + 产品运输成本） \times （1 + 利润率）}{（1 - 平台佣金比例） \times 汇率 \times （1 - 折扣）}$$

我们在定价时，把数据代入公式，即能计算出价格来。

¤ 工作任务实施

1. 采购成本核算：某产品的货价（不含税价格）是 20 元，增值税税率是 13%，计算该产品的采购成本（含税成本）。

2. 国内费用核算：某商品的包装为"每箱 5 打，每打 12 只"，即每箱可装 60 只，每箱体积为 0.166 m^3，国内运费为每立方米 100 元，报检费为 120 元，报关费为 150 元，核销费为 100 元，公司综合业务费为 3 000 元，快递费为 100 元。计算报价数量为 6 000 只的国内费用。

¤ 任务评价

请完成表 5-8 的学习评价。

表 5-8 任务学习评价表

序号	检查项目	分值	结果评估	自评分
1	跨境平台计算产品价格需要考虑哪些因素？	20		

续表

序号	检查项目	分值	结果评估	自评分
2	产品定位价格组合应分为哪些款？	20		
3	是否会默写产品标准综合定价公式？	30		
4	是否能独立运算价格？	30		
	总分	100		

习题巩固

任务 5.7　速卖通平台产品包装与物流

¤ 学习目标

【知识目标】

（1）了解全球速卖通平台上传产品发布包装和物流知识。

（2）掌握商品物流运费模板设置方法。

（3）能设置正确的服务模板。

【能力目标】

能把物流线路和模式弄清楚。

【素养目标】

（1）养成认真负责的态度和严谨细致的作风。

（2）培养客观科学、认真负责的职业态度。

¤ 任务引入

在速卖通平台上，进行商品发布，除编写高质量的标题外，还要正确填写商品包装和物流信息，这涉及平台后面的物流运费计算，如果出现错误，会造成国际物流运费的误差导致卖家或买家的损失。通过本任务的学习，回答以下问题。

（1）我们该如何理解平台说的发货期？

（2）物流发货的尺寸要求是什么？

¤ 任务分析

在跨境电商平台进行商品发布，我们要根据商品货源填写合适的发货期，如果发货期写得过短,看似可以很快发货,实际会给卖家带来很大的隐患。请看下面的知识链接。

知识链接

知识点1 如何理解发货期

发货期是指从买家下单付款成功且支付信息审核完成(出现"发货"按钮)后开始计时,到把货物成功发送出去的发货时间。

假如发货期为3天,如订单在北京时间的星期四17:00支付审核通过(出现"发货"按钮),则必须在3日内填写发货信息(周末、节假日顺延),即北京时间星期二17:00前填写发货信息。若未在发货期内填写发货信息,系统将关闭订单,货款将自动全额退还给买家。建议及时填写发货信息,避免出现货款两失的情况。我们一定要合理设置发货期,避免产生成交不卖的情况。之前就出现过发货期内没有将货物正常发出去的情况,或者货物发出去了却没有填写国际物流单号,系统关闭订单,货款自动全额退还给买家,"赔了夫人又折兵"。

知识点2 物流质量

质量和包装尺寸:准确填写包装后质量和产品包装尺寸,不要填写净重而忽略包装物的质量,避免因填写错误而造成的运费损失和交易性降低。

物流尺寸用长×宽×高来描述,数据是包装后的尺寸,单位用厘米,输入后,再根据运费模板,系统平台会自动计算出国际物流运费。以往有卖家输入这三个数时不细心,输入错误,系统会根据错误的数据乘积自动计算运费,导致卖家收不到应有的国际物流运费,而造成较大亏损。

中国邮政挂号小包,又称中国邮政小包、邮政小包、航空小包,是指包裹质量在2 kg以内,外包装长、宽、高之和小于90 cm,且最长边小于60 cm,通过中国邮政空邮服务寄往国外的小邮包。中国邮政挂号小包可分为平邮小包和挂号小包两种。非圆筒货物:长+宽+高≤90 cm,单边长度≤60 cm,长度≥14 cm,宽度≥9 cm;圆筒形货物:直径的两倍+长度≤104 cm,单边长度≤90 cm,直径的两倍+长度≥17 cm,长度≥10 cm。

当完整填写自定义计重的信息后,系统会按照卖家的设定来计算总运费,忽略产品包装尺寸;对于体积重大于实重的产品,要谨慎填写,可以计算出体积重后再填写。

工作任务实施

在1688上找一个毛绒玩具进行发布,下面是其中的包装与物流部分,请查询货源的质量和体积,在网站发布页面上填上合适的数据(图5-34)。

图5-34 包装物流数据填写

任务评价

请完成表 5-9 的学习评价。

表 5-9 任务学习评价表

序号	检查项目	分值	结果评估	自评分
1	跨境物流中国邮政挂号小包的质量有怎么样的限定？	20		
2	非圆筒型小包的包装尺寸要求是什么？	20		
3	如何理解发货期？发货期应如何正确填写？	30		
4	如果在后台填错了物流尺寸，会有什么后果？	30		
	总分	100		

习题巩固

项目 6

跨境电商视觉设计

项目导读

随着跨境电商行业的蓬勃发展，越来越多的企业进入这一领域。然而，要想在激烈的竞争中脱颖而出，视觉设计也变得尤为重要。优秀的视觉设计不仅能吸引更多的消费者点击和浏览，而且能提高产品的信任度，增强品牌印象。本项目将围绕 Photoshop 这一最常用的图像处理软件，通过一系列实际操作任务，逐步讲解跨境电商视觉设计中的重要技能。

任务 6.1 图像处理工具入门

学习目标

【知识目标】

（1）了解 Photoshop 的基本概念和工作原理。
（2）掌握常用的 Photoshop 工具及其功能。
（3）了解图像处理的基本知识和技巧。

【能力目标】

（1）能够运用 Photoshop 进行基本的图像处理和编辑。
（2）能够运用 Photoshop 工具进行视觉设计创作。

【素养目标】

（1）培养观察力和审美能力。
（2）培养动手操作的能力。

任务引入

假设你正在为一家跨境电商店铺工作，需要使用 Photoshop 来处理和修饰商品图片，以提供更专业和富有吸引力的视觉效果。但是由于 Photoshop 操作复杂，你在使用过程中遇到了诸多问题。为了尽快提高工作效率，你决定系统学习 Photoshop 的基础知识和图像处理操作流程，以便熟练掌握常见的图片处理技巧。

¤ 任务分析

本任务的重点是学习 Photoshop 的基础功能和图像处理方法，包括界面介绍、文件操作、图像裁剪、色彩调整、图层应用、文字添加等。只有掌握这些基础才能在以后的设计工作中得心应手。

商铺配色与首页布局

¤ 知识链接

知识点 1　Photoshop 工作界面

Photoshop 工作界面由菜单栏、选项栏、工具箱、控制面板、状态栏等组成（图 6-1），通过工具箱中的各种工具可以对图像进行处理。

图 6-1　Photoshop 工作界面

知识点 2　Photoshop 常用图像格式

Photoshop 常用的图像格式有 PSD、JPEG、PNG、GIF 等。

1. PSD 格式

PSD 是 Photoshop 默认的文件格式，可以保留文档中的所有图层、蒙版、通道、路径、未栅格化的文字、图层样式等。通常情况下，都将文件保存为 PSD 格式，便于后续修改。其他 Adobe 应用程序，如 Illustator、InDesign、Premiere 等可以直接置入 PSD 文件。

2．JPEG 格式

JPEG 是由联合图像专家组开发的文件格式。它采用压缩方式，具有较好的压缩效果，但是将压缩品质数值设置得较大时，会损失掉图像的某个细节。JPEG 格式支持 RGB、CMYK 和灰度模式。

3．PNG 格式

PNG 是用于无损压缩在 Web 上显示图像。与 GIF 不同，PNG 支持 24 位图像并产生无锯齿状的透明背景，但某些早期的浏览器不支持该格式。

4．GIF 格式

GIF 是基于在网络上传输图像而创建的文件格式，支持透明背景和动画，被广泛地应用于网站传输。

知识点 3　Photoshop 图层

图层（图 6-2）可以对图像中的不同部分进行独立处理，是 Photoshop 的重要功能。通过图层面板可以对图层进行显示或隐藏、更改顺序、添加删除、样式及遮罩等操作。

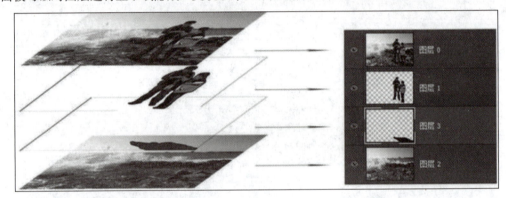

图 6-2　图层结构示意

知识点 4　打开图像文件

通过选择"文件"→"打开"，然后选择要打开的图像文件（图 6-3）。

图 6-3　打开图像界面

知识点 5　图像文件保存

通过选择"文件"→"存储为"，然后选择合适的文件格式并命名文件，或按 Ctrl ＋ S 快捷键可以保存当前图像（图 6-4）。

图 6-4　图像文件保存界面

知识点 6　调整图像大小

调整图像大小是指改变图像的宽度和高度，从而改变图像的尺寸和分辨率。调整图像大小可以使图像适应不同的显示设备和输出媒介，也可以节省存储空间和传输时间。调整图像大小时，需要注意的是保持图像的清晰度和质量，避免失真和模糊。

通过"图像"→"图像大小"菜单，可以调整图像的像素大小。

知识点 7　裁剪工具

裁剪工具是指用于删除图像边缘多余部分的工具。裁剪工具可以使图像更加突出主题，更加符合视觉设计的原则和要求。

使用"裁剪工具"可绘制矩形选框进行裁剪，将图片的一部分或全部截取下来、去除不必要的部分。

在 Photoshop 中，裁剪工具位于工具栏中，快捷键为"C"。使用裁剪工具时，可以在画布上拖动鼠标来绘制一个选区，也可以在选区上拖动边角或旋转手柄来调整选区的大小和方向。在选区外部单击鼠标右键可以弹出菜单，单击"确定"按钮或按"回车"键可以完成裁剪，单击"取消"按钮或按 Esc 键可以取消裁剪。在选区内部双击鼠标左键也可以完成裁剪。

在裁剪工具的选项栏中，还可以设置一些参数和功能。
（1）比例：可以选择预设的比例或自定义比例，来控制选区的宽高比。
（2）尺寸：可以输入预设的尺寸或自定义尺寸，来控制选区的宽度和高度。
（3）旋转：可以输入预设的角度或自定义角度，来控制选区的旋转方向和幅度。
（4）删除裁剪像素：可以勾选或取消勾选这个选项，来决定是否保留裁剪后的图像数据，以便于恢复或再次裁剪。

知识点 8　亮度/对比度工具

亮度/对比度工具是指用于调整图像的明暗和色彩差异的工具。亮度/对比度工具可以使图像更加清晰和鲜艳,也可以创造不同的氛围和效果。亮度/对比度工具需要根据图像的原始状态和目标效果,适当地调节参数,避免过度或不足。

在 Photoshop 中,亮度/对比度工具的使用方法有以下几种。

(1) 使用"图像"菜单中的"调整"子菜单中的"亮度/对比度"命令,可以在弹出的对话框中拖动滑块或输入数值,来调整图像的亮度和对比度。也可以勾选或取消勾选"预览"和"使用遗留"等选项,来查看调整前后的效果和使用不同的算法。

(2) 使用"图层"菜单中的"新建调整图层"子菜单中的"亮度/对比度"命令,可以在图层面板中创建一个亮度/对比度调整图层,可以在属性面板中拖动滑块或输入数值,来调整图像的亮度和对比度。也可以勾选或取消勾选"预览"和"使用遗留"等选项,来查看调整前后的效果和使用不同的算法。调整图层的好处是可以随时修改参数,也可以通过蒙版、混合模式、不透明度等方式,来控制调整的范围和强度。

知识点 9 颜色范围选择工具

色彩范围工具是指用于选择图像中特定颜色或色彩范围的工具。色彩范围工具可以使选择更加精确和灵活,也可以用于替换、提取、修复、增强等操作。色彩范围工具需要根据图像的颜色特征和目标效果,适当地调节参数,避免漏选或误选。

店招和轮播设计

在 Photoshop 中,色彩范围工具位于"选择"菜单中,快捷键为"Ctrl + Alt + U"。使用色彩范围工具时,可以在弹出的对话框中选择或单击想要选择的颜色或色彩范围,也可以拖动滑块或输入数值,来调整模糊度和范围等参数。在对话框中还可以看到一个黑白预览图,显示当前选择的结果。黑色表示未被选择的区域,白色表示被选择的区域,灰色表示部分被选择的区域。单击"确定"按钮或按"回车"键可以完成选择,单击"取消"按钮或按"Esc"键可以取消选择。

在色彩范围工具的对话框中,还可以设置一些参数和功能。

(1) 选择:可以从下拉菜单中选择预设的颜色或色彩范围,如高光、阴影、中间调、红色、绿色、蓝色、青色、洋红、黄色、皮肤色等,也可以选择"采样颜色",然后在画布上单击想要选择的颜色。

(2) 加号和减号眼睛滴管:可以分别用于添加或减少想要选择的颜色或色彩范围,可以在画布上多次单击不同的位置,来扩大或缩小选择的范围。

(3) 模糊度:可以拖动滑块或输入数值,来调整选择的边缘的模糊程度。模糊度越高,选择的边缘越柔和;越低,选择的边缘越锐利。

(4) 范围:可以拖动滑块或输入数值,来调整选择的颜色或色彩范围的宽度。范围越大,选择的颜色或色彩范围越广泛;范围越小,选择的颜色或色彩范围越精确。

(5) 本地化颜色群集:可以勾选或取消勾选这个选项,来决定是否根据图像中不同区域的颜色差异,来进行更细致的选择。勾选这个选项后,还可以拖动滑块或输入数值,来调整本地化颜色群集的大小。

知识点 10 文字工具

文字工具是指用于在图像上添加和编辑文字的工具。文字工具可以使图像更加有表现力和信息量,也可以用于制作标题、标签、注释、水印等。使用文字工具时需要根据图像的内容和风格,适当地选择和设置文字的字体、大小、颜色、样式、效果等。

在 Photoshop 中，文字工具位于工具栏中，快捷键为"T"。使用文字工具时，可以在画布上单击鼠标左键，并输入想要添加的文字，也可以在画布上拖动鼠标来绘制一个文本框，并在文本框内输入想要添加的文字。在输入过程中按住"Ctrl"键，并拖动鼠标左键，可以移动文字或文本框的位置。在输入过程中按住"Ctrl"键，并拖动鼠标右键，可以旋转或缩放文字或文本框的大小和方向。在输入过程中按住"Ctrl"键，并单击鼠标右键，可以弹出菜单，单击"确定"按钮或按"回车"键可以完成输入，单击"取消"按钮或按"Esc"键可以取消输入。

在文字工具的选项栏中，还可以设置一些参数和功能。

（1）字体：可以从下拉菜单中选择预设或自定义的字体，来改变文字的形状和风格。

（2）字号：可以从下拉菜单中选择预设或自定义的字号，来改变文字的大小。

（3）颜色：可以从颜色选择器中选择预设或自定义的颜色，来改变文字的颜色。

（4）样式：可以从样式面板中选择预设或自定义的样式，来给文字添加一些效果，如粗体、斜体、下划线、删除线、阴影、描边等。

（5）横排/直排：可以在选项栏中切换横排文字工具或直排文字工具，来改变文字的排列方向。

（6）对齐方式：可以在选项栏中选择左对齐、居中对齐或右对齐，来改变文字或文本框内的对齐方式。

（7）段落：可以在段落面板中设置一些参数，如行距、字符间距、缩进、首行缩进等，来改变文字或文本框内的排版效果。

> **■ 素养提升**
>
> 有一位年轻的卖家名叫李明，他经营着一家初具规模的店铺。尽管他的商品质量过硬、价格公道，可是销售业绩一直不尽如人意。
>
> 李明遇到了瓶颈，他开始寻找原因。他发现，他的店铺在各方面的配备都已齐全，商品质量也得到了保障，价格也公道，然而，他的店铺却缺乏一种独特的气质，无法从众多的店铺中脱颖而出。他意识到，问题可能出在店铺的视觉设计上。
>
> 李明开始关注设计，他开始学习 Photoshop 等设计软件，逐渐掌握了一些基本的视觉设计技巧。他开始仔细观察生活中的美好事物，培养自己的观察力。他发现，观察力是设计师最重要的能力之一。只有具备敏锐的观察力，才能捕捉到生活中那些独特的美，将其运用在设计中。
>
> 同时，李明也开始关注艺术与设计，提升自己的审美能力。他开始参观各种艺术展览、设计展览，阅读有关艺术、设计的书籍。通过这些方式，他逐渐提高了自己的艺术素养，对美有了更加深刻的认识。
>
> 在不断的学习和实践中，李明的观察力和审美能力得到了显著的提升。他开始对店铺的视觉设计进行改造。他运用自己敏锐的观察力，捕捉到消费者的需求和兴趣点，将这些元素融入设计中。同时，他将自己的审美观念融入设计中，使店铺的整体形象得到了极大的提升。
>
> 李明的店铺发生了翻天覆地的变化，设计新颖独特，商品得到了更好的展示，销量也直线上升。同时，他也得到了众多客户的认可和好评。李明的店铺在跨境电商平台上也逐渐被更多人知晓，业绩蒸蒸日上。
>
> 通过这个故事，我们认识到了观察力和审美能力的重要性。在跨境电商平台店铺商品展示设计中，这些能力是必不可少的。李明的故事告诉我们，只有不断学习、提升自己，才能在竞争激烈的市场中立于不败之地。

工作任务实施

一、调整图像大小

【任务描述】

通过拍摄得到的商品图像的宽度和高度基本都是 3 000 像素以上,这样的大尺寸图片往往并不能直接用于电商平台。

请将商品图像调整为 1 000 像素 ×1 000 像素的图像并保存,因为过大的图片不仅会降低网页加载的速度,还会在合成、加工和制作图像的过程中,使软件的处理速度变慢,降低工作效率。

风扇图片素材

【任务实施】

步骤一:用 Photoshop 打开一张 4 000 像素 ×4 000 像素的风扇图片。

步骤二:单击"图像"→"图像大小"菜单,弹出"图像大小"对话框(图 6-5)。

图 6-5 "图像大小"菜单

步骤三:设置图像尺寸宽度为 1 000 像素,则图像的高度会自动进行修改。设置完成后,单击"确定"按钮,可以看到图像效果(图 6-6)。

图 6-6 图像大小尺寸调整

步骤四：单击"文件"→"存储为"按钮，保存为 jpeg 文件格式。

二、裁剪图像

【任务描述】

需要裁剪一张包含多个商品的正方形图片，抠出其中一个商品进行单独使用。

【任务实施】

步骤一：用 Photoshop 打开一张多组商品图片（图 6-7）。

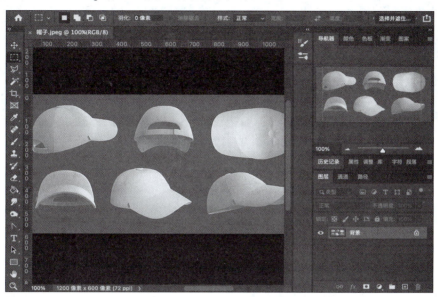

图 6-7　多组商品图片

步骤二：单击工具箱中"矩形选框工具"按钮 ▇，按住"Shift"键绘制正方形选框，选中需要裁剪的商品（图 6-8）。

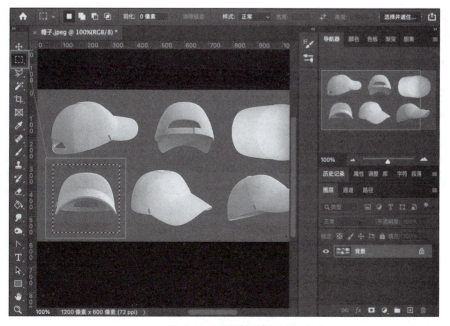

图 6-8　矩形选取商品

步骤三：单击工具箱中"裁剪工具"按钮，双击"回车"键裁剪掉选框外的部分（图6-9）。

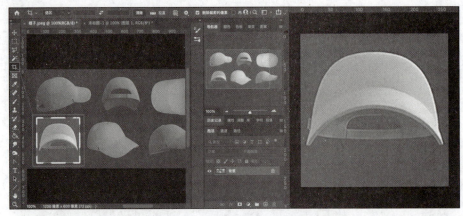

图6-9 裁剪工具裁剪图像

步骤四：单击"文件"→"存储为"按钮，保存为 jpeg 文件格式。

三、调整偏色图像

【任务描述】

当使用数码相机进行商品图像拍摄时，往往会因为天气、光照、环境等原因，导致拍摄的照片出现图像颜色失真等现象。

在 Photoshop 中，可以使用亮度和对比度命令，对颜色失真的图像进行调整。

偏色图片素材

【任务实施】

步骤一：用 Photoshop 打开一张偏色图像。

步骤二：执行"图像"→"调整"→"亮度/对比度"命令，弹出"亮度/对比度"对话框。通过滑块调整图像的亮度和对比度的值，观察图像的变化情况，单击"确定"按钮（图6-10）。

图6-10 调整后商品图

四、替换图像色彩

【任务描述】

需要将一个皮包的颜色从蓝色替换为粉色，使用"色彩范围"命令替换图像色彩。

【任务实施】

步骤一：用 Photoshop 打开商品图像。

步骤二：执行"选择"→"色彩范围"命令。在"色彩范围"对话框中，使用"吸管"工具提取商品表面的颜色，并根据灰度预览图中的显示效果调整参数。单击"确定"按钮后，在图像窗口中可以看到商品表面被框选到了选区中（图 6-11）。

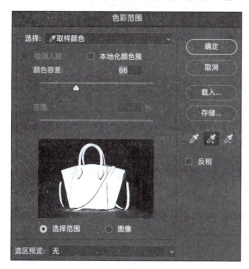

图 6-11　原拍摄商品图

步骤三：单击调整面板中的"色相/饱和度"按钮 ，创建"色相/饱和度"调整图层。调整"色相"选项改变选区中商品，设置目标色为粉色（图 6-12）。

图 6-12　色相调整后商品图

五、文字的添加与设置

【任务描述】

使用"横排文字工具"和"直排文字工具"为商品设计图添加上所需的文字。

台灯图片素材

【任务实施】

步骤一：用 Photoshop 打开台灯商品图片。

步骤二：单击工具箱中的"横排文字工具"按钮。在"文字工具"选项栏中，选择字体，并设置为"Regular"，文字大小为 48 点，选择文字颜色（图 6-13）。在文档中输入文字内容。

图 6-13　添加横排文字

步骤三：在控制面板中，打开"字符"面板，调整文字字符间距，使字符之间宽度更加适宜（图 6-14）。

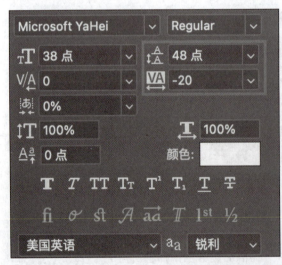

图 6-14　调整字符宽度

步骤四：单击工具箱中的"直排文字工具"按钮，在段落文字区域拖拽创建文本框。在"文字"工具选项栏中，选择字体，并设置为"Regular"，文字大小为 24 点，文字颜色为绿色，在文档中输入文字内容（图 6-15）。

步骤五：选中输入的文字，打开"字体"属性面板，可以设置行间距、字间距、文字颜色等更多属性（图 6-16）。

项目 6　跨境电商视觉设计

图 6-15　添加直排文字

图 6-16　调整字体属性

任务评价

请完成表 6-1 的学习评价。

表 6-1　任务学习评价表

序号	检查项目	分值	结果评估	自评分
1	是否能正确区分 Photoshop 工具栏中的常用工具？	10		
2	是否能准确使用"选择工具"进行图像的选择和编辑？	20		
3	是否能够进行添加文字并调整文字操作？	20		

续表

序号	检查项目	分值	结果评估	自评分
4	是否能独立完成对图像的亮度、对比度和色彩平衡的调整？	20		
5	是否能使用色彩范围工具完成其他图像的色彩修改？	30		
	总分	100		

习题巩固

任务 6.2　店铺海报的设计与制作

学习目标

【知识目标】

（1）了解海报设计的原则和要求。

（2）掌握使用 Photoshop 进行海报设计的技巧和方法。

【能力目标】

（1）能够根据商品的特点和目标受众进行创新的海报设计。

（2）能够熟练运用 Photoshop 工具进行海报的制作。

【素养目标】

（1）培养创新意识和解决问题的能力。

（2）培养设计思维和审美能力。

任务引入

假设你正在为一家跨境电商店铺设计新品上市海报。海报内容需要体现主题突出、形式新颖等原则。为吸引更多关注，你决定利用 Photoshop 来设计并制作这款海报。但是由于以往设计经验不足，在具体操作时存在诸多困难。

任务分析

本任务的重点是掌握海报设计的标准和制作流程，熟练使用 Photoshop 进行版式安排、文字设计、图片处理等操作，最终输出精美的海报作品。这需要对 Photoshop 的各项功能有很好的运用能力。

项目 6 跨境电商视觉设计

> ¤ 知识链接

知识点 1 海报设计标准

知识点 1 图片资源

1. 主题突出：突出产品主打点，让主题一目了然

优秀的电商海报必然会有一个清晰的主题，确定主题后，所有的元素围绕着这个主题展开，且主题信息放在视觉焦点上（图 6-17）。

图 6-17 主题突出

2. 目标人群准确：了解目标消费群体，明确的主题视觉点吸引眼球

不同目标人群的审美标准和兴趣爱好不同，根据人群的审美和喜好来设计海报风格（图 6-18、图 6-19）。

图 6-18 男性目标人群

图 6-19 女性目标人群

3. 形式美观：色彩精致、版式新颖、字体组合协调

海报应该具有良好的视觉效果，使用恰当的图像、色彩、文字等视觉元素，来创造美感和情感。海报应该遵循一些视觉设计的原则，如对比、对称、平衡、节奏、重点等，来组织和排列视觉元素，使海报看起来整洁、有序、和谐（图6-20）。

图 6-20　形式美观

（1）色彩：从色彩的控制上，最简单的方式是用色尽量不超过 3 种，3 种颜色的面积按 6∶3∶1 的比例进行分配。

（2）版式：版式就好比一个生物的骨骼。主要版式有左右结构、上下结构、左中右结构等。其中，左右版式是最常用的一种，占产品海报设计 80% 以上，如图 6-21 所示。

图 6-21　左右版式

（3）字体：字体的选择和排列方式应与产品、购物人群特征相匹配。利用亲密性、对齐、对比等原则，进行文案排版（图6-22）。

图 6-22　亲密性、对齐、对比原则

知识点 2　海报设计实施流程

在开始设计之前，需要对海报的目的、受众、产品、目标设定等进行分析，明确海报的定位和策略，确定海报的主题、风格、内容、形式等。

活动广告如图 6-23 所示。

图 6-23　活动广告

品牌形象广告如图 6-24 所示。

图 6-24　品牌形象广告

1. 素材准备与沟通：素材准备→讨论草案→确定风格

在进行设计之前，需要准备好所需的素材，如图片、色彩、文字、图标等，也需要与客户或团队进行沟通，讨论和确定海报的设计方案与风格。

2. 设计制作：色彩设计→版式设计→文案设计

使用 Photoshop 软件，根据设计方案和风格，来制作海报的各个视觉元素，如图层、滤镜、形状、路径、样式、效果等，并组合成为一个完整的海报。

（1）优化修饰：在完成设计制作之后，可以对海报进行优化和修饰，如调整色彩、对比度、亮度等参数，添加一些细节和效果，使海报更加美观。

（2）输出保存：在完成优化修饰之后，可以将海报输出保存为不同的格式和尺寸，以适应不同的显示设备和输出媒介，如网页、手机、打印机等。也可以将海报保存为原始文件或备份文件，以便于修改或再次使用。

■ 素养提升

　　有一位年轻的设计师小李，他拥有着敏锐的观察力和独特的设计思维。他与一家跨境电商店铺合作，为该店铺设计一款新品上市海报。

　　在接到这个任务之后，小李进行了详细的前期分析。他了解了该产品的特点、目标受众和竞争对手的情况，明确了海报的主题和风格。他决定以"创新"和"协作"为设计理念，设计出一款别具一格的海报。

　　为了实现这一目标，小李开始寻找灵感和创意。他浏览了大量的设计作品和创意广告，分析了它们的优点和不足之处。同时，他还与团队成员进行了深入的讨论和分析，共同探讨如何突出产品的特点、吸引目标受众的眼球。

　　在充分沟通和准备之后，小李开始了设计制作。他运用 Photoshop 软件，精心安排版式、设计文字和图片。他将产品的特点和卖点融入设计中，突出了主题"创新"和"协作"。同时，他还注重色彩搭配、字体选择等细节，使整个海报显得美观、和谐。

　　在制作过程中，小李遇到了一些困难和挑战。例如，对某个元素的设计不够满意，色彩搭配不够协调等。但是，他并没有急于求成，而是耐心地调整和完善每个细节。在这个过程中，他不仅提高了自己的设计能力和审美水平，还培养了创新意识和解决问题的能力。

　　最终，小李完成了这款令人瞩目的新品上市海报。这款海报主题突出、形式新颖，符合消费者的口味和审美标准。它的"创新"和"协作"理念贯穿于整个设计中，展示了小李的设计思维和创意能力。同时，这款海报也得到了团队成员的认可和好评，成为该跨境电商店铺的亮点之一。

　　通过这个故事，我们认识到"创新"和"协作"的重要性。在海报设计过程中，只有不断尝试新的创意和方法，才能打造出独特、有吸引力的作品；只有与团队成员紧密合作，才能充分发挥每个人的优势和潜力。因此，我们要培养创新意识、协作意识和解决问题的能力，不断提高自己的设计思维和审美能力。

¤ 工作任务实施

【任务描述】

　　手表厂商发布了新款商品，需要你制作一张手表的海报发布在速卖通商铺中，要求能够突出手表的高贵和绅士气质，受众为年轻男性，追求时尚和品质，产品为男士经典款的纯金机芯机械腕表，目标效果为提升产品的知名度和销量。

　　速卖通全屏海报的尺寸规格为 1 920 像素 ×800 像素，根据产品信息和设计标准，使用 Photoshop 制作一款商品海报。

【任务实施】

1. 任务前期工作

（1）受众分析：为了制作一张能够吸引目标受众的海报，我们需要了解他们的喜好和需求。我们可以假设目标受众为年轻男性，追求时尚和品质，喜欢简约而高贵的风格，注重个人形象和社会地位，对手表有一定的认识和兴趣。因此，我们需要选择能够符合他们审美和心理的色彩、字体、图像与文案，让他们感觉手表是一种展示自己品位和魅力的配饰。

（2）产品分析：为了制作一张能够突出产品特点和优势的海报，我们需要了解产品的设计和品质。我们可以看到，手表为男士经典款的纯金机芯机械腕表，具有以下特点。

①纯金机芯材质：手表采用纯金机芯材质打造，外观精致闪耀，彰显高贵和奢华。

②机械运行：手表采用机械运行方式保证精准时间，无须电池或充电，体现精湛的传统工艺和技术。

③防水防震：手表采用防水防震设计，适应各种环境，无惧水深或颠簸，展示坚固和耐用。

（3）目标设定：为了制作一张能够达到预期效果的海报，我们需要确定海报的主题、风格、尺寸和格式。我们可以设定以下目标。

①主题：金色之芯。

②风格：简约大气。

③尺寸：1 920 像素 ×800 像素。

④格式：JPG。

（4）确定风格：为了制作一张符合主题和风格的海报，我们需要选择合适的色彩、字体、图像和文案。我们可以确定以下风格。

①色彩：使用金色、黑灰色和白色作为主要色调，营造一种优雅而奢华的氛围。金色代表高贵和奢华，黑灰色代表稳重和低调，白色代表纯净和简洁。

②字体：使用简洁而大气的字体，如宋体或黑体，避免使用花哨或复杂的字体，以保持海报的整洁和清晰。

③图像：使用高清图片展示手表的外观和细节，选择正面或侧面展示手表的角度，使用适当的光线和背景突出手表的耀眼光泽。

④文案：使用简洁明了的语言介绍手表的特点和优势，使用有吸引力和说服力的词语激发受众的兴趣和欲望，最终标题设定为简约至臻，尽显绅士品质。标语设定为金色之芯，诠释独有的尊贵魅力。

2. 素材准备工作

为了制作一张有足够素材支撑的海报，需要收集手表及背景的高清图片。我们可以从以下渠道获取图片。

（1）网络搜索：使用搜索引擎搜索相关关键词，如"简约背景""金色丝带"等，选择合适的背景素材和装饰透明通道素材。注意素材图片应为高清且无水印的图片，还要注意图片的版权和来源，避免使用侵权或不合适的图片。

（2）产品官网：访问产品的官方网站，查看产品的介绍和图片，下载高清无水印或有带透明通道的 PNG 图片，该图片即制作海报需要商品透明通道图片。

海报制作素材包

（3）产品实物：如果有条件，可以直接拍摄产品的实物，使用专业的相机和设备，选择合适的角度和光线，拍摄出清晰且有质感的图片。

3. 版式设计工作

为了制作一张有良好布局和结构的海报，我们需要设计海报的版式。

步骤一：在 Photoshop 中，单击"文件"菜单，执行"新建"命令，或者按"Ctrl＋N"快捷键新建一个画布（宽度为 1 920 像素，高度为 800 像素，背景内容为白色），确定后，就得到"背景"图层，如图 6-25、图 6-26 所示。

步骤二：单击"文件"执行"置入嵌入对象"命令，将"时尚背景"的素材导入，调整好大小、位置，就得到"背景"图层。之后依次将"装饰素材"及"商品图像"导入，并对图像进行色彩明暗、大小及位置的相应调整，如图 6-27～图 6-29 所示。

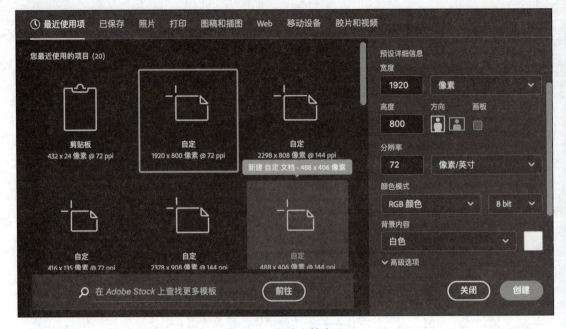

图 6-25 新建文档窗口

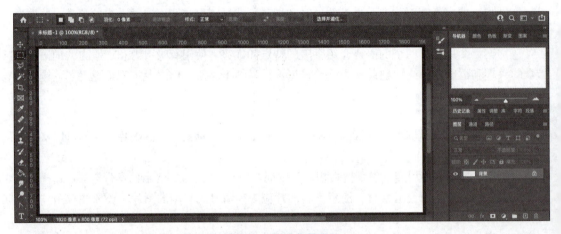

图 6-26 新建背景图层

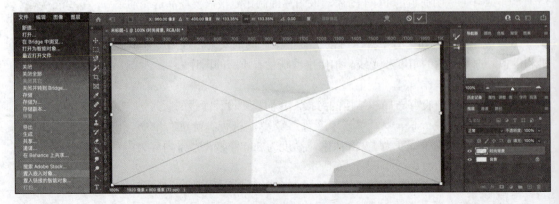

图 6-27 置入嵌入对象背景

项目 6　跨境电商视觉设计

图 6-28　置入嵌入对象装饰素材

图 6-29　置入嵌入对象商品图像

步骤三：选择工具箱中的"横排文字工具"或按"T"键，添加最终设定的主题语及标语文案，通过"字体"属性面板，设置行间距、字间距、文字颜色等，美观的排布在画面左侧，如图 6-30 所示。

图 6-30　主题语及标语的添加排布

步骤四：最终完成后，执行"文件"→"存储为"命令，保存为 jpeg 文件格式，如图 6-31 所示。

· 117 ·

图 6-31　最终完成并保存

¤ 任务评价

请完成表 6-2 的学习评价。

表 6-2　任务学习评价表

序号	检查项目	分值	结果评估	自评分
1	海报设计内容是否能突出主题？	10		
2	是否能在设计海报前准确分析出目标人群和产品信息？	20		
3	是否能够通过网络获取到所需的制作素材？	20		
4	是否能独立完成对海报的亮度、对比度和图像大小的调整？	20		
5	是否能运用所学的知识和技巧进行创新的海报设计？	30		
	总分	100		

习题巩固

项目 7

跨境电商国际物流

项目导读

通过本项目的学习，学生能充分了解国际物流分类，熟悉线上线下物流发货方式的区别和联系；能在跨境电商平台上选择合适的物流线路；掌握物流运费的计算方法；了解速卖通平台、阿里巴巴国际站平台物流发货的规则和要求，能正确完成商品的运费模板的设置，具备综合运用物流线路的能力。

任务 7.1　速卖通平台国际物流分类

学习目标

【知识目标】
(1) 了解经济类国际物流线路的特点。
(2) 了解不同物流类别之间的区别。
(3) 掌握各物流线路的资费标准。

【能力目标】
能对比各种不同国际物流线路特点，给销售商品配备合适的国际物流线路，适合国外买家选用。

【素养目标】
(1) 培养多思考、爱研究的学习习惯。
(2) 培养方案的整合和策划能力。

任务引入

卖家准备发布商品，需要研究速卖通国际物流线路，哪些线路适合给俄罗斯的买家来匹配呢？国际物流都有哪些类型呢？

任务分析

国际物流线路有很多种，发送目的地、能够发送的产品类别、到达不同国家都是有严格要求的，本任务研究速卖通平台经济类线路、简易类线路、标准类线路、快速类线路四类物流线路。

¤ 知识链接

知识点1　经济类线路

经济类线路：物流运费成本低，目的国包裹妥投信息不可查询，适合运送货值低质量轻的商品。经济类线路仅允许使用速卖通平台线上发货。包含的物流线路如经济类物流类型表（详情请扫描二维码）。

经济类物流类型表

1. 菜鸟超级经济物流线路简介

菜鸟超级经济（Cainiao Super Economy）是菜鸟网络与目的国邮政联合推出的优质物流服务，针对2 kg以下小件物品推出的经济类邮政产品，限2美元（乌克兰，以下简称俄向）、5美元（欧向、美国、其他）以下订单使用（请注意西班牙线路目前暂未开放）。

该渠道稳定时效快：菜鸟网络与优质物流商及目的国邮政合作，采用稳定干线资源运输，快速运输到目的国，由当地的邮政进行邮政清关及派送。价格优惠：按克计费，无首重限制，适合货值低、质量轻的物品。目前只运送到俄罗斯、白俄罗斯、俄向与保加利亚、美国等国家（其余到达国家请扫描二维码查看）。注：优选仓超级经济线路派送范围：俄罗斯、白俄罗斯、俄向。

无忧物流和线上发货运费报价

运费根据包裹质量按克计费，1 g起重，每个单件包裹限重在2 000 g以内（详情请扫描二维码）。

2. 菜鸟超级经济 Global（Cainiao Super Economy Global）

菜鸟超级经济 Global（Cainiao Super Economy Global）是菜鸟网络与目的国邮政联合、针对2 kg以下小件物品推出的经济类邮政产品，支持运送到188个国家和地区，限5美元以下订单使用。该渠道稳定时效快：菜鸟网络与优质物流商及目的国邮政合作，采用稳定干线资源运输，快速运输到目的国，由当地的邮政进行邮政清关及派送。正常情况下35～55天可以实现妥投。运费根据包裹重量按克计费，10 g起重（美国20 g起重），每个单件包裹限重在2 000 g以内，适合货值低、重量轻的物品。

知识点2　简易类线路

邮政简易挂号服务可查询包含妥投或买家签收在内的关键环节物流追踪信息（表7-1）。

表7-1　简易类物流线路

线路展示名称（中）	线路展示名称（英）	填写发货通知API（ServiceName）	是否支持设置运费模板	是否支持线上发货	商家履约质量管控考核
菜鸟无忧物流－简易	AliExpress Saver Shipping	CAINIAO_ECONOMY	√	√	×
菜鸟特货专线－简易	Cainiao Saver Shipping For Special Goods	CAINIAO_ECONOMY_SG	√	√	×

1. 菜鸟无忧物流－简易

菜鸟无忧物流－简易（AliExpress Saver Shipping）是菜鸟网络推出的优质物流服务，为速卖通卖家提供国内揽收、国际配送、物流详情追踪、物流纠纷处理、售后赔付一站式的物流解决方案；是专门针对速卖通卖家的小包货物推出的简易类物流服务，由平台承担售后和赔付，正常情况下的时效为30天左右。

菜鸟无忧物流－简易

2. 菜鸟特货专线－简易

菜鸟特货专线－简易（Cainiao Saver Shipping For Special Goods）是菜鸟网络与目的国邮政联合推出的，针对俄罗斯2 kg以下小件、西班牙500 g及以下特殊货品（液体、粉末、膏状等）的简易挂号类物流服务。

知识点3　标准类线路

标准类线路包含邮政挂号服务和专线类服务，全程物流追踪信息可查询。

一、菜鸟无忧物流－标准

菜鸟无忧物流－标准是菜鸟网络推出的优质物流服务，为速卖通卖家提供国内揽收、国际配送、物流详情追踪、物流纠纷处理、售后赔付一站式的物流解决方案。该渠道稳定时效快：菜鸟网络与优质物流商合作，搭建覆盖全球的物流配送服务。通过领先业内的智能分单系统，根据目的国、品类、质量等因素，匹配出最佳物流方案，核心国家预估时效16～35天。一键选择无忧物流即可完成运费模板配置，深圳、广州、义乌等重点城市提供免费上门揽收服务。

其他经济类物流线路介绍

运送范围能达全球254个国家及地区，其中俄罗斯自提服务覆盖俄罗斯本土66个州、183个城市的近800个自提柜；法国自提支持法国本土全境，目前不包括科西嘉岛等外岛；以色列物流服务为覆盖以色列本土全境的自提服务。

二、菜鸟无忧集运（阿拉伯联合酋长国和沙特阿拉伯）

菜鸟无忧集运（Cainiao Consolidation）是菜鸟网络推出的集运物流服务，即在跨境一般模式基础上，通过菜鸟集货合单升级物流方式，为速卖通卖家提供国内揽收、集货仓集货、国际配送、物流详情追踪，以及由平台进行物流纠纷处理、售后赔付一站式的集运物流解决方案。该渠道稳定时效快：菜鸟网络与优质物流商合作，借助集运系统进行集货合单操作；中东阿拉伯联合酋长国和沙特阿拉伯两国线路将跨境邮政小包升级为商业快递，平均时效15～23天。操作简单：商家无须配置运费模板，只需创建物流订单，深圳、广州、义乌等重点城市提供免费上门揽收服务。运送范围：阿拉伯联合酋长国和沙特阿拉伯。计费方式：运费根据包裹质量按克计费，1 g起重，每个单件包裹限重在30 kg以内（包括30 kg）。预计时效正常情况：15～23天到达目的地。查询物流时效：https://sg-cgmp.aliexpress.com/ae-global-seller-center/logisticsschemequery。

无忧集运运费（Cainiao Consolidation）报价单

三、中东专线（Aramex）

（一）Aramex线上发货服务介绍

Aramex作为中东地区最知名的快递公司，成立于1982年，是第一家在纳斯达克上市的中东国家公司，提供全球范围的综合物流和运输解决方案。在全球拥有超过354个公司，17 000位员工。Aramex 与中外运于 2012 年成立了中外运安迈世（上海）国际航空快递有限公司，提供一站式的跨境电商服务及进出口中国的清关和派送服务。

Aramex 服务目前支持中东、印度次大陆、东南亚、欧洲及非洲航线。目前平台上发货目的地有 36 个（详情请扫描二维码）。

中东专线（Aramex）

（二）Aramex 线上发货操作流程

在接到交易订单后，可以使用 Aramex 线上发货服务。在线填写发货预报，并将货物发至阿里巴巴合作物流仓库，并在线支付运费，仓库就能将您的货物递交给 Aramex，由 Aramex 送达至买家手中，具体流程如图 7-1 所示。

收到买家订单 → 选择线上发货 → 选择物流方案 → 创建物流订单 → 货物发往指定仓库 → 仓库操作货物 → 在线支付运费 → 国际快递取件 → 在线跟踪服务

图 7-1　Aramex 线上发货操作流程

1. Aramex 线上发货尺寸及质量限制

（1）尺寸：单边尺寸不超过 120 cm，围长不超过 330 cm。

（2）质量限制：单件质量限制 ≤ 30 kg，超出不承运。

2. 禁寄物品

（1）涉及知识产权货物一律无法寄送。

（2）电池及带有电池的货物无法寄送。

（3）各寄达国（地区）禁止寄递进口的物品。

（4）任何全部或部分含有液体、粉末、颗粒状、化工品、易燃易爆违禁品，以及带有磁性的产品（上海仓库可安排磁性检验后出运）均不予接收。

四、中国邮政挂号小包

线上发货中国邮政挂号小包（China Post Registered Air Mail）是中国邮政针对 2 kg 以下小件物品推出的空邮产品，为线上卖家提供更便捷的国际小包服务，卖家可以在线下单、打印面单后直接由邮政上门揽收或将邮件交付中国邮政的揽收仓库，即可享受快捷、便利的国际小包服务。派送范围：全球 56 个国家及地区。交寄便利：北京、上海、深圳、广州、佛山、中山、汕头等城市提供上门揽收服务（其他城市请扫码二维码），非揽收区域卖家可自行寄送至揽收仓库。危地马拉因当地罢工导致寄往当地的服务暂、运停费根据包裹质量按克计费，1 g 起重，每个单件包裹限重在 2 kg 以内。预计时效正常情况：16～35 天到达目的地。特殊情况：35～60 天到达目的地。查询物流时效：https://sg-cgmp.aliexpress.com/ae-global-seller-center/logisticsschemequery。

中邮挂号小包交寄范围

1. 寄送包裹体积限制

中国邮政挂号小包质量体积限制见表 7-2。

表 7-2　中国邮政挂号小包质量体积限制

包裹形状	质量限制	最大体积限制	最小体积限制
方形包裹	≤ 2 kg	长＋宽＋高 ≤ 90 cm，单边长度 ≤ 60 cm	至少有一面的长度 ≥ 14 cm，宽度 ≥ 9 cm
圆柱形包裹		2 倍直径＋长度之和 ≤ 104 cm，单边长度 ≤ 90 cm	2 倍直径＋长度之和 ≥ 17 cm，单边长度 ≥ 10 cm

2. 货物寄送限制

货物寄送限制请扫描二维码。

知识点 4　快速类线路

中邮小包货物寄送限制

快速类物流包含商业快递和邮政提供的快递服务，时效快，全程物流追踪信息可查询，适合高货值商品使用。国际商业快递一般指的是 UPS、FedEx、TNT、DHL 四大商业快递公司。这些国际快递商通过自建的全球网络，利用强大的 IT 系统和遍布世界各地的本地化服务，为全球网购的用户带来极好的体验。除四大商业快递外，速度较快到达范围又较广的还有 EMS、顺丰国际。快速类线路见表 7-3。

表 7-3　快速类线路表

线路展示名称（中）	线路展示名称（英）	填写发货通知 API（ServiceName）	是否支持设置运费横板	是否支持线上发货	商家履约质量管控考核
菜鸟无忧物流 - 优先	AliExpress Premium Shipping	CAINIAO_PREMIUM	√	√	×
菜鸟特货专线 - 标快	Cainiao Standard-SG Air	CAINIAO STANDARD SG AIR	√	√	×
DHL	DHL	DHL	√	×	√
DPEX	DPEX	TOLl	√	√	√
EMS	EMS	EMS	√	√	√
E 特快	e-EMS	E-EMS	√	√	√
FedEx IE	FedEx IE	FEDEX IE	√	√	√
FedEx IP	FedEx IP	FEDEX	√	√	√
顺丰速运	SF Express	SF	√	√	√
UPS 全球快捷	UPS Expedited	UPSE	√	√	√
UPS 全球速快	UPS Express Saver	UPS	√	√	√

一、DHL

2012 年 3 月，中外运敦豪（香港）与全球速卖通平台强强联手，推出优质服务——HK DHL Express 线上发货，全力支持速卖通卖家，提升物流服务质量。

在接到交易订单后，可以使用 HK DHL 线上发货服务。只需在线填写发货预报，并将货物发送至阿里巴巴合作物流仓库，并在线支付运费，仓库就能将货物递交给 HK DHL，由 HK DHL 送达买家手中，具体流程如图 7-2 所示。

图 7-2　HK DHL 具体流程

HK DHL 没有明确的体积和质量限制。但是，单件质量 ≥ 70 KGS 或单边长度 ≥ 120 cm 时，需收取超长超重附加费 260/ 票。HK DHL 线上发货服务不提供进防水袋免抛的服务，所有包裹均需要计算体积质量。

· 123 ·

二、FedEx IE 和 IP

FedEx 是全球最具规模的快递运输公司，隶属美国联邦快递集团，是集团快运输业务的中坚力量。2012 年 10 月，FedEx 携手全球速卖通，为广大卖家提供快捷、可靠的物流服务。FedEx 线上发货主要优势航线为亚洲和美洲航线，如美国、加拿大、印度尼西亚、以色列等国家，且最快时效 3 天即可完成递送，基本上，国家在无异常情况下 6 天左右可完成递送，清关能力相对较强。FedEx IE 为经济型服务，全球主要航线均已覆盖，价格相对较为实惠，但是时效相对 FedEx IP 较慢。

尺寸限制：单个包裹单边长度 $\geqslant$ 270 cm，或围长（长＋2×宽＋2×高）$\geqslant$ 330 cm 无法安排寄送。

质量限制：单个包裹实际质量 $\geqslant$ 68 kg 无法安排寄送。

禁寄物品：

（1）涉及知识产权货物一律无法寄送。

（2）电池及带有电池的货物无法寄送。

（3）各寄达国（地区）禁止寄递进口的物品。

（4）任何全部或部分含有液体、粉末、颗粒状、化工品、易燃易爆违禁品，以及带有磁性的产品（上海仓库可安排磁性检验后出运）均不予接收。

三、顺丰国际标快

顺丰速运有限公司成立于 1993 年，总部设在深圳，是一家主要经营国内、国际快递及相关业务的服务性企业。2016 年 10 月，顺丰携手全球速卖通，为广大卖家提供快捷、可靠的物流服务。顺丰国际标快提供杭州仓至派送上门全程物流服务，支持发往覆盖的俄罗斯区域。到俄罗斯仅需 7～11 个工作日，并提供俄罗斯当地阳光清关服务。运费根据包裹质量按首重 0.5 kg，续重 0.5 kg 计费。顺丰国际标快对接杭州仓库。

俄罗斯线路货物最高质量可达 30 kg。

禁寄物品：

（1）涉及知识产权货物一律无法寄送。

（2）电池及带有电池的货物无法寄送。

（3）各寄达国（地区）禁止寄递进口的物品。

（4）任何全部或部分含有液体、粉末、颗粒状、化工品、易燃易爆违禁品，以及带有磁性的产品（上海仓库可安排磁性检验后出运）均不予接收。

四、UPS 全球快捷（UPS Expedited）和 UPS 全球速快（UPS Express Saver）

2012 年 4 月，UPS 再度携手全球速卖通，利用全球领先的运输科技，为客户提供高效、便捷的自动化物流服务。UPS 线上发货主要优势航线为美洲和亚洲航线，如美国、加拿大、墨西哥、英国、德国等国家，且最快时效 3 天即可完成递送，基本上，国家在无异常情况下 6 天左右可完成递送。UPS Expedited 服务为 UPS 全球快捷服务，价格相对较为实惠，但是时效相对较慢。UPS Express Saver 服务为 UPS 全球速快服务，舱位有保障，享有优先安排航班的特权，时效有保障。

质量及尺寸限制：单件包裹实际重量 $\geqslant$ 70 kg（巴西不得超过 10 kg）、单边长度 $\geqslant$ 270 cm、围长（围长＝长＋2×宽＋2×高）$\geqslant$ 419 cm 无法安排寄送。UPS 方面没有进防水袋免抛的服务，所有包裹均需要计算体积质量。

禁寄物品：

（1）涉及知识产权货物一律无法寄送。

（2）电池及带有电池的货物无法寄送。

（3）各寄达国（地区）禁止寄递进口的物品。

（4）任何全部或部分含有液体、粉末、颗粒状、化工品、易燃易爆违禁品，以及带有磁性的产品（上海仓库可安排磁性检验后出运）均不予接收。

发货至巴西和阿根廷：

（1）UPS 发往巴西的包裹，因货值低报现象严重，且被海关扣留或强制退运，因此需要卖家朋友随货提供 Commercial Invoice 和货物价值声明给仓库，方能安排出运，查看相关公告。

（2）巴西、阿根廷需要卖家提供收件人税号（CPF），方能出运；智利等南美洲国家，建议提供收件人税号（CPF）。

操作时效：正常情况下，仓库会在签收后 1 个工作日内处理完毕，如有异常会在签收后 1 个工作日内发送邮件至您的主账号注册邮箱，如货物仓库签收后超过 1 个工作日未处理完毕，请及时关注主账号注册邮箱并配合仓库处理异常情况，以便包裹及时寄出。

五、EMS

1. EMS 的定义

EMS 即 Express Mail Service，特快专递邮件业务，是中国邮政速递物流与各国（地区）邮政合作开办的中国大陆与其他国家、台港澳间寄递特快专递邮件的一项服务。由于是与其他国家（地区）的邮政合办的，因此 EMS 在各国（地区）邮政、海关、航空等部门均有优先处理权。这是 EMS 区别于很多商业快递最根本的地方。

接到订单后，只要买家来自 EMS 服务直达的全球 98 个国家和地区，就可以使用 EMS 线上发货服务。只需在线填写发货预报，并将货物发至浙江邮政速递设在杭州的仓库，并在线支付 EMS 运费，仓库就能将货物送达买家手中。

2. EMS 线上发货操作流程

EMS 线上发货操作流程如图 7-3 所示。

图 7-3　EMS 线上发货操作流程

3. EMS 国际标准快件赔付标准

（1）邮件延误或误退将退回 50% 邮费。

（2）邮件破损或丢失赔偿金额＝申报金额×汇率＋运费，但最高不超过下列公式计算出的金额：500 元/件＋60 元/千克×邮件质量＋运费。卖家的任何索赔应在 EMS 收货后 60 天内以书面形式向 EMS 提出（已由买家签收的货物必须在货物签收 10 天内由卖家书面形式提出，以较迟者为准），否则 EMS 将不承担任何责任。

4. EMS 送达国家及资费

国际及港澳台速递邮件，分为九个大区，直达 99 个国家及地区，按起重 500 g、续重 500 g 计费，无燃油附加费，每票货件另有 4 元/票国内报关费。EMS 资费见表 7-4。

表 7-4　EMS 资费表

资费区	国际及台港澳特快专递邮件（EMS）通达国家地区	首重/元 500 g 及以内	续重/元 每 500 g
一区	澳门、台湾、香港	72	13
二区	日本	67	14
二区	朝鲜、韩国	72	16
三区	菲律宾、柬埔寨、马来西亚、蒙古、泰国、新加坡、印度尼西亚、越南	76	17
四区	澳大利亚、巴布亚斯几内亚、新西兰	92	23
五区	美国	95	29.5
六区	爱尔兰、奥地利、比利时、丹麦、德国、法国、芬兰、加拿大、卢森堡、马耳他、挪威、葡萄牙、瑞典、瑞士、西班牙、希腊、意大利、英国	110	28.5
七区	巴基斯坦、老挝、孟加拉国、尼泊尔、斯里兰卡、土耳其、印度	131	38
八区	阿根廷、阿联酋、巴拿马、巴西、白俄罗斯、波兰、俄罗斯、哥伦比亚、古巴、圭亚那捷克、秘鲁、墨西哥、乌克兰、匈牙利、以色列、约旦	131	45.5
九区	阿曼、埃及、埃塞俄比亚、爱沙尼亚、巴林、保加利亚、博茨瓦纳、布基纳法索、刚果（布）、刚果（金）、哈萨克斯坦、吉布提、几内亚、加纳、加蓬、卡塔尔、开曼群岛、科特迪瓦、科威特、克罗地亚、肯尼亚、拉脱维亚、卢旺达、罗马尼亚、马达加斯加、马里、摩洛哥、莫桑比克、尼日尔、尼日利亚、塞内加尔、塞浦路斯、沙特阿拉伯、突尼斯、乌干达、叙利亚、伊朗、乍得、南非	173	45.5

EMS 拥有首屈一指的航空和陆路运输网络及 200 多个高效发达的邮件处理中心，国内范围通达全覆盖，并拥有多种不同的快递产品和增值服务，满足客户多样化、个性化的寄件需求。

国际（地区）特快专递（简称"国际 EMS"）是中国邮政与各国（地区）邮政合作开办的中国大陆与其他国家和地区寄递特快专递（EMS）邮件的快速类直发寄递服务，可为用户快速传递各类文件资料和物品，同时提供多种形式的邮件跟踪查询服务。该业务与各国（地区）邮政、海关、航空等部门紧密合作，打通绿色便利邮寄通道。另外，中国邮政还提供保价、代客包装、代客报关等一系列综合延伸服务。

5. EMS 的资费标准

EMS 国际快递的资费标准请参考网站 www.ems.com.cn，不同分区，折扣不同，卖家可与邮政或货代公司协商。

6. EMS 的参考时效

EMS 国际快递投递时间通常为 3～8 个工作日，不包括清关时间。由于各个国家和地区的邮政、海关处理的时间长短不同，有些国家的包裹投递时间可能会长一些。

7. EMS 跟踪查询

卖家可以登录 EMS 快递网站 www.ems.com.cn 查看相应的收寄、跟踪信息。

8. EMS 的体积和质量限制

（1）尺寸限制。EMS 寄送单个包裹长、宽、高任一边长度必须小于 1.5 m，其中澳大利亚、阿根廷任一边长度必须小于 1.05 m，单个包裹最短面周长 + 最长单边必须小于 3 m（详情请扫描二维码）。

尺寸限制表

(2) 质量限制。

① 单个包裹的计费质量不得超过 30 kg，其中澳大利亚、哈萨克斯坦单个包裹不得超过 20 kg。

② EMS 计费重计算方式：包裹单边小于 40 cm，不算体积重，计费重 = 实际质量；包裹单边大于等于 40 cm，包裹记抛，体积重 = 长 × 宽 × 高 /6 000。

③ 体积重和实际质量大的计费重，若货物计费算体积重，货物入库后，计费质量显示在"毛重"一栏。

9. 禁限寄物品

跨境电商出口禁限寄的物品因卖家选择的物流方式不同而存在差异，具体以各物流方式官方网站公布为准。国际航空条款规定的不能邮寄或限制邮寄的货物，具体包括以下几个方面：

(1) 禁止寄递不能通过航空安检的货物类型。

(2) 禁止寄递侵犯知识产权的物品。

中华人民共和国禁止进出境物品表

10. EMS 的优缺点

(1) 服务优势。

① 覆盖面广：揽收网点覆盖范围广，目的地投递网络覆盖能力强。

② 收费简单：无燃油附加费、偏远附加费、个人地址投递费。

③ 全程跟踪：邮件信息全程跟踪，随时了解邮件状态。

④ 清关便捷：享受邮件便捷进出口清关服务。不用提供商业发票就可以清关，而且有优先通关的权利，即使通关不过的货物也可以免费运回国内，其他快递一般都要收费。

⑤ 价格合理：价格比较合理，不算抛重，以实重计算。

EMS 适用于小件，以及对时效要求不高的货物，可走敏感货物，不易打关税。

EMS 寄往南美国家及俄罗斯等国家有绝对优势。

(2) 缺点。

① EMS 相对于商业快递来说，速度会偏慢一些。

② EMS 不能一票多件，大货价格偏高。

11. 通达范围

通达范围请扫描二维码查看。

EMS 通达范围

12. 运费查询

运费查询如图 7-4 所示。

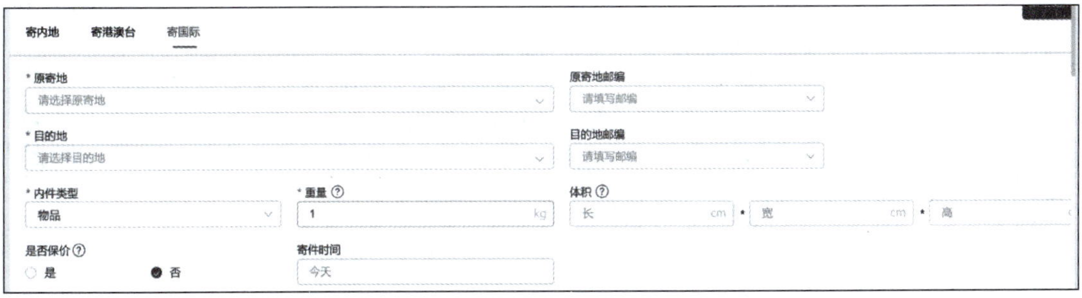

图 7-4 运费查询

13．计泡说明

计泡是指对包装后的邮件，取体积重量和实际质量中的较大者，作为计费质量，再按照资费标准计算应收邮费。计泡说明如图 7–5 所示。

计泡说明

国际（地区）特快专递：

对交寄的物品长、宽、高三边中任一单边达到40 cm的特快物品进行计泡，计泡系数为6 000，计泡公式：体积重量（kg）=长(cm)×宽(cm)×高（cm)/计泡系数，测量邮件的长、宽、高测量值精确到厘米，厘米以下去零取整。

国际航空包裹：

无计泡

国际水陆路包裹：

无计泡

国际空运水陆路包裹：

无计泡

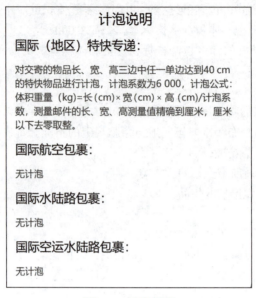

图 7–5　计泡说明

14．单据填写

国际（地区）邮政特快专递详情单（图 7–6）填写要求如下：

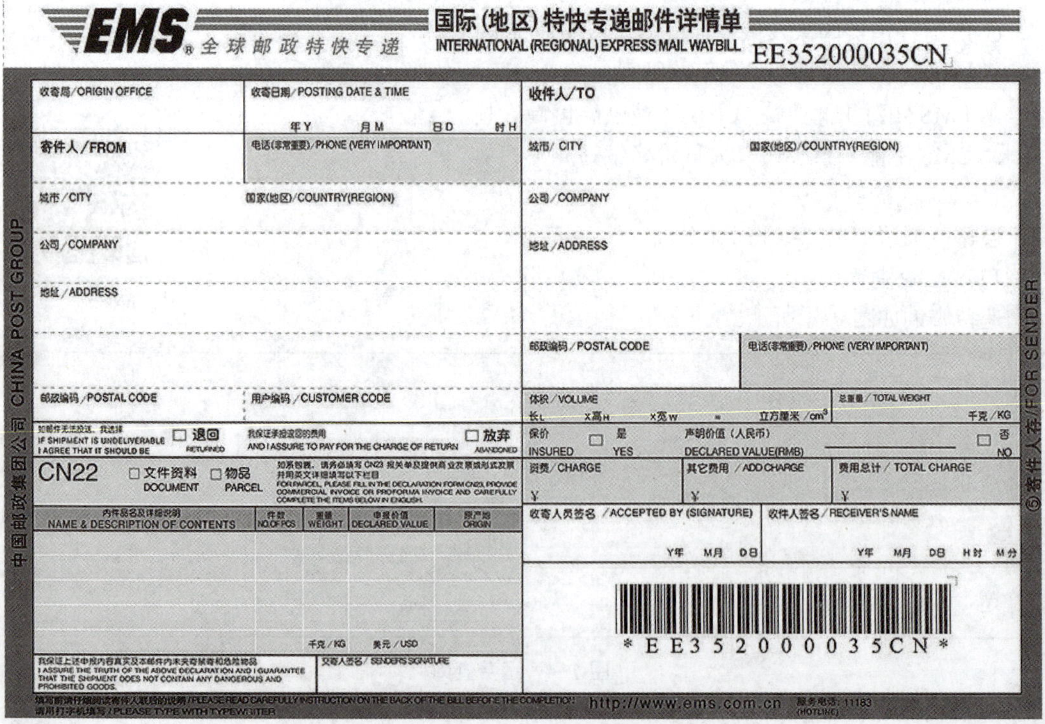

图 7–6　EMS 快递单

（1）详情单应由寄件人填写并粘贴在邮件上。填写时应用打字机、打印机或用蓝色或黑色圆珠笔用力书写。字迹应工整、清晰，第五联的填写内容也应清晰可辨。

（2）收、寄件人的姓名、地址应用法文、英文或寄达国（地区）通晓文字详细填写，不得使用简称、缩写或暗语。如用英、法文之外的文字书写时，应用中文、法文或英文加注寄达国（地区）和地名，寄达国（地区）和地名应大写。在详情单指定的位置内应尽可能提供收、寄件人的电话或传真号码。寄往日本、韩国的特快邮件，收、寄件人姓名和地址可以只用中文书写。

（3）交寄文件资料时，应在详情单报关位置中指明"文件资料"（Business paper）的方格中画"×"，交寄信函时，详情单报关位置内不填任何内容。

（4）对装寄物品的特快邮件，应在详情单报关位置及报关单注明名称、数量、价值等。物品名称必须详细具体，而且应用英文或寄达国（地区）通晓文字填写并加注中文；数量用阿拉伯数字填写，价值用美元标注。

（5）详情单必须平整地贴附在邮件的一个平面上。对于圆卷形邮件，详情单的长边应与圆卷的长边平行。不得将详情单作为封口胶带使用也不可折、粘贴。注意保持详情单上条形码的清洁。

知识点 5　海外仓

海外仓是指建立在海外的仓储设置。在跨境电商中，海外仓是指国内企业将商品通过大宗运输的形式提前运往目标市场国家，在当地建立仓库、存储商品，再根据当地的销售订单，及时从当地仓库直接进行分拣、包装和配送。使用海外仓这种形式大大缩短了跨境物流运输时间，避免因天气、节日等因素造成物流风险，很好地提升了买家体验，也降低了小包寄送的国际运费。平台会针对存储在海外仓的商品给予流量的倾斜，存储在海外仓的商品会得到更多的曝光机会。有效缩短物品寄送时间，解决大货和重货的物流问题。

使用海外仓需要卖家支付海外仓的存储费用，一旦商品滞销，每个月都要支付存储费，仓储成本的攀升导致商品成本随时间增加不断提高，想把滞销商品运回来还需要支付高额的运输费。使用海外仓要求卖家有一定的库存量，不确定是否可以热销商品不适合使用海外仓销售。

海外仓一般由第三方服务商提供。卖家需要支付的海外仓费用包括头程运费、仓储费用、包裹处理费、当地国寄给买家的运费，以及货物通过目的国海关时产生的关税。

中国邮政旗下有两种海外仓：中邮海外仓和中邮 FBA 产品。

中邮海外仓（China Postal Warehousing Service，CPWS）是中国邮政速递物流股份有限公司开设的境外仓配一体化服务项目，服务内容包括国内仓库接发操作、国际段运输、目的国进口清关/仓储/配送，以及个性化增值服务等。中邮海外仓是整合国际邮政渠道资源、专业运营团队和信息系统而推出的安全、稳定、高效的海外仓产品，为客户优化跨境电商物流解决方案。现已开办美国、英国、捷克、澳大利亚、俄罗斯等多国海外仓业务。

中邮 FBA 产品是中国邮政速递物流股份有限公司为满足广大亚马逊买家所设计推出的一款可接收带电产品、时效快捷、性价比高的亚马逊仓库头程运输专线物流服务。该业务整合国际干线运输、口岸清关、境外仓储和国外派送等环节资源，为亚马逊卖家提供综合物流解决方案，可通达美国、日本、德国、英国、法国、意大利、西班牙等国家。中邮 FBA 产品操作简便、时效稳定，是众多亚马逊卖家的不二选择。

工作任务实施

一、物流线路分析

1. 如果一个巴西客户买了举办 Party 用的服装产品 30 件，质量为 3 kg，我们应该用哪类物流线路来进行发货？请站在巴西买家的角度为其策划物流发货需要的线路。请列举出三条认为合适的线路。

2．思考经济类物流和标准类物流的差别是什么？

二、运费时效及价格查询

1．如图7-7所示为运费查询表，如果我们要查询从中国天津发往巴西的货物，质量为1 kg，尺寸为30 cm×20 cm×20 cm，如果是EMS方式运输，查询需要多少运费？

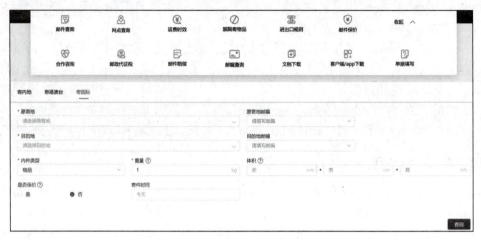

图7-7　运费查询图（1）

2．输入上述数据，单击"查询"按纽，如图7-8所示。

图7-8　运费计算图

3．图7-9所示为EMS不同方式，寄往巴西的物流运费价格。

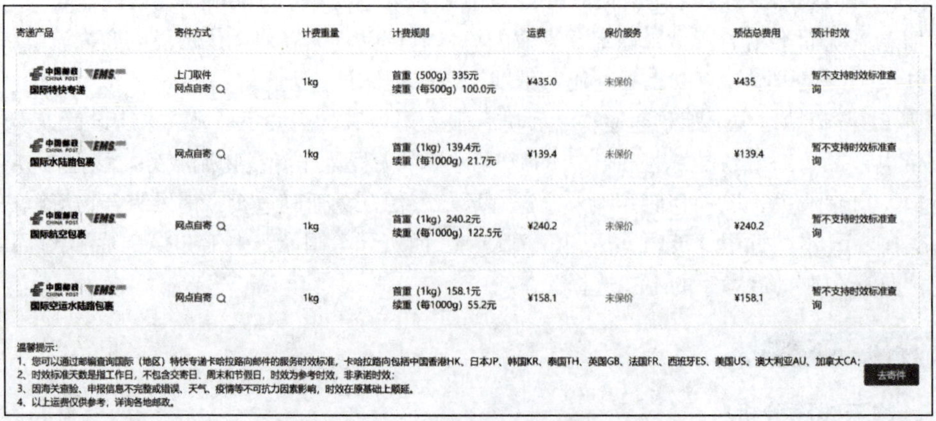

寄递产品	寄件方式	计费重量	计费规则	运费	保价服务	预估总费用	预计时效
中国邮政EMS 国际特快专递	上门取件 网点自寄	1kg	首重（500g）335元 续重（每500g）100.0元	¥435.0	未保价	¥435	暂不支持时效标准查询
中国邮政EMS 国际水陆路包裹	网点自寄	1kg	首重（1kg）139.4元 续重（每1000g）21.7元	¥139.4	未保价	¥139.4	暂不支持时效标准查询
中国邮政EMS 国际航空包裹	网点自寄	1kg	首重（1kg）240.2元 续重（每1000g）122.5元	¥240.2	未保价	¥240.2	暂不支持时效标准查询
中国邮政EMS 国际空运水陆路包裹	网点自寄	1kg	首重（1kg）158.1元 续重（每1000g）55.2元	¥158.1	未保价	¥158.1	暂不支持时效标准查询

温馨提示：
1．您可以通过邮编查询国际（地区）特快专递卡哈拉路向邮件的服务时效标准，卡哈拉路向包括中国香港HK、日本JP、韩国KR、泰国TH、英国GB、法国FR、西班牙ES、美国US、澳大利亚AU、加拿大CA；
2．时效453天数是指工作日，不包含交寄日、周末和节假日，时效为参考时效，非承诺时效；
3．因海关查验、申报信息不完整或缺项、天气、疫情等不可抗力因素影响，时效在原基础上顺延。
4．以上运费仅供参考，详询各地邮政。

图7-9　运费查询图（2）

相比运费价格:官网根据输入数据列出 EMS 国际特快专递、国际水陆路包裹、国际航空包裹、国际空运水陆路包裹四种模式。国际水陆路包裹最经济实惠,其次是国际空运水陆路包裹,EMS 国际特快专递价格最高,时效也是最快的。要看我们邮寄的货物是否贵重且紧急,如果是,可以选择 EMS 国际特快专递或国际航空包裹,如果不贵重也不紧急可以选择国际水陆路包裹或国际空运水陆路包裹。

三、禁限寄物品查询

利用 https://www.ems.com.cn/Taboo_items 官网禁限寄物品查询工具来查看哪些商品是不可以通过 EMS 进行邮寄。

(1)输入"寄达地"和"托寄物品",如图 7-10 所示。

图 7-10 禁限寄物品查询(1)

(2)单击"查询"按钮,显示查询结果为手提电脑运往巴西是不能通过陆运和空运邮寄的,属于禁止寄递物品,如图 7-11 所示。

图 7-11 禁限寄物品查询(2)

¤ 任务评价

请完成表 7-5 的学习评价。

表 7-5　任务学习评价表

序号	检查项目	分值	结果评估	自评分
1	是否了解国际物流发货方式一共有哪几类？	10		
2	是否清楚不同类别物流方式的区别？	20		
3	是否会分析主要物流发货方式适用的产品类别？	20		
4	是否清楚每种物流方式的禁限发产品规则？	20		
5	是否能为客户设计合适的物流发货方式组合？	30		
	合计	100		

¤ 习题巩固

任务 7.2　阿里巴巴国际站物流

¤ 学习目标

【知识目标】

（1）了解国际物流选择的原则。

（2）掌握阿里巴巴国际站发货的物流模式。

（3）了解阿里巴巴国际站查询物流报价方法。

【能力目标】

能进行阿里巴巴国际站平台运费模板设置。

【素养目标】

（1）培养对数据细心、严谨、认真的工作素养。

（2）培养考虑问题全面的思维习惯。

¤ 任务引入

卖家发布商品，不只是需要产品图片、产品描述，还要有适合国外买家的国际物流运输方式供其选择，哪些线路在价格和时效上适合买家来选择呢？

任务分析

国际物流线路有很多种,速卖通平台经济类线路、简易类线路、标准类线路、快速类线路这四类物流线路的物流报价都是不一样的,我们要研究物流报价表,懂得物流费用计算规则,会进行运费模板设置。

知识链接

知识点1　国际物流选择原则

对于卖家来讲,选择合适的国际物流方式应主要考虑的原则为:安全性好,可跟踪性强;时效性好,可控性强;服务好,性价比高。安全的物流可以让买家随时了解货物运送状态。目前,大部分物流都可以做到这一点。然后是追求时效,买家都希望在期望时间内运达。电商平台上会显示订单详情页对应的货物到达时间,且物流轨迹可跟踪。

知识点2　阿里巴巴国际站发货物流模式

阿里巴巴国际站提供49条核心空快到门线路,覆盖220多个国家和地区。国际快递、包机专线、国家&行业专线、小包、多式联运等运输方式涵盖优选、标准、经济多种选择。同时,全国300多个城市提供德邦/顺丰上门取件服务。我们可以根据商品物流属性、物流类型、目的地等选择合适的线路出运。

1. 线上发货

线上发货即在阿里巴巴国际站后台使用阿里无忧物流发货。阿里无忧物流是专门针对速卖通和阿里巴巴国际站卖家打造的一类物流方式,可分为优选专线、标准专线和经济专线三种方式。优选专线是时效最快的一类物流方式,接近商业快递的时效。标准专线是价格、时效都适中的一种物流方式,可满足不同卖家的物流需求。经济专线是价格便宜、时效较慢的一类渠道,能以最低成本发货。

线上发货的优势很明显,阿里巴巴国际站卖家可以直接在后台进行发货,无须切换不同平台,操作简单方便。另外,阿里物流可以提供海运、空运、快递、陆运等物流渠道,物流服务较为完善。但是线上发货对寄运限制大,一些贵重、敏感物品不予承运;无补贴、价格高,提高了物流成本。

2. 线下发货

线下发货即通过与货代公司合作发货,将货物交给货物代理,由其负责货物的运输。线下发货的优势是物流渠道更丰富,有广泛的选择;服务更专业、贴心,收货价格更低,节省成本;缺点是需要重新注册账户,手续烦琐且需要判断货代公司的质量,选择优质的公司合作。

3. 海外仓

海外仓可分为自建海外仓、租赁海外仓。自建海外仓是指企业在海外建设仓库,用于存放货物、操作货物,多与本土物流服务商有合作;租赁海外仓是指企业租用位于海外的仓库。使用海外仓时,需要卖家提前将货物存放至海外仓库,当有订单后直接从海外仓发出,快速地将商品送达买家手中。优势是物流时效快,能为卖家提供良好的邮寄服务,在一定程度上可以节省物流成本,提高产品利润,也有利于获得更多的好评,提升产品曝光率。但是海外仓需要支付仓储租金、操作费、处理费、人员费,会占用更多的资金,对资金实力要求比较高。

知识点 3 阿里巴巴国际站查询物流报价方法

阿里巴巴国际站查询物流报价方法请扫描二维码查看。

阿里巴巴国际站查询物流报价

¤ 工作任务实施

B 公司业务员小杨,通过阿里巴巴国际站与摩洛哥客户达成一项出口一个五金工具的交易合同(合同贸易术语为 CFR),目的港为卡萨布兰卡(Casablanca),请查询物流报价。按上面讲的查询方法查出报价,再与公司沟通选择合适的物流方案。

¤ 任务评价

请完成表 7-6 的学习评价。

表 7-6 任务学习评价表

序号	检查项目	分值	结果评估	自评分
1	阿里巴巴国际站有哪几种物流发货模式?	20		
2	海外仓发货的优缺点有哪些?	30		
3	海运整柜报价要填写哪些要素?	20		
4	对于卖家,要给出买家国际物流线路作为选择需要考虑哪些因素?	30		
	合计	100		

习题巩固

1. 海外仓物流模式有哪些优点?
2. 为国外买家选择合适的国际物流方式需要考虑哪些方面?

任务 7.3 跨境电商平台物流运费模板的设置

¤ 学习目标

【知识目标】
(1)了解运费模板如何设置。
(2)掌握买家运费计算方法。
(3)看懂不同物流方式价格表。

【能力目标】
能进行国际物流运费模板设置。

【素养目标】
(1)培养对数据细心、严谨、认真的工作素养。
(2)培养考虑问题全面的思维习惯。

任务引入

某同学所在的实习公司需要在速卖通后台设置一个运费模板，供发布商品使用。卖家在发布商品之前需要设置好商品运费模板，如果未设置自定义模板，则只能选择新手运费模板才能进行发布。下面介绍新手运费模板并讲解如何"自定义模板"。登录速卖通后台，单击"模板管理"中的"运费模板"选项，如图7-12所示。再单击"新建运费模板"按钮进入图7-13所示的"新建运费模板"界面。

图 7-12　创建物流运费模板

图 7-13　新建运费模板

问题："新增运费模板"页面中我们要关注哪些问题？比如模板名称是中文还是英文？发货地址是中国还是国外有多大关系？

任务分析

商品运费模板设置非常重要，卖家在发布商品之前需要设置好商品运费模板，如果未设置自定义模板，则只能选择新手运费模板才能进行发布。下面介绍新手运费模板并讲解如何"自定义模板"。请看下面的知识链接。

知识链接

知识点1 速卖通新手运费模板

新手运费模板适用于新卖家，按平台给出的建议运输线路，自己不会亏损，有考虑到了不同类型买家的需求。执行"运费模板"界面中的"物流"→"运费模板"→"Shipping Cost Template for New Sellers"命令，就可以看到运费组合情况（图7-14～图7-16）。

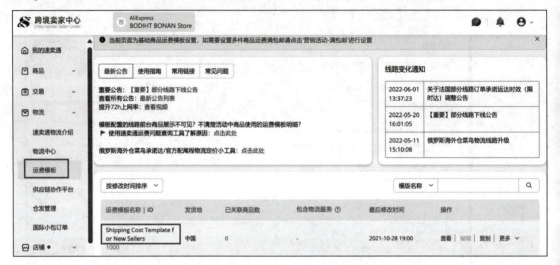

图7-14　单击"运费模板"选项

图7-15　显示"运费组合"选项卡（1）

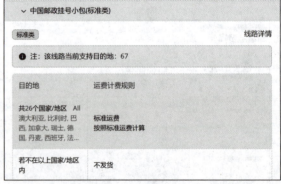

图7-16　显示"运费组合"选项卡（2）

在"运费组合"选项卡中，新手模板包含菜鸟无忧物流-简易（AliExpress Saver Shipping）（简易类）、e邮宝（ePacket）（标准类）、中国邮政挂号小包（China Post Registered Air Mail）（标准类）、菜鸟无忧物流-标准（AliExpress Standard Shipping）（标准类）、EMS（快速类）、菜鸟无忧物流-优先（AliExpress Premium Shipping）（快速类），系统提供的标准运费为各大快递公司在中国大陆地区公布的价格，对应的减免折扣率则是根据目前平台与中国邮政洽谈的优惠折扣提供的参考。

平台显示的不发货包含两重意思：一是部分国家不通邮或邮路不够理想；二是部分国家有更多的物流方式可选，如收件人在中邮小包不发货的国家，卖家可通过EMS发货。

知识点 2　速卖通平台运费模板创建

对于大部分卖家而言，新手模板并不能满足需求，这种情况需要重新自定义模板进行创建，单击"新建运费模板"按钮，如图 7-17 所示。

图 7-17　运费模板界面

进入"新增运费模板"后台编辑界面，如图 7-18 所示，给运费模板命名，中英文均可，同时选择发货地址，看是中国境内发货还是海外仓发货。

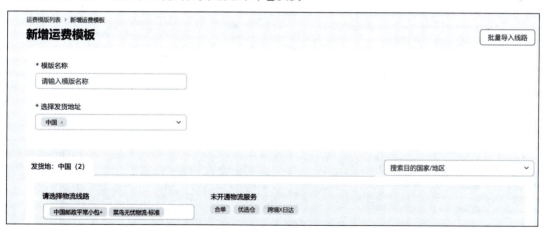

图 7-18　新增运费模板界面

在选择物流线路上，我们选择"中国邮政平常小包 +(经济类)"的标准运费模式，如图 7-19 所示。

在此物流发货模式下，选择发货目的地国家，根据不同国家制定的运费折扣标准进行运费折扣设定，如图 7-20 所示。

上面的新建运费模板显示的界面包含四部分：一是选择发货地；二是选择物流线路；三是设置优惠标准运费折扣；四是个性化选择寄达国家，如图 7-21 所示。

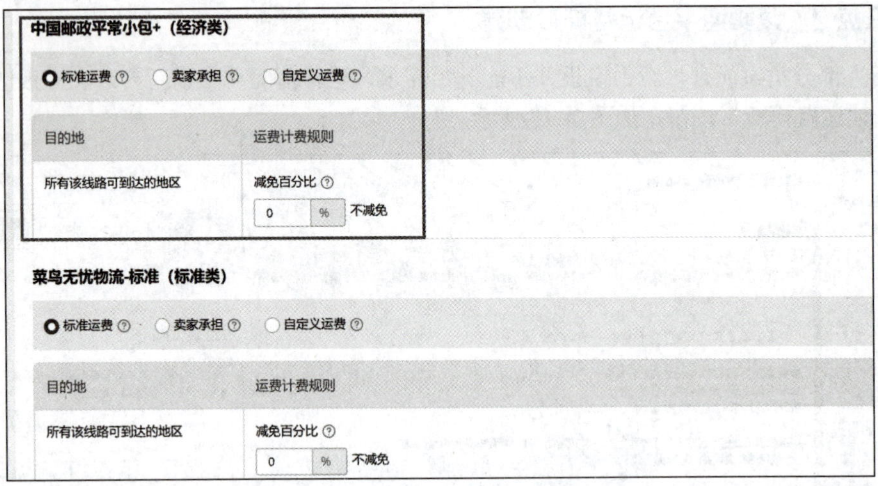

图 7-19　新增运费模板选择"标准运费"

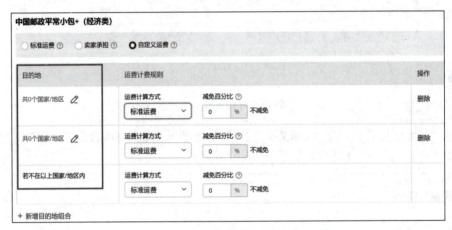

图 7-20　新增运费模板选择"自定义运费"

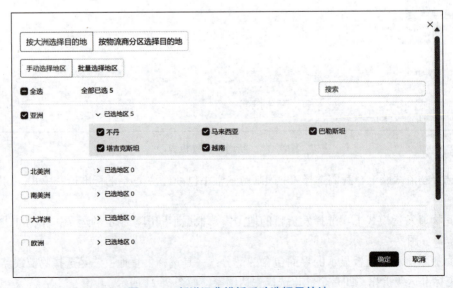

图 7-21　新增运费模板手动选择目的地

项目 7 跨境电商国际物流

下面以中国邮政挂号小包（China Post Registered Air Mail）的设置为例进行说明。勾选物流线路，如图 7-22 所示。

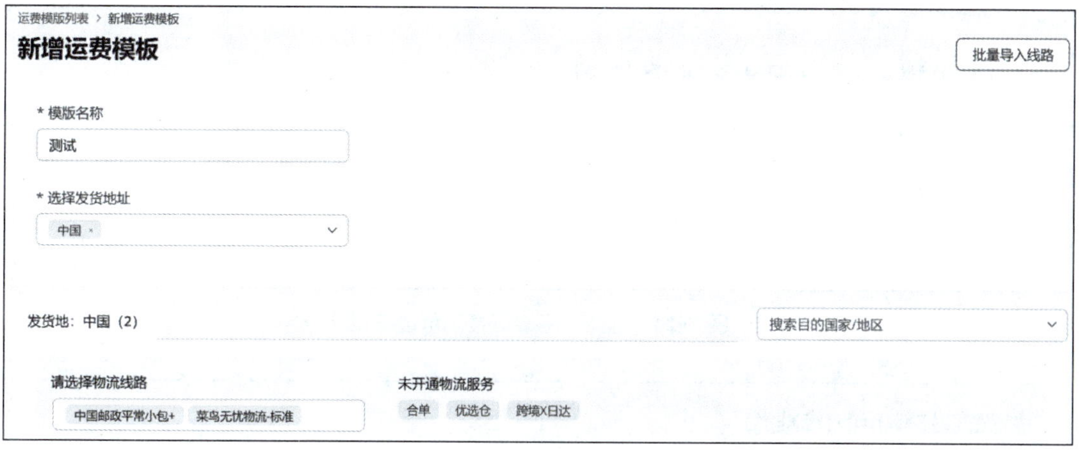

图 7-22 选择物流线路（1）

命名运费模板名称，用数字或英文字母命名。发货地选择货源在中国，当前物流线路里没有中国邮政挂号小包，我们可以点击"菜鸟无忧物流－标准"，增加其他物流线路，右侧则可出现中国邮政挂号小包等其他物流线路，单击"保存"即可添加（图 7-23）。

选择"标准运费"单选按钮意味着对所有的国家均执行此优惠政策，如图 7-24 所示。

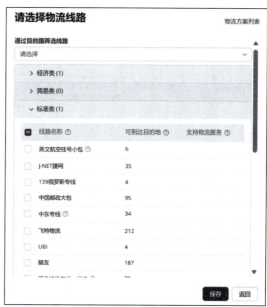

图 7-23 选择物流线路（2）

如果需要对所有的国家均采用卖家承担邮费即包邮处理，则选择"卖家承担运费"单选按钮，如图 7-25 所示。

卖家包邮，如选择所有该线路可到达的地区卖家承担，则该线路可达国家全部包邮，包含后续该线路新增可达国家。事实上，大部分卖家希望进行更细致的设置，可以通过自定义运费和自定义运达时间来实现。卖家只需选择"自定义运费"单选按钮即可对运费进行个性化设置，

· 139 ·

设置的第一步是按大洲选择目的地,手动选择国家/地区(图 7-26)。

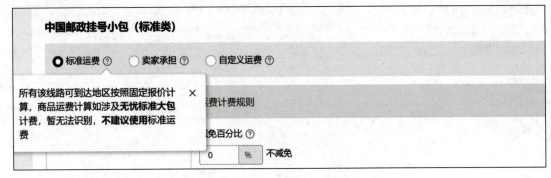

图 7-24 选择"标准运费"单选按钮

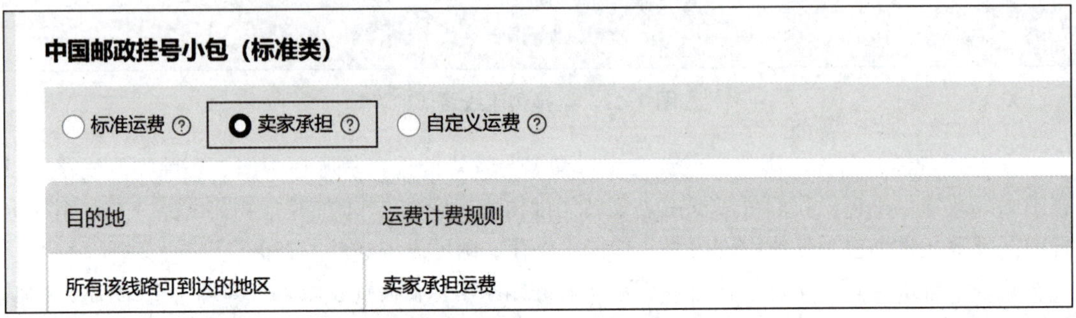

图 7-25 选择"卖家承担运费"单选按钮

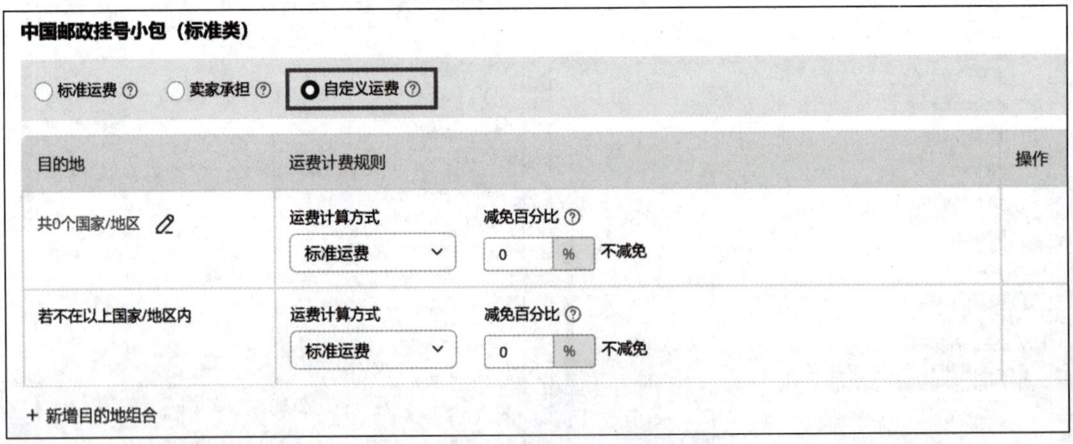

图 7-26 中邮小包自定义运费

为了便于说明,下面以对"海地"和"瓦里斯和富士那群岛(法)"两个国家不发货为例进行说明。进入"自定义运费"设置界面后,操作步骤如下:

(1)选择国家,按照地区选择国家,展开北美洲的国家名,找到"海地"并勾选其复选框,如图 7-27、图 7-28 所示。

(2)对已选择的国家通过下拉选项进行"不发货"设置,如果需要对多个国家进行个性化设置,可单击"新增目的地组合"按钮,进行新增目的地选择,并为其设置相应的运费计算方式和减免百分比,如图 7-29 所示。

图 7-27 展开"北美洲"的国家名并勾选"海地"复选框

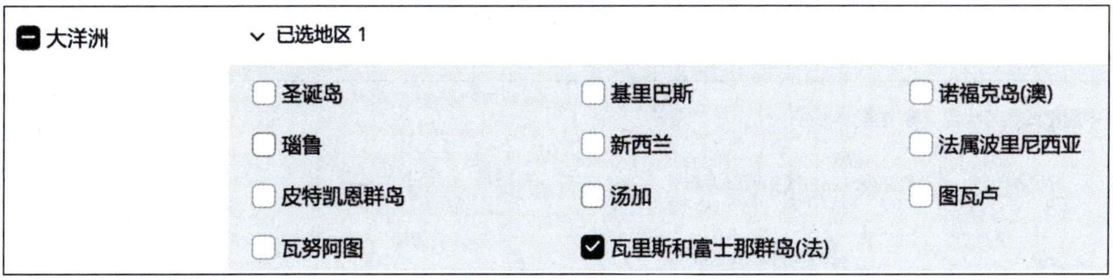

图 7-28 展开"大洋洲"的国家名并勾选"瓦里斯和富士那群岛(法)"复选框

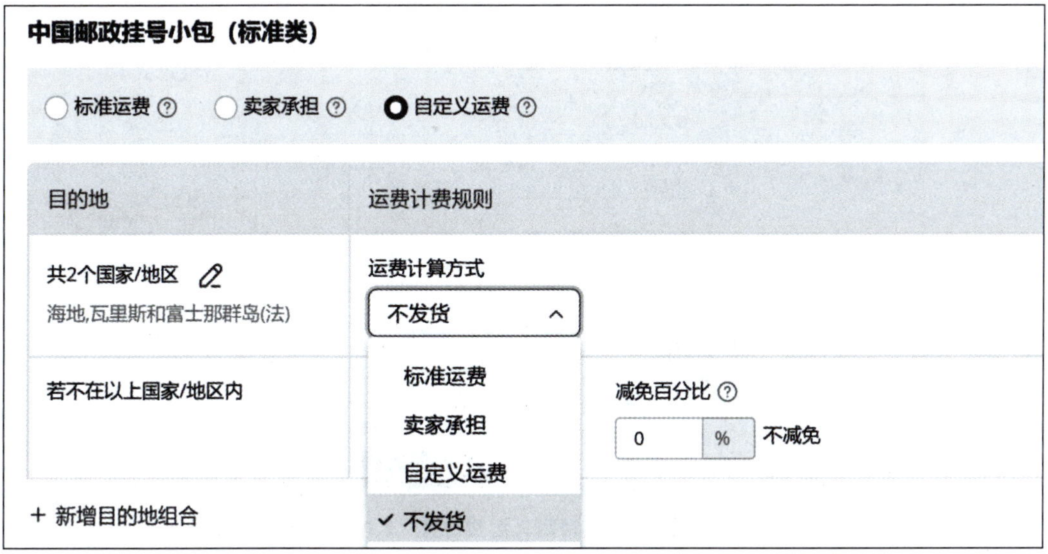

图 7-29 不发货设置

也可对质量或数量进行"自定义运费"设置相应参数,单击"保存并返回"按钮,如图 7-30 ~ 图 7-32 所示。运费模板即设置成功。

跨境电商实务

图 7-30 自定义运费设置（1）

图 7-31 自定义运费设置（2）

图 7-32 自定义运费设置（3）

■ 素养提升

畅通国内国际双循环，跨境电商大有可为。

当前，中国已经进入新发展阶段，确立了"以国内大循环为主体，国内国际双循环相互促进"的新发展格局。跨境电商一直处于对外开放的前沿，中国通过跨境电商领域的主动开放政策，向全球充分释放中国市场消费和中国制造供给的红利。这既有利于通过跨境电商扩大进口，促进贸易平衡发展，让更多全球优质商品通过跨境电商渠道进入中国市场，满足国内消费升级的需求；也有利于鼓励更多的中国商品、中国品牌、中国服务通过跨境电商走出去，挖掘中国制造、中国供应链优势开拓全球市场，把更多的消费福利带给全球消费者。党的二十大报告提出要"推动货物贸易优化升级，创新服务贸易发展机制，发展数字贸易，加快建设贸易强国""加快发展数字经济，促进数字经济和实体经济深度融合，打造具有国际竞争力的数字产业集群"。跨境电商作为数字经济在国际贸易领域的重要业态，其出现和发展适应了贸易小额化、灵活化的发展需求，更适应快节奏的现代社会，同时极大降低了国际贸易门槛，让更多的中小微主体可以通过跨境电商寻找商机、拓展市场、销售产品、创立品牌，呈现出强大的生命力和发展活力。

¤ 工作任务实施

一、设置运费模板

设置一个服装类的中国邮政挂号小包，圣多美和普林西比不发货，其余标准运费打八折，菜鸟无忧物流 – 简易线路"格陵兰岛"不发货，其余标准运费打九折，EMS 都发货，打八五折，做一个复合模板。

二、回答下列问题

1. 进行运费模板设置时，要想设置卖家包邮怎么设置？

2. 标准运费折扣设置怎么做？如物流公司标准运费为 US$100，输入的减免百分数是 30%。则买家实际需要支付的运费是多少？

三、设置运费模板

C 公司是一家从事毛绒玩具出口的公司，打算在阿里巴巴国际站发布 RTS 产品，下面要新建运费模板。

¤ 任务评价

请完成表 7-7 的学习评价。

表 7-7 任务学习评价表

序号	检查项目	分值	结果评估	自评分
1	是否能看懂各类不同的跨境电商物流线路？	20		
2	是否清楚跨境电商运费模板设置的规则？	20		
3	是否会分析阿里巴巴国际站物流线路？	30		
4	是否会在阿里巴巴国际站设置运费模板？	30		
	总分	100		

习题巩固

一、请你为自己的速卖通后台店铺设置一个运费模板，包含中国邮政挂号小包××××××，EMS 按照标准运费的六折收取运费，DHL 按照标准运费的五五折收取运费，请按照以上要求设置产品质量为 1 kg 的运费模板。

二、买家运费计算查询实训。

请扫描二维码学习知识点 3，之后为产品估算运费价格：一个产品包装尺寸为 20 cm×30 cm×20 cm，选择 e 邮宝物流方式，运到美国，1 个产品，质量为 1 kg，产品价格为 10 美元，通过买家运费计算查询工具进行物流运费查询估算（图 7-33）。

图 7-33 买家运费计算查询

项目 8

跨境电商营销

项目导读

通过本项目的学习，学生应了解跨境电商速卖通平台营销的各种方法，能判断卖家店铺应该参加哪个平台活动，同时店铺应设置哪些活动，符合店铺经营策略的同时又能达到比较好的效果；能根据真实市场情况进行分析和判断，在竞争激烈的市场中找到自己的经营方向。

任务 8.1 速卖通平台活动

学习目标

【知识目标】

（1）了解速卖通平台活动的种类。
（2）了解速卖通频道活动的含义。
（3）了解速卖通平台促销活动的设置规则。

【能力目标】

（1）进行平台促销活动的设置。
（2）能够针对自己的店铺产品进行分析，选择适合参加的平台活动。

【素养目标】

（1）培养敏锐的市场洞察力。
（2）培养动手操作的能力。

任务引入

小王是一家跨境电商企业的运营专员，他公司主要经营的产品是 T 恤衫，目前主要通过速卖通平台进行海外销售。为了提升公司 T 恤衫产品的海外销量，通过参加速卖通平台营销活动获取更多流量和精准客户，小王目前准备参加平台活动，请帮助小王进行平台活动的设置。

¤ 任务分析

小王在速卖通平台参加营销活动的目的有两个：第一，通过大规模平台促销活动突出品牌特色，提升品牌知名度；第二，通过平台促销活动能大规模吸引客户流量。那么，小王的店铺能否参加平台营销活动，适合参加哪种活动，如何进行合理设置而保证自己不亏损又能盈利是本节任务需要探讨的问题。

¤ 知识链接

知识点1 速卖通平台活动种类

速卖通的平台活动包含热招活动、频道促销和专享邀约三个板块。频道促销中又包含 Flash Deal、俄罗斯团购、金币大额抵扣、品牌闪购频道、团购、试用频道、俄罗斯低价频道和砍价。

（1）Flash Deal：是平台爆品打造中心，助力卖家孵化爆品。

（2）俄罗斯团购：是俄站平台的爆品中心，帮助店铺打造爆品，让爆品获得更多让消费者认识的机会。

（3）金币大额抵扣：是金币频道的兑换玩法，帮助商家新品快速脱零，孵化潜爆商品。

（4）品牌闪购频道：是头部品牌的营销阵地，潜力品牌的孵化摇篮。

（5）团购：是一种拼购活动，可结合站内外综合营销活动，获取社交流量。

（6）试用频道：通过提供试用商品吸引买家进店并关注商品，为品牌快速进入市场提供帮助。

（7）俄罗斯低价频道：是速卖通平台为俄语系买家提供的一个折扣购物频道，主要展示一些价格低廉、性价比高、销量好的商品。俄罗斯低价频道的目的是吸引更多的俄语系买家，提高平台的流量和转化率，同时，也给卖家提供了一个展示和销售自己商品的机会。

（8）砍价：速卖通平台活动中的砍价是一种利用社交网络的裂变效应，让买家邀请好友帮忙砍价，从而获得极低价格的商品营销方式。砍价活动的目的是吸引更多的新用户，提高平台的曝光度和转化率，同时，也给卖家提供了一个增加销量和口碑的机会。

知识点2 店铺资质要求

要参加速卖通平台活动，店铺需要90天平台好评率、最近30天SNAD纠纷发起率等方面满足平台对店铺的资质要求。具体资质要求如图8-1所示。

店铺资质要求

是否符合	资质名称	资质描述
符合	90天店铺好评率	90天店铺好评率必须大于等于0.92
符合	最近30天SNAD纠纷发起率	最近30天SNAD纠纷发起率必须小于等于0.08
符合	定向招商范围的商家	必须属于定向招商范围的商家

图8-1 速卖通平台活动店铺资质要求

知识点 3　商品资质要求

要参加速卖通平台活动，店铺需要近 90 天 DSR 商品描述分、近 30 天销量（全球）、5 天上网率等方面满足平台对商品的资质要求。具体资质要求如图 8-2 所示。

商品资质要求	
资质名称	商品资质要求
近90天DSR商品描述分	近90天DSR商品描述分必须大于等于4.5
近30天销量（全球）	近30天销量（全球）必须大于等于1
5天上网率	5天上网率必须大于0.8
包邮区域	包邮区域必须属于英国｜俄罗斯｜西班牙｜波兰｜法国
二级发布类目	二级发布类目必须属于男装>衬衫｜男装>棉服｜男装>西服｜男装>男士套装｜男装>牛仔裤｜男装>卫衣帽衫｜男装>上衣, T恤｜男装>外套/大衣｜男装>短裤(外穿)｜男装>毛衣（新）｜男装>男式穆斯林服饰｜男装>长裤（新）｜男装>羽绒服/羽绒背心｜女装>棉服｜女装>休闲西装/正装西服｜女装>假皮草及混合皮草｜女装>假皮衣及混合皮衣｜女装>女士套装｜女装>连体裤｜女装>牛仔裤｜女装>长裤/九分七分五分裤｜女装>毛衣｜女装>卫衣帽衫｜女装>外套/大衣｜女装>女士套装｜女装>真皮草｜女装>大码女装｜女装>真皮衣｜女装>毛衣｜女装>连体裤&连体短裤｜女装>羽绒服/羽绒背心
一级发布类目	一级发布类目必须属于鞋子

图 8-2　速卖通平台活动商品资质要求

知识点 4　频道活动的特点

跨境电商平台固定频道促销都有各自的特点，在选择时要结合自己的产品特点，分析拟参加活动的商品，从而选择出更适合的频道活动。

（1）Flash Deal（含俄罗斯团购）是速卖通平台最大型的日常活动，是平台的爆品中心，在该活动中平台会拿出首焦、后台、行业楼层、搜索框、各站点等多个黄金资源位，是打造爆款和帮助卖家品牌出海的有力工具。

（2）速卖通试用频道作为集用户营销、活动营销、口碑营销、商品营销为一体的营销导购平台，聚集了上百万个中国优质商品的试用机会，以及全球两百多个国家的千万消费者对各类商品最全面真实客观的试用体验报告，为消费者提供购买决策，是商家提升品牌价值与影响力的理想工具。

（3）速卖通金币是目前 App 端流量排名 TOP 1 的频道，这一工具为卖家获得流量，提升成交额，进行品牌传播提供服务，另外，还能获得流量免费补贴，置换金币频道流量等利处，是值得一试的店铺工具。

> ■ **素养提升**
>
> **诚信经营，赢得客户信赖**
>
> 小王是一名大学生，他在速卖通店铺经营着各种创意文具，他热爱设计，店铺产品经常给客户带来惊喜和快乐。他的店铺在平台上很受欢迎，销量不错，也收到了很多好评。
>
> 有一次，小王收到了一个大单，客户是一家教育机构，要求在一个月内定制 1 000 套文具礼盒，作为学生的奖品。小王很高兴，立即答应了，并且承诺按时交货。然而，由于定制的数量较多，小王的供应商出现了一些问题，导致部分文具的质量不达标。小王发现了这个问题后，很纠结。如果退货换货，可能会耽误交货时间；如果不换货，可能会影响客户的满意度。他想了想，决定还是诚信经营，向客户说明情况，并请求延长交货期限。
>
> 客户收到小王的消息后，并没有生气，反而表示理解和支持。客户说："你能及时发现并告知我们这个问题，说明你是一个负责任的卖家。我们很欣赏你的诚信态度，愿意等待你

换货。我们相信你能给我们提供优质的产品和服务。"

小王很感动,立即联系供应商换货,并加快生产进度。最终,在延长了一周的时间后,他成功地完成了订单,并得到了客户的好评和感谢。

通过这件事情,小王深刻地体会到了诚信经营的重要性。他认识到,作为一个电子商务平台上的卖家,要以服务客户为宗旨,不仅要提供优质的产品,还要遵守合同规定,履行承诺。只有这样,才能赢得客户的信赖和口碑,才能在激烈的竞争中立于不败之地。

想要在速卖通平台上参与平台活动,店铺需要满足一定的资质条件,其中一条就是30天内店铺纠纷发起率要小于0.08,这就需要小王这样的精神,要以服务客户为宗旨,讲诚信,这是商业道德的基础和保障,也是社会主义核心价值观之一。只有诚信经营,才能实现企业与客户、企业与社会、企业与自身的和谐发展。

¤ 工作任务实施

一、平台活动设置——俄罗斯低价频道

【任务描述】

小王是速卖通平台一家店铺的运营专员,为了冲击本年的店铺业绩,小王想在10—12月期间通过参与平台活动获得更多的曝光和订单,但是小王还没有参与平台的活动经验,请帮助小王查看可参加的平台活动,并选取适合的活动进行设置。

【任务实施】

(1)登录速卖通平台,输入账号和密码,进入卖家管理后台,单击左侧"营销"→"平台活动"按钮,进入"平台活动"界面。进入"平台活动"界面后,可以选择自己想参与的平台活动,单击"立即报名"按钮后,平台会告知店铺是否具备参与活动的资质。若没有特定地想参与的活动,而只是想参与符合条件的平台活动,则可单击"平台活动"界面右上角的"查看全部"按钮,如图8-3所示。

图8-3 速卖通"平台活动"界面

(2)进入"平台活动列表"后,在"正在招商的活动"选项卡中,活动类型选择"全部",报名状态有"已报名"和"未报名",选择"已报名"的活动后可进入活动报名页面,选择"未报名"的活动后,平台会自动反馈店铺符合条件的活动的数量,如图8-4所示。

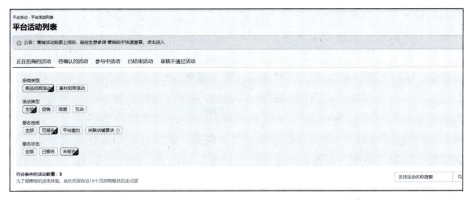

图 8-4　速卖通“平台活动列表”界面

（3）由于小王的店铺开通不久，通过上面的筛选，发现店铺目前符合条件的活动有三个，分别是 FD 限时抢购招商俄罗斯团购活动、俄罗斯低价频道日常促销和新人专享价，如图 8-5 所示，经过斟酌，团队想报名参加“俄罗斯低价频道”活动，单击“立即报名”按钮，即可参与活动。

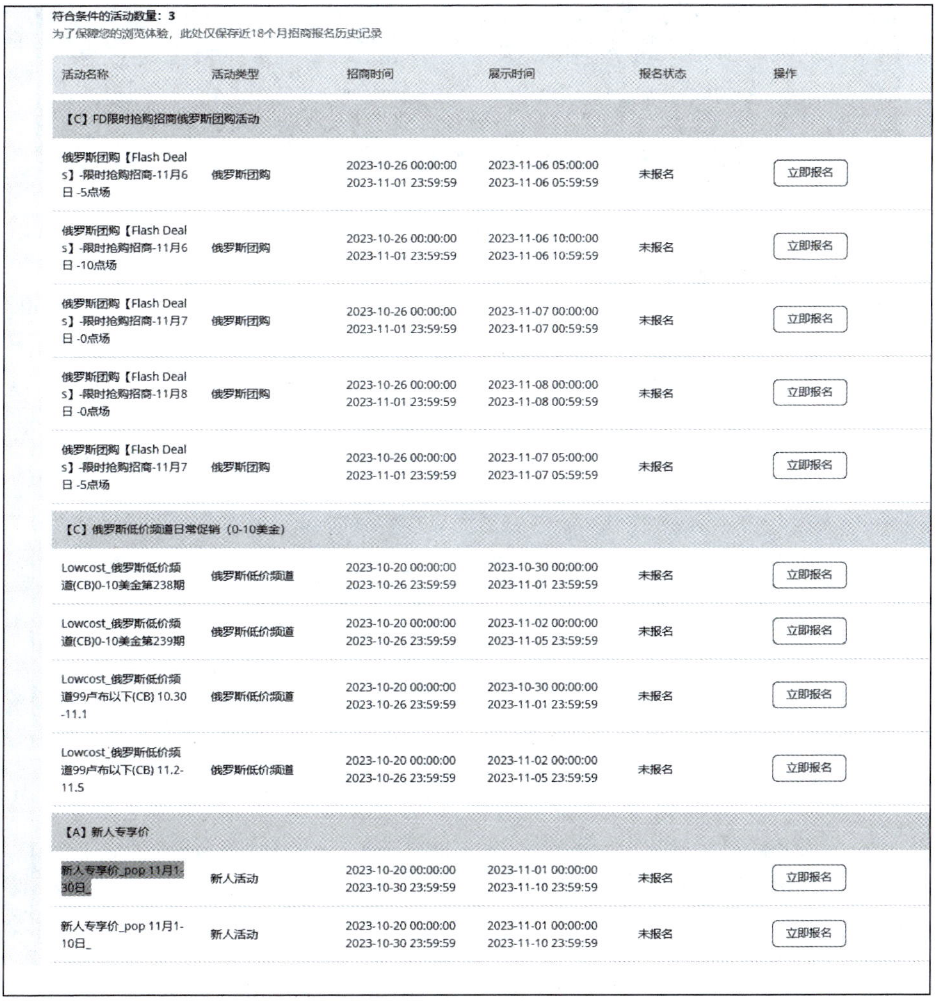
符合条件的活动数量：3
为了保障您的浏览体验，此处仅保存近18个月招商报名历史记录

活动名称	活动类型	招商时间	展示时间	报名状态	操作
【C】FD限时抢购招商俄罗斯团购活动					
俄罗斯团购【Flash Deals】-限时抢购招商-11月6日 -5点场	俄罗斯团购	2023-10-26 00:00:00 2023-11-01 23:59:59	2023-11-06 05:00:00 2023-11-06 05:59:59	未报名	立即报名
俄罗斯团购【Flash Deals】-限时抢购招商-11月6日 -10点场	俄罗斯团购	2023-10-26 00:00:00 2023-11-01 23:59:59	2023-11-06 10:00:00 2023-11-06 10:59:59	未报名	立即报名
俄罗斯团购【Flash Deals】-限时抢购招商-11月7日 -0点场	俄罗斯团购	2023-10-26 00:00:00 2023-11-01 23:59:59	2023-11-07 00:00:00 2023-11-07 00:59:59	未报名	立即报名
俄罗斯团购【Flash Deals】-限时抢购招商-11月8日 -0点场	俄罗斯团购	2023-10-26 00:00:00 2023-11-01 23:59:59	2023-11-08 00:00:00 2023-11-08 00:59:59	未报名	立即报名
俄罗斯团购【Flash Deals】-限时抢购招商-11月7日 -5点场	俄罗斯团购	2023-10-26 00:00:00 2023-11-01 23:59:59	2023-11-07 05:00:00 2023-11-07 05:59:59	未报名	立即报名
【C】俄罗斯低价频道日常促销（0-10美金）					
Lowcost_俄罗斯低价频道(CB)0-10美金第238期	俄罗斯低价频道	2023-10-20 00:00:00 2023-10-26 23:59:59	2023-10-30 00:00:00 2023-11-01 23:59:59	未报名	立即报名
Lowcost_俄罗斯低价频道(CB)0-10美金第239期	俄罗斯低价频道	2023-10-20 00:00:00 2023-10-26 23:59:59	2023-11-02 00:00:00 2023-11-05 23:59:59	未报名	立即报名
Lowcost_俄罗斯低价频道99卢布以下(CB) 10.30-11.1	俄罗斯低价频道	2023-10-20 00:00:00 2023-10-26 23:59:59	2023-10-30 00:00:00 2023-11-01 23:59:59	未报名	立即报名
Lowcost_俄罗斯低价频道99卢布以下(CB) 11.2-11.5	俄罗斯低价频道	2023-10-20 00:00:00 2023-10-26 23:59:59	2023-11-02 00:00:00 2023-11-05 23:59:59	未报名	立即报名
【A】新人专享价					
新人专享价_pop 11月1-30日_	新人活动	2023-10-20 00:00:00 2023-10-30 23:59:59	2023-11-01 00:00:00 2023-11-10 23:59:59	未报名	立即报名
新人专享价_pop 11月1-10日_	新人活动	2023-10-20 00:00:00 2023-10-30 23:59:59	2023-11-01 00:00:00 2023-11-10 23:59:59	未报名	立即报名

图 8-5　符合条件活动入口界面

俄罗斯低价频道是俄站平台低价潜力爆品中心，流量聚焦低价格带（0～10美元）商品，帮助提升单量。招商商品价格要求 0～10 美元，若报名的商品 SKU 价格超过活动限制的最高价，则无法提交报名。活动在俄罗斯买家客户端，有单独的频道展示。俄罗斯低价频道活动中有不同的活动时间段，选择适合自己的时间段，参与报名。

（4）进入活动报名页面后，会弹出图 8-6 所示的界面，页面会提示参与活动商品报名最高价，虽然俄罗斯低价频道聚焦在 10 美元之内的商品，但是报名最高价格并不一定是 10 美元，要以当时页面的提示为准，超过页面提示报名价最高要求的商品，将无法提交报名。在确认最高价格金额后，单击"确定"按钮，在页面"选择商品与设置折扣"处单击"添加商品"按钮，选择要参加俄罗斯低价频道活动的商品。

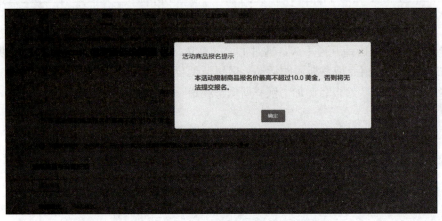

图 8-6　俄罗斯低价频道活动报名界面

（5）选择商品后进入设置折扣率页面，勾选参与活动的 SKU 即可。值得注意的是，当勾选 SKU 后，系统显示的"最低折扣率要求"与勾选前可能会有所不同，所以，勾选要报名的 SKU 后，折扣率的计算逻辑会增加报名最高价限制的计算，若无法做到此折扣率要求，则该商品无法报名，如图 8-7、图 8-8 所示。

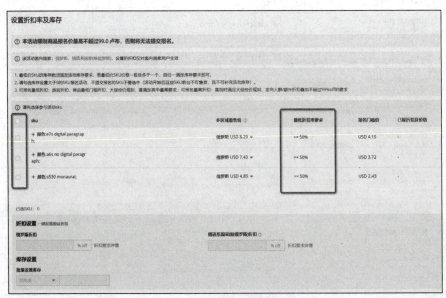

图 8-7　勾选 SKU 前折扣显示

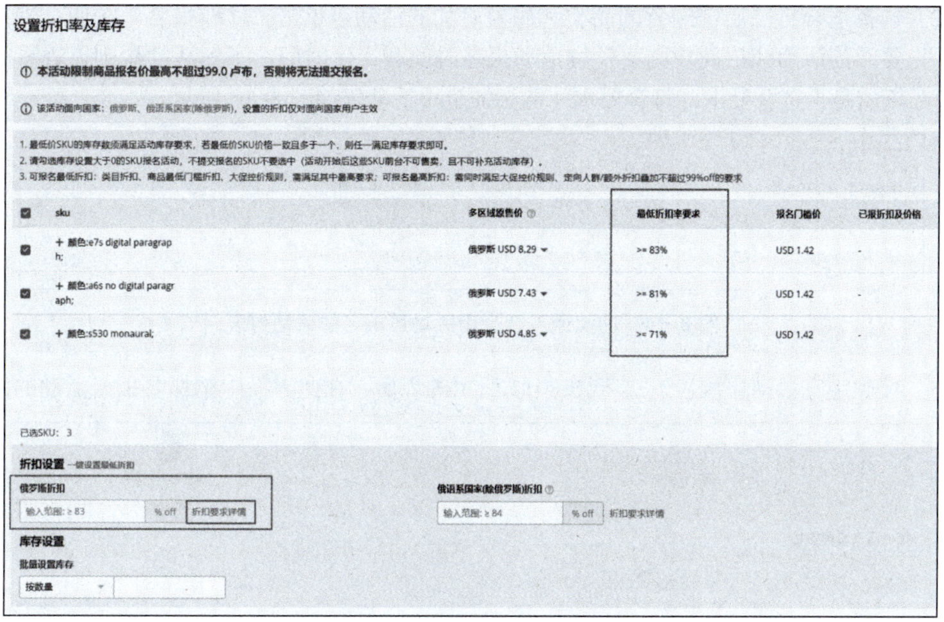

图 8-8　勾选 SKU 后折扣显示

二、平台活动设置——金币

【任务描述】

小王是一家跨境电商企业的运营专员，他公司主要经营的产品是 T 恤衫，目前主要通过速卖通平台进行海外销售。小王得知速卖通金币是目前 App 端流量排名 TOP 1 的频道，这一工具为卖家获得流量，提升成交额，进行品牌传播提供服务，另外，还能获得流量免费补贴，置换金币频道流量等利处，是值得一试的店铺工具。因此，小王决定参加平台金币活动，请帮助小王开通金币活动。

【任务实施】

（1）在"营销活动"→"平台活动"中选择平台活动类型进行报名，招商类型选择"商品招商活动"类型，活动类型选择"频道"，频道类型选择"金币"，报名资质选择"可报名"，进行筛选，如图 8-9 所示。

图 8-9　速卖通金币活动设置

（2）选择适合自己店铺经营的品类和想要参加的活动，单击"立即报名"按钮。进入报名页面，先要阅读活动和招商规则，了解活动报名时间和展示时间，了解活动规则，查看店铺资质和商品资质是否符合要求，符合要求才能参加金币活动，如图8-10所示。

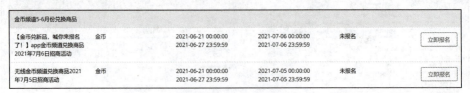

图8-10　速卖通平台金币活动可报名的活动列表

（3）在确定完活动协议后，进入图8-11所示的界面，在此界面中添加要报名活动的商品。

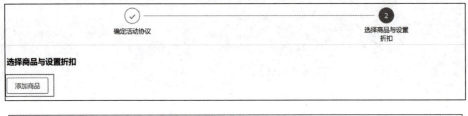

图8-11　选择参加活动的商品

（4）选择完参加金币活动的商品后，进入如图8-12所示的界面，在此界面设置商品的活动价格。

图8-12　设置活动价格库存信息

项目 8　跨境电商营销

这里的"一口价"为含税一口价,销售到英国及欧盟国家的订单,需扣减税费,卖家实际入账的金额会小于活动设置金额。设置完成后,单击页面下方"全部提交报名"按钮,即完成了金币活动的设置。

三、自主申请退出平台活动操作

【任务描述】

小王是一家跨境电商企业的运营专员,在经营速卖通平台的一家店铺,正值年末大促,小王想通过参加平台活动提高曝光率,为店铺带来流量,提升店铺销量,但是小王成本核算有问题,致使如果继续参加活动,即便有成交,店铺也不能盈利,所以,小王想取消已参加的平台活动,请问能否取消?如果可以,该如何操作呢?

【任务实施】

(1)进入速卖通卖家后台,执行"营销"→"平台活动"命令,进入"平台活动列表"界面,如图 8-13 所示,在"参与中活动"选项卡中,招商类型选择"商品招商活动",活动类型和活动状态选择"全部",平台会自动列出目前店铺已参加的活动。

图 8-13　搜索已参与的平台活动

(2)从活动列表中,选择要退出参与活动的商品,在商品所在行的最右侧查看商品状态,若商品状态为"审核通过",页面会有"申请退出活动"按钮,如图 8-14 所示;如果商品状态为"待审核",则页面会有"撤销报名"按钮。

图 8-14　申请退出活动界面(1)

(3)单击"申请退出活动"按钮后,进入填写退出活动原因的界面,如图 8-15 所示,从给出原因中选择一个合适的原因,然后单击"确定"按钮,则完成取消平台活动的操作,等待系统审批结果。审批结果会在 72 小时内给出,取消活动的申请一旦提交则不能撤回。

这里需要注意的是,如果在上述退出活动申请提交后,平台页面再次出现弹窗页面,需要二次操作确认,如图 8-16 所示,则代表本次申请退出成功后将涉及处罚。

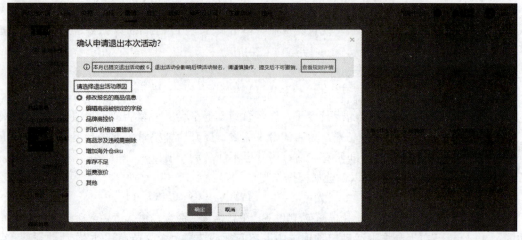

图 8-15 申请退出活动界面（2）

图 8-16 申请退出活动二次确认界面

（4）退出活动申请提交成功后，可自行在卖家后台中心查询是否成功退出了平台活动，成功退出活动的商品，报名状态由"审核通过"变成"审核未通过"，下方会提示"退出活动成功"，如图 8-17 所示。

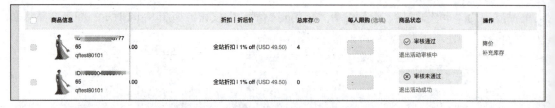

图 8-17 申请退出活动审批结果查看界面

四、平台活动中产品增加库存操作

【任务描述】

小王是一家跨境电商企业的运营专员，在经营速卖通平台的一家店铺，店铺参与了平台活动，在活动期间有几款商品销量非常好，因此，小王想给活动中的商品增加库存，该如何操作呢？

【任务分析】

平台活动中增加库存，需要看活动类型，不同活动中能否增加库存不尽相同，具体如下：

（1）金币兑换和预售活动等特殊活动无法补充库存。

（2）入围活动的活动库存会直接默认为产品的普通库存，报名活动时无须单独设置，因此也无须单独补充活动库存。

（3）其他平台活动需等活动开始后才可以补充库存，未开始状态下无法补充。

【任务实施】

（1）进入速卖通卖家后台，执行"营销"→"平台活动"命令，进入平台活动界面，如图 8-18 所示，在参与中的活动列表中找到要补充库存的活动。找到要补充库存的商品，单击商品信息栏最右侧的"查看活动详情"按钮。

图 8-18　参与中活动查看界面

（2）进入图 8-19 所示的页面后，单击页面最右侧的"补充库存"按钮，则会进入图 8-20 所示的页面，输入要补充的活动库存数量，单击"OK"按钮提交即可。

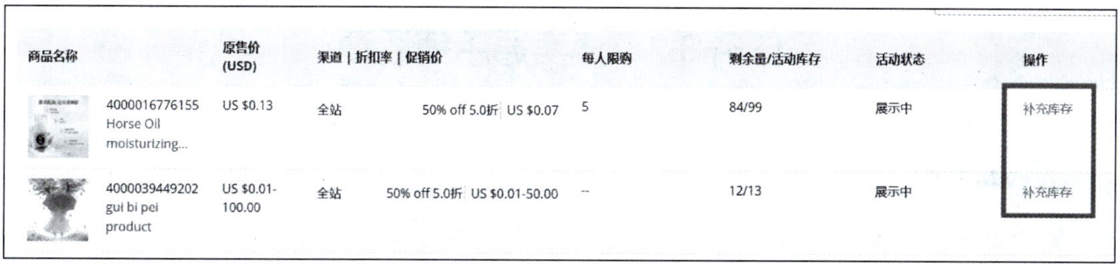

图 8-19　补充库存操作界面（1）

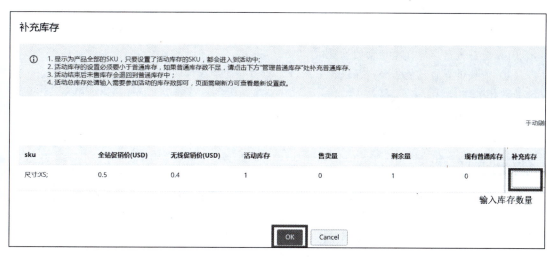

图 8-20　补充库存操作界面（2）

¤ 任务评价

请完成表 8-1 的学习评价。

表 8-1　任务学习评价表

序号	检查项目	分值	结果评估	自评分
1	是否了解速卖通营销平台活动类型？	20		
2	是否清楚主要平台活动的特点？	20		
3	是否能够合理选择参与哪类平台活动？	20		
4	是否能够掌握参与主要平台活动的操作？	30		
5	是否具备勤于动脑和踏实肯干的工匠精神？	10		
	总分	100		

¤ 习题巩固

速卖通平台活动有哪些？为自己店铺设置一个"双十一"平台促销活动。

任务 8.2　速卖通店铺活动

¤ 学习目标

【知识目标】
（1）了解速卖通平台店铺活动的相关规则。
（2）掌握店铺活动设置操作步骤和相关技巧。
（3）能够针对自己的店铺产品进行分析，选择适合的平台店铺活动。

【能力目标】
（1）能够进行店铺促销活动的设置。
（2）能够针对自己的店铺产品进行分析，发布适合的店铺活动。

【素养目标】
（1）培养灵活的市场分析能力。
（2）培养统筹规划的能力。

¤ 任务引入

小王是一家跨境电商企业的运营专员，他公司主要经营的产品是 T 恤衫，目前主要通过速卖通平台进行海外销售。为了提升公司 T 恤衫产品的海外销量，通过设置速卖通店铺营销活动获取更多的流量和精准客户，小王目前准备设置店铺营销活动。

任务分析

小王的店铺能否参加平台营销活动，适合参加哪种活动，如何进行合理设置而保证自己不亏损又能盈利是本任务需要探讨的问题。小王得知参加速卖通平台单品折扣活动，不仅可以提升单品的销售量、打造爆款、清理库存，同时，单品折扣还能为店铺引流，带动店铺其他产品整体销量的提升。所以，小王目前准备参加单品折扣活动。如何进行店铺单品折扣设置是跨境电商企业运营专员需要掌握的工作技能。

知识链接

知识点 1　速卖通平台店铺活动种类

速卖通的店铺活动包含单品折扣、满减活动、店铺 Code、互动活动四个板块。

（1）单品折扣：在单品上打折，力度在商品本身，用于提高用户购买转化。

（2）满减活动：目的在于轻松提高客单价，是日常活动期间出货凑单转化利器。

（3）店铺 Code：新版 Code 沉淀原有优惠券和优惠码的优势，同时，对原有链路进行简化和升级，需要设置一个工具，既可以在店铺/详情/购物车等渠道展示并支持用户领取，提升店铺/商品转化率，同时满足站外传播引流推广，是店铺运营必备工具，是店铺转化提升利器、推广引流高效工具，支持店铺内展示和站外推广。

（4）互动活动：是一种关注店铺后的有礼活动、互动游戏和拼团活动，用于引导用户产生转化。

知识点 2　设置单品折扣

单品折扣用于店铺自主营销。单品打折是商品成交转化提升利器。首先，我们要了解单品折扣与平台以往打折活动的区别，具体区别如下：

（1）单品折扣不限时长与次数，取消每月限制的活动时长和活动次数，单场活动最长支持设置 180 天。

（2）允许在活动进行中暂停活动，适用于活动设置错误下的快速止损。

（3）所有产品信息均可编辑。

（4）取消活动复制功能，但可通过 Excel 表格批量上传。

（5）单场活动支持最大设置 10 万个商品，支持同一活动中不同产品的个性化设置。

其次，要了解单品折扣活动在设置时有关活动名称、活动时间、活动时长、生效时间等项目设置时的注意事项。

知识点 3　设置满减活动

1. 满立减

满立减活动是一款店铺自主营销工具，只要开通速卖通店铺，即可免费使用。卖家可以根据自身经营状况，对店铺设置"满 X 元优惠 Y 元"的促销规则，即订单总额满足 X 元，买家付款时则享受 Y 元优惠扣减。

2. 满件折

满件折活动是一款店铺自主营销工具，只要开通速卖通店铺，即可免费使用。可以根据自身经营状况，对店铺设置"满 X 件优惠 Y 折"的促销规则，即订单总商品满足 X 件数，买家付款时则享 Y 折优惠，卖家无须修改价格。

3．满包邮

满包邮是通过包邮作为利益点，可有效提升客单价。卖家可以根据自身经营状况，对店铺设置"满 N 元（件）包邮"的促销规则，买家下单时，若是订单总商品数超过了设置的 N 元（件），在买家付款时，在指定的地区范围内，系统自动减免邮费。

¤ 工作任务实施

一、设置单品折扣活动

步骤一：登录"我的速卖通"，单击"营销活动"按钮，在"店铺活动"中选择"单品折扣"选项，单击"创建"按钮，如图 8-21 所示。

图 8-21　创建单品折扣

步骤二：设置活动基本信息。单击"创建"按钮，进入活动基本信息设置页面，活动名称最大不超过 200 个字符，只供查看，不展示在买家端，活动起止时间为美国太平洋时间，活动名称、活动起止时间无法修改，如图 8-22 所示；活动全程无法暂停，大促招商活动截止即被锁定，禁止编辑活动折扣等信息，以及操作退出 / 删除；商品一旦添加至活动中就被锁定，无法编辑部分字段（类目、最小计量单位、销售方式、每包、销售属性、价格、区域价、促销价），如要修改则需要退出活动后再操作，如图 8-23 所示。在招商结束前可再次添加至活动中，单击"提交"按钮后，进入设置优惠信息页面，如图 8-24 所示。

步骤三：批量设置折扣、批量设置限购、批量删除（默认所有 SKU 都参加活动），活动优惠信息设置，如图 8-25 所示。

按照营销分组设置折扣（图 8-26），分组内的商品会被导入活动内。特别注意：目前设置 App 折扣不具备引流功能，因此，营销分组设置折扣处取消了设置 App 折扣的功能。如需设置 App 折扣，用户可回到单品选择页面设置。如只设置全站折扣，即 PC 和 App 均展示同一个折扣。

图 8-22　设置活动名称和活动起始时间

图 8-23　选择要参加活动的商品

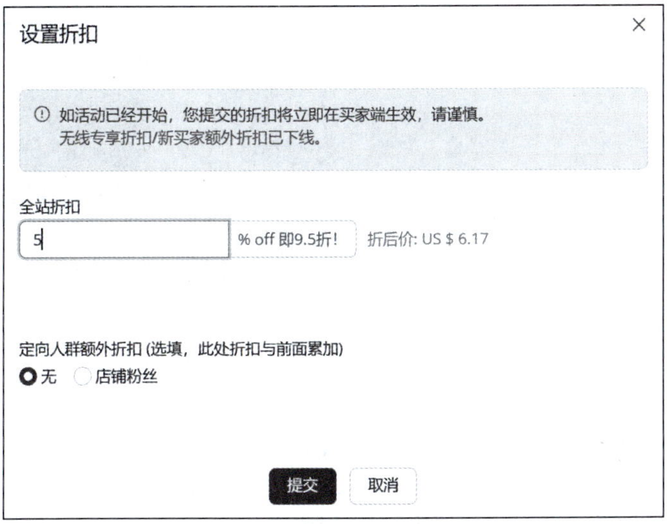

图 8-24　设置活动折扣

图 8-25　设置要参加活动的 SKU

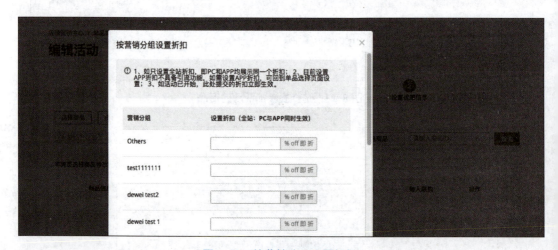

图 8-26　按营销分组设置折扣

步骤四：查看设置状态（图 8-27）。活动状态可分为未开始、生效中、已暂停、已结束。

（1）未开始状态会展示倒计时，可编辑（进入活动基本信息页）、管理商品（进入优惠信息编辑）、暂停活动。

（2）生效中状态可查看活动详情、管理商品、暂停活动，暂停活动适用于快速止损整个活动，如对单个活动可直接修改。

（3）已暂停状态可重新生效活动、查看活动详情。

（4）已结束状态可查看活动详情。

项目 8　跨境电商营销

6月活动	2019-07-08 00:00:00 2019-09-08 00:00:00	未开始 距离开始 14 : 16 : 11	管理商品 | 编辑 | 暂停活动
他	2019-07-25 00:00:00 2019-07-26 00:00:00	未开始 距离开始 17 天	管理商品 | 编辑 | 暂停活动
Test_4_store_conf	2019-07-18 06:00:00 2019-07-25 00:00:00	未开始 距离开始 10 天	管理商品 | 编辑 | 暂停活动
test-批量设置	2019-08-01 00:00:00 2019-08-02 00:00:00	未开始 距离开始 24 天	管理商品 | 编辑 | 暂停活动
Test_store_normal_707	2019-08-01 00:00:00 2019-08-02 00:00:00	未开始 距离开始 24 天	管理商品 | 编辑 | 暂停活动
Test_next_707_01	2019-07-07 00:00:00 2019-07-09 00:00:00	生效中	管理商品 | 查看活动详情 暂停活动
23	2019-07-24 00:00:00 2019-07-25 00:00:00	未开始 距离开始 16 天	管理商品 | 编辑 | 暂停活动
Test_online_707_qw	2019-12-26 00:00:00 2019-12-26 19:00:00	已暂停	重新生效活动 | 查看活动详情

图 8-27　查看状态

二、设置满立减活动

步骤一：创建活动。登录"我的速卖通",单击"营销活动"按钮,在"店铺营销中心"选择"满减优惠",单击"创建活动"按钮,如图 8-28 所示。

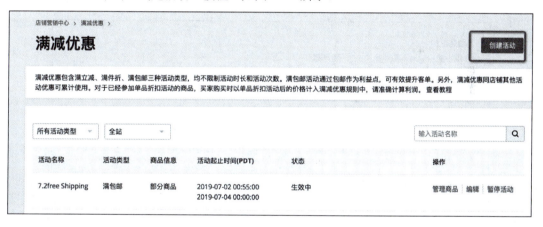

图 8-28　创建活动

步骤二：填写活动的基本信息,如图 8-29 所示。在"活动名称"一栏内填写对应的活动名称,买家端不可见;在"活动起止时间"内设置活动对应的开始时间及活动结束时间。

步骤三：设置活动类型和详情。

(1) 设置"活动类型",选择"满立减"。

1)"活动使用范围"选择"部分商品",即设置了活动的部分商品的满立减活动,订单金额包含商品价格(不包含运费),商品按折后价参与。

2)"活动使用范围"选择"全店所有商品",即全店铺商品均参与满立减活动,订单金额包含商品价格(不含运费),所有商品按折后价参与。

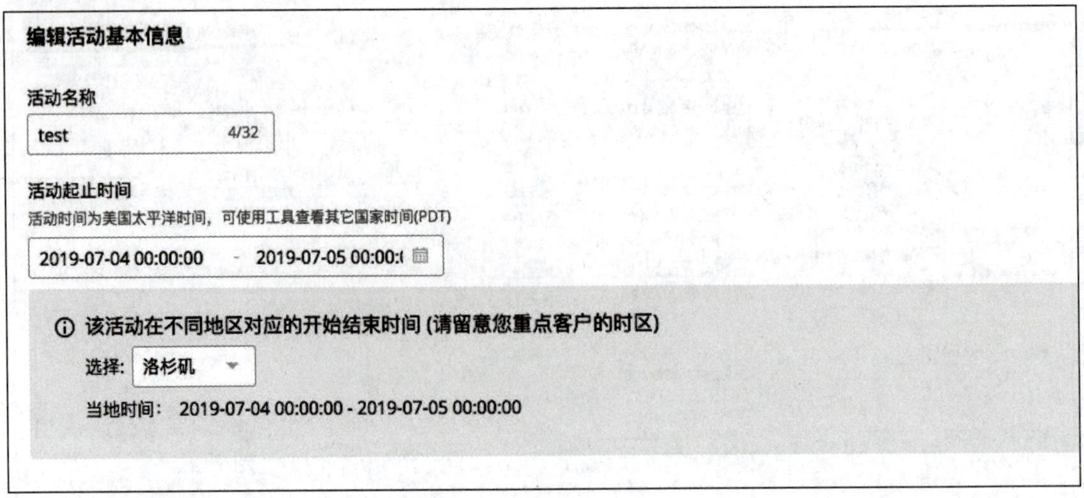

图 8-29 填写基本信息

（2）设置"活动详情"。

1）可只设置一个条件梯度，则系统默认是单层满减，在"条件梯度1"的前提下，可以支持优惠可累加的功能（即当促销规则为"满100减10"时，则满200元减20元，满300元减30元，依此类推，上不封顶）。

2）可设置多个条件梯度，最多可以设置3梯度的满立减优惠条件。多个条件梯度需要满足：后一梯度订单金额必须大于前一梯度的订单金额，同时，后一梯度的优惠力度必须大于或等于前一梯度，如图 8-30 所示。

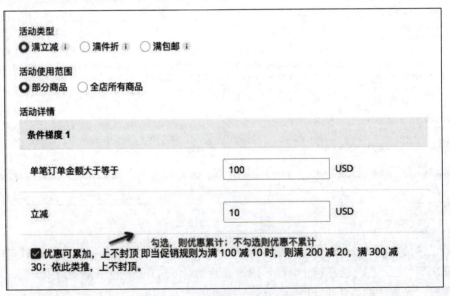

图 8-30 设置满立减活动详情

（3）选择商品。针对"商品满立减"活动，可以通过"选择商品"或"批量导入"点选商品，如图 8-31 所示。

选择商品每次最多可以选择 100 个商品；选择次数不限；最多导入 10 000 个商品。选择商品页面如图 8-32 所示。

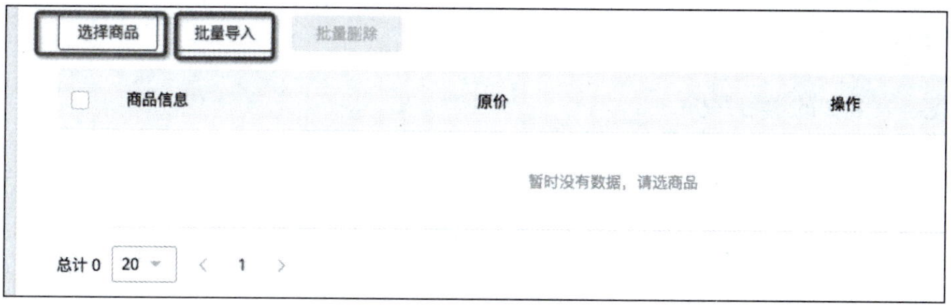

图 8-31 选择商品（1）

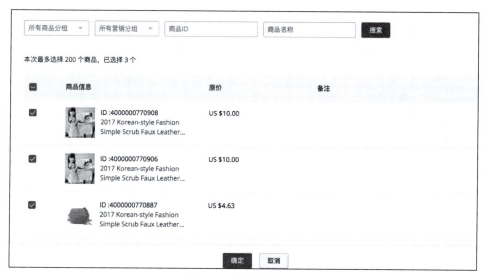

图 8-32 选择商品（2）

也可以通过 Excel 批量导入商品，Excel 一次最多可以导入 10 000 件商品。先下载模板，在模板文件中填写商品信息，然后上传文件，Excel 批量导入界面如图 8-33 所示。

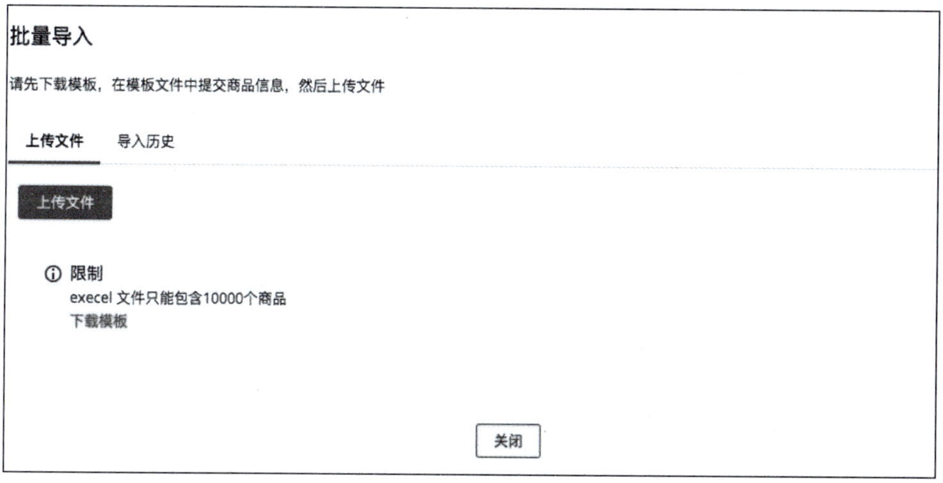

图 8-33 批量导入

步骤四：完成设置。

¤ 任务评价

请完成表 8-2 的学习评价。

表 8-2　任务学习评价表

序号	检查项目	分值	结果评估	自评分
1	是否了解速卖通营销中店铺活动类型？	20		
2	是否清楚主要店铺活动设置的特点？	20		
3	是否能够合理选择参与哪类活动？	20		
4	是否能够掌握参与主要店铺活动的操作？	30		
5	是否具备勤于动脑和踏实肯干的工匠精神？	10		
	总分	100		

💡 习题巩固

店铺活动与平台活动相比有什么区别？为自己的店铺设置一个黑五店铺促销活动。

项目 9

跨境电商数据化运营

项目导读

通过本项目的学习,学生能理解跨境电商数据化运营的概念,了解数据化运营的作用和意义,能够理解重要数据、对数据进行解读等,初步具备理解数据、进行数据化运营的能力。

任务 9.1 跨境电商数据化运营的概念

学习目标

【知识目标】
(1)熟悉数据化管理的概念。
(2)了解跨境电商数据化运营的概念。
(3)理解跨境电商数据化运营的作用和意义。

【能力目标】
根据速卖通平台的规定进行数据化运营,掌握其关键指标。

【素养目标】
(1)培养多思、勤练的学习作风。
(2)培养总结、理解和归纳能力。

任务引入

在阿里速卖通平台上设定店铺后,开始店铺运营。但是店铺运营一段时间后没有很好的客户流量,店铺点击率、交易量都不是很理想,那么当前存在什么问题呢?我们可否从后台数据看出问题呢?

任务分析

店铺开始运营后,要经常使用数据化分析工具,对店铺进行数据化管理,所以先要掌握跨境电商数据化运营的概念。

🞤 知识链接

知识点 1　跨境电商数据化运营的概念

1．数据化管理

数据化管理是指运用分析工具对客观、真实的数据进行科学分析，并将分析结果运用到生产、运营、销售等各个环节中的一种管理方法。根据管理层次可分为业务指导管理、营运分析管理、经营策略管理、战略规划管理4个由低到高的层次。根据业务逻辑还可以分为销售中的数据化管理、商品中的数据化管理、财务中的数据化管理、人事中的数据化管理、生产中的数据化管理等。

2．跨境电商数据化运营

跨境电商数据化运营是对数据化管理的具体实践，是数据在跨境电商企业经营和产品、店铺运营中的具体应用。它具体是指通过数据化的工具、技术和方法，对跨境电商运营过程中的各个环节进行科学的分析，为数据使用者提供专业、准确的行业数据解决方案，从而达到优化运营效果和效率、降低运营成本、提高效益的目的。

数据化运营的作用

知识点 2　跨境电商数据化运营的作用和意义

数据化运营的作用包括监控作用、预警作用、支持作用、找出问题症结点等。具体作用请扫描二维码查看。

跨境电商数据化运营的意义请扫描二维码查看。

数据化运营的意义

> ■ 素养提升
>
> 　　数字经济已经成为全球经济的重要组成部分，对于各国经济发展和转型升级都有着重要的作用。对外贸易是国际经济交流的重要组成部分，对于促进国际贸易的发展和经济全球化的推进具有至关重要的作用。我们将拉紧互利共赢的合作纽带，加强同各国的发展战略和合作倡议对接，深化共建"一带一路"国家服务贸易和数字贸易合作，促进各类资源要素跨境流动便利化，培育更多经济合作增长点，从业人员要学好自己的专业，在利好的大环境下贡献自己的一份力量。

🞤 工作任务实施

卖家注意到最近销售额有一定下降，为找到原因和症结点，需要进行数据分析。

（1）打开速卖通卖家中心，单击"生意参谋"按钮。

（2）单击"流量分析"按钮。

（3）看到店铺访客数下降，如图9-1所示。

1）判断渠道流量引流有一定的问题，需要改进引流方法。

2）如果浏览人数很多但购买人数较少，可以判定是营销活动的转化率低等症结。

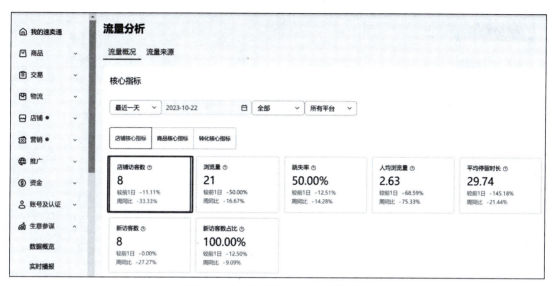

图 9-1 "生意参谋"—"流量分析"

任务评价

请完成表 9-1 的学习评价。

表 9-1 任务学习评价表

序号	检查项目	分值	结果评估	自评分
1	是否理解跨境电商数据化运营概念？	30		
2	是否理解跨境电商数据化运营的作用？	30		
3	速卖通平台数据化运营工具有哪些？	40		
	总分	100		

习题巩固

1. 什么是跨境电商数据化运营？
2. 跨境电商数据化运营的意义是什么？

任务 9.2 阿里巴巴速卖通数据化运营

作为目前最流行的跨境电商平台，速卖通的数据化运营对于对外贸易高质量发展具有重要的意义。依托数字经济的快速发展，数据化运营作为数字经济的重要组成部分，其对外贸易的促进作用越来越重要。

¤ 学习目标

【知识目标】

（1）理解阿里巴巴速卖通数据化运营。
（2）了解阿里巴巴速卖通数据化运营的范围。
（3）理解阿里巴巴速卖通数据化运营指标。

【能力目标】

能够掌握阿里巴巴速卖通数据化运营重要指标。

【素养目标】

（1）培养多思、勤练的学习作风。
（2）培养总结、理解和归纳能力。

¤ 任务引入

阿里巴巴速卖通数据化运营体系是用来解决前期流量、中期转化和后期用户黏性的一个数据分析系统。

¤ 任务分析

要进行数据化运营，需找到最核心的体系。

¤ 知识链接

知识点1　速卖通体系的运营核心

速卖通运营体系最核心的两个关注点是产品和顾客。速卖通运营体系的三个关键是通过引流增加流量、优化运营提高转化率、通过营销增加用户黏性。

知识点2　日常运营要关注的主要后台数据

店铺的后台数据包括以下几个重要指标。

1. 实时数据分析

通过实时数据分析，卖家能够了解店铺流量变化，判断商品信息优化和营销活动等调整带来的直接效果，还可以在流量集中的时段调整客服工作时间，增进客户体验，增加直通车投放时间，增加广告效果。

2. 速卖通店铺核心指标分析

店铺核心指标主要是综合评分、销量和流量转化。通常，综合评分和月销量或日销量越高越好；流量与转化率随着店铺的经营越来越好，稳步提升效果最佳。

3. 流量来源分析

流量主要由付费流量（P4P，联盟营销）、自然搜索、回头客流量（收藏夹，购物车）、站外流量（SNS营销）组成。

4. 产品数据分析

速卖通运营只需要关注前两页的产品。若单品各项数据降低，分析标题和排名情况。另外，优化产品后，注意观察曝光的变化。

5. 搜索词分析

搜索词就是产品的具体名称,也就是潜在客户实际搜索的词汇。搜索词分析要关注近段时间的热搜词和飙升词,以及它们的长尾关键词。

6. 关键词排名跟踪

在诊断中心的排名查询工具中,我们可以查看单品的关键词排名情况,从而持续测试和优化关键词,并关注该产品旁边的卖家情况。

7. 直通车数据分析

结合产品数据分析,分析直通车给到最近单品的流量是否影响转化率。另外,也要分析我们的单品流量是否精准,是否有较高性价比。

以上是日常运营必须关注的主要数据。

■ **素养提升**

国外买家可以轻松访问速卖通,使中国商家可以越过海峡,将其产品推广到世界各地,避免因为渠道不足而错失一些海外客户。而且商家能够通过速卖通展示公司及其产品,为在网上做生意提供有力支持,建立坚实的品牌知名度,同时,也能在企业及其产品上赢得更多的信任,为中国制造出海保驾护航。

☼ **工作任务实施**

为进行速卖通店铺数据化运营,我们必须找到需要关注的后台核心数据。我们要练习的是收集后台数据中的实时数据、核心指标和流量来源分析。

(1)打开速卖通主页单击"生意参谋"按钮。

(2)单击"实时播报"按钮,弹出图 9-2 所示的界面。

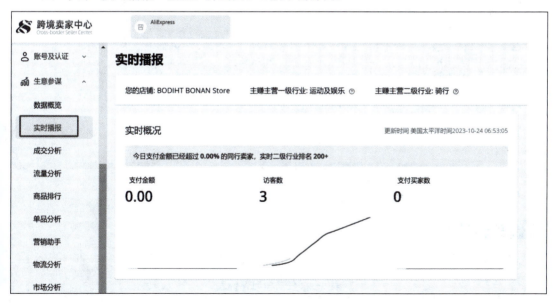

图 9-2 "生意参谋"—"实时播报"

(3)查看"实时核心指标",如图 9-3 所示。

(4)查看"流量分析"数据,确定流量来源,如图 9-4 所示。

图 9-3 "生意参谋"—"实时核心指标"

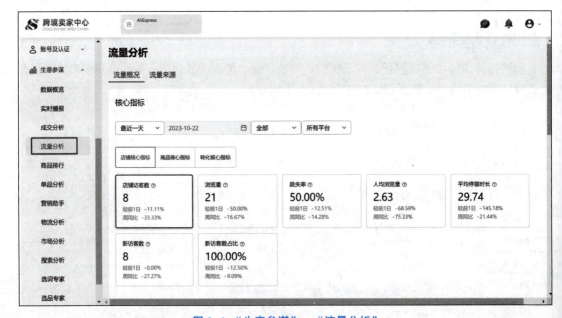

图 9-4 "生意参谋"—"流量分析"

¤ **任务评价**

请完成表 9-2 的学习评价。

表 9-2 任务学习评价表

序号	检查项目	分值	结果评估	自评分
1	是否理解速卖通运营体系的核心？	10		
2	实时数据分析主要包括哪些内容？	20		

续表

序号	检查项目	分值	结果评估	自评分
3	产品数据分析主要包括哪些内容?	20		
4	关键词排名跟踪主要包括哪些内容?	20		
5	直通车数据分析主要包括哪些内容?	30		
	总分	100		

习题巩固

任务 9.3　阿里巴巴速卖通数据化运营重要指标分析

学习目标

【知识目标】

（1）了解全球速卖通平台数据化运营的重要指标。
（2）掌握分析支付指标的方法。

【能力目标】

掌握下单和流量指标里的核心内容，能对指标数值进行分析。

【素养目标】

（1）养成认真负责的态度和严谨细致的作风。
（2）培养客观科学、认真负责的职业态度。

任务引入

根据不同界面，我们需要理解支付、下单、流量、加购收藏几个核心指标。登录速卖通平台数据化运营界面，进行逐一分析。

任务分析

对于几个核心指标，我们可以筛选一定时间段的数据，通过不同数值和曲线体现当前某个指标的运营状况，同时可以下载数据 Excel 表格进行分析。只有将它们一一分析掌握，才能对这些核心指标有全面的认识。

知识链接

知识点 1　速卖通数据化运营的重要指标 1——支付

核心指标——支付界面，如图 9-5 所示。

图 9-5　核心指标——支付

支付金额：美国时间统计时间内支付成功的订单金额，含之前下单当天支付成功的订单，若当天下单但并未支付不会计算。预售阶段付款在付清当天才计入。

特别说明：①包含平台根据买家所在地法规要求代收代缴的税费。②由于汇率问题，实时数据会与历史数据有误差。③按照创建订单的设备来区分 App 和非 App 的数据。例如，用手机创建在计算机上支付的订单，支付金额统计入 App。④如将交易页订单金额与生意参谋对比，则生意参谋【支付金额－税费＝相同统计时间内交易页订单金额加总】，当出现细微差异时，可能是不同统计时间汇率差异导致。

税费：平台根据买家所在地法规要求代收代缴的税费。

注意：①生意参谋支付金额数值中包含税费；②如将交易页订单金额与生意参谋对比，则生意参谋【支付金额－税费＝相同统计时间内交易页订单金额加总】，当出现细微差异时，可能是不同统计时间汇率差异导致。③欧盟税改详情查看：https://www.yuque.com/vincent-30iiy/gnbgw1/ydyehf#Efojc。

支付买家数：美国时间当天支付成功去重买家数。按天去重，周和月的数据按日累加。

支付转化率：支付买家数 / 访客数，即来访客户转化为支付买家的比例。特别说明：店铺的支付转化率＝店铺支付买家数 / 店铺访客数，商品的支付转化率＝商品支付买家数 / 商品访客数。与数据纵横对比数据时，注意指标的区别。

客单价：支付金额 / 支付买家数，即平均每个支付买家的支付金额。特别说明：数据纵横的买家数是 App 端与非 App 端直接累加，生意参谋的买家数是 App 和非 App 去重统计，统计逻辑不一致。生意参谋更能代表店铺真实的买家数和客单价。

知识点 2　速卖通数据化运营的重要指标 2——下单

核心指标——下单界面，如图 9-6 所示。

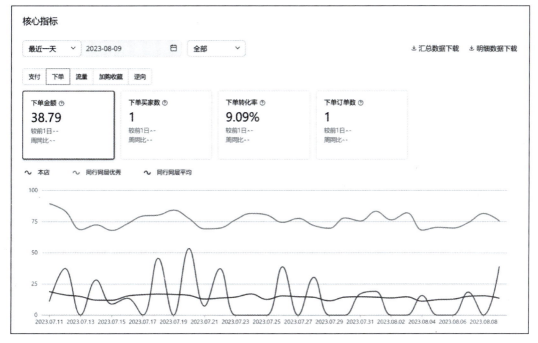

图 9-6　核心指标——下单

下单金额：统计时间内下单的订单总金额。特别说明：①包含平台根据买家所在地法规要求代收代缴的税费；②由于汇率问题，实时数据会与历史数据有误差；③按照创建订单的设备来区分 App 和非 App 的数据。

下单买家数：美国时间当天下单的去重买家数。按天去重，周和月的数据按日累加。

下单转化率：下单买家数 / 访客数。

下单订单数：统计时间内下单的主订单数。

知识点 3　速卖通数据化运营的重要指标 3——流量

核心指标——流量界面，如图 9-7 所示。

访客数：美国时间当天访问店铺页面（含商品详情页）的去重人数，一个人在统计时间范围内访问多次只计为一个。所有终端访客数为 App 端访客数和非 App 端访客数直接相加之和。按天去重，周和月的数据按日累加。请注意区分店铺访客数与商品访客数。这里是"店铺访客数"，既包含商品详情页也包含店铺其他页面，如店铺首页、店铺商品分类页、店铺活动页、品牌故事页等属于店铺的页面。店铺访客数对搜索排序的影响极小，相对来说单品的表现对搜索排序更重要。

浏览量：美国时间当天店铺所有页面被访问的次数，一个人在统计时间内访问多次计为多次，所有终端浏览量为 App 端访客数和非 App 端访客数直接相加之和。

搜索曝光量：店铺商品在网站搜索结果页面曝光次数。不含直通车的曝光次数。

UV 价值：平均每个访客的支付金额。即统计时间内，该商品的支付金额 / 该商品的访客数。

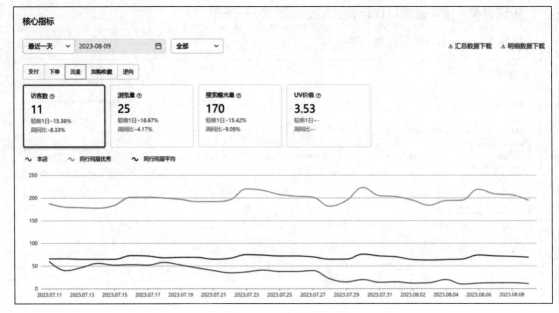

图 9-7 核心指标——流量

知识点 4 速卖通数据化运营的重要指标 4——加购收藏

核心指标——加购收藏界面，如图 9-8 所示。

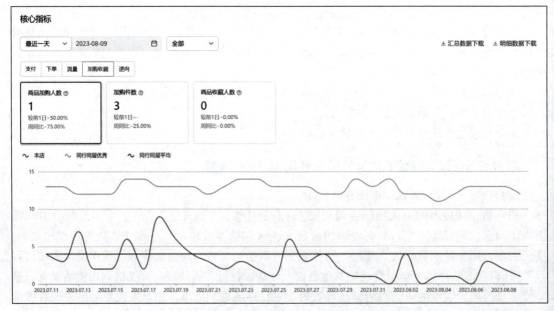

图 9-8 核心指标——加购收藏

商品加购人数：统计时间内，添加购物车成功地去重人数。按天去重，周和月的数据按天累加。

加购件数：在统计时间内被加入购物车的商品件数，如果同一款商品被加购了 2 次，或将其数量调整为 2，则件数为 2。

商品收藏人数：统计时间内，收藏商品成功的去重人数，先收藏再取消收藏，仍然统计。

知识点5　速卖通数据化运营的重要指标5——逆向指标

核心指标——逆向指标界面，如图9-9所示。

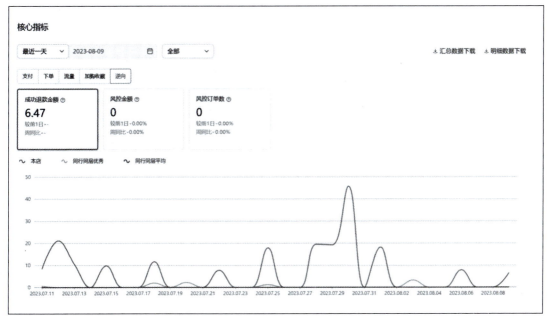

图9-9　核心指标——逆向指标

成功退款金额：统计时间内，买家成功退款的金额之和。按退款成功时间统计数据。注意：这里指的是买家"成功退款"的时间，与资金结算页的统计口径不同，资金结算页是商家放款的时间，生意参谋是买家成功退款的时间。请不要直接对比。

风控金额：因识别出风险而被关闭的订单的总金额。

风控订单数：因识别出风险而被关闭的订单的总数量。

> ■ **素养提升**
>
> 　　阿里巴巴作为中国领先的电商平台，同时，也是外贸的重要通道之一。阿里巴巴的发展壮大，对中国对外贸易具有积极意义，降低贸易企业成本，而且平台上销售低价的商品来源于全球各地，促进世界经济交流，促进了全球贸易的增长。

✿ 工作任务实施

打开速卖通数据运营界面，对于成交分析和支付界面进行研究，分析数据增长或减少的原因。

（1）打开速卖通卖家中心，单击"生意参谋"按钮，如图9-10所示。

（2）单击"成交分析"按钮，如图9-11所示。

（3）查看"支付金额"标签，分析最近一天的支付金额，如图9-12所示。

（4）查看最近30日"支付金额"，分析数据增长或减少的原因，如图9-13所示。

图 9-10　生意参谋

图 9-11　成交分析（1）

图 9-12　成交分析（2）

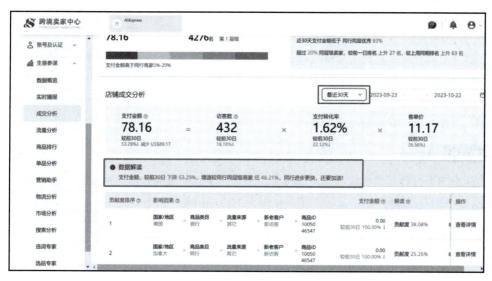

图 9-13　成交分析（3）

任务评价

请完成表 9-3 的学习评价。

表 9-3　任务学习评价表

序号	检查项目	分值	结果评估	自评分
1	能否分析店铺流量的主要来源？	25		
2	是否能够理解阿里巴巴速卖通数据化运营指标？	25		
3	什么是"访客数"指标？	25		
4	什么是产品加购人数？	25		
	总分	100		

习题巩固

1. 什么是跨境电商订单的支付转化率？
2. 如何区分店铺访客数与商品访客数？

任务 9.4　阿里巴巴国际站数据化运营

学习目标

【知识目标】

（1）理解阿里巴巴国际站数据化运营策略。

(2) 了解阿里巴巴国际站数据化运营准备工作。

【能力目标】

能够初步进行阿里巴巴国际站数据化运营。

【素养目标】

(1) 培养多思、勤练的学习作风。

(2) 培养总结、理解和归纳能力。

¤ 任务引入

实际上因为升级后的数据参谋功能过多，增加了关联使用的难度，再加上数据维度的重复，数据统计口径不一致等问题，又加大了数据参谋的使用门槛。

¤ 任务分析

由于新数据参谋的特性繁多，需要理清这些功能的特性和关系，让卖家在市场调研和店铺诊断及店铺运营中，更加轻松地开展工作。

¤ 知识链接

知识点1　阿里巴巴国际站数据化运营策略

1．确定公司定位

我们这里的定位主要讲的就是找到一个属于自己能存活发展的生态位，主要是弄清楚三个问题，第一个就是我的客户是谁——解决什么社会需求；第二个是我的产品是什么——提供什么样的解决方案；第三个就是怎么卖——为什么选的是我。这就需要公司不仅要看外部需求环境，还需要对比同行竞争者和自己公司的状况，来确定自己的生态位。这个思路同样适用于店铺的定位。

2．选择店铺类型

按照品类分：类目严肃垂直店铺；关联类目一站式店铺；品牌展示型店铺；杂货型店铺。

按照赛道分：OME赛道；RTS赛道（小单快定／一件代发／DDP品）。

3．选择产品类型

引流款——爆品热品，主要用于吸引流量，快速累积数据和客户。

利润款——定制化产品，销售于客户池中某一特定的小众人群。

活动款——库存品、体验品，不仅可以引流，也可以当作给老客户的优惠福利。

形象款——秀实力的产品，高品质、高调性、高客单价的极小众产品，展示目的多于销售。

持续更新——公司需要持续更新产品库，迭代老款，推出新款。

4．确定运营目的

数据化运营的目的是获得合理稳定的利润。优秀的运营要做的不只是引流转化，而是如何更加高效地引流转化。

5．完整运营思路

新店铺可以按照以下思路开展：开设店铺→市场调研→发布产品→推广产品→诊断店铺→优化链路→拓展机会；对于老店铺，因为有数据和客户沉淀，有更多的思路可以考虑。

知识点2　阿里巴巴国际站数据化运营准备工作

运营阿里巴巴国际站可以使用数据参谋进行前置性的、有深度的准备工作。一般来说，准备工作可分为以下步骤。

1. 熟悉功能

阿里数据参谋的功能与数据维度繁多，有些数据维度不同，有些数据却是重叠的，甚至有些数据的统计口径也不统一，所以，使用前需理清各个功能之间的关系。

把调研数据的过程当作是梳理信息，每个功能就像从不同起点进行梳理，不同路线既有重复的地方，又有很多交错的地方，只要任何一条路线完成，基本上整理出一条信息线，但是每个信息线又都不是很不完美，那么如何解决呢？

我们要做的就是自己规划路线。把所有功能的数据维度进行拆分，再进行重新分类，最后再选取用户最关心的维度进行重组。

2. 维度拆分

红色代表人的维度，蓝色代表货的维度，黄色代表场的维度，绿色代表内容（词）的维度，默认白色是同行的维度，如图9-14所示。

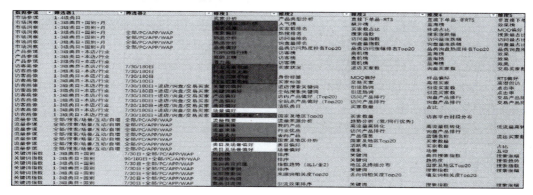

图9-14　选词维度

3. 维度分类

人：国家/地域分布、访问时段、人群标签、身份标签、买家标签、买家画像、交易偏好。

货：类目、产品。

渠道：搜索渠道、场景渠道、互动渠道、自增渠道。

内容：关键词、竞品信息。

需要注意的一个点就是统计口径的问题，如市场参谋可以调研1到4级类目的数据，但是其他功能只能调研1到3级的类目数据；市场洞察和关键词指数可以有国别数据的区分，但是其他功能没有；诸如此类的问题。

> **■ 素养提升**
>
> 阿里巴巴与许多国际企业建立了合作伙伴关系，共同推广跨境电商贸易发展，为全球的跨境电商提供更加便利的服务。阿里巴巴通过其在线市场、跨境电商平台（如阿里巴巴国际站和天猫国际）和支付服务（如支付宝）为中国和"一带一路"沿线国家的企业提供数字贸易平台。这有助于企业扩大其国际市场份额，促进跨境贸易。支付宝为企业和个人提供金融服务，其数字支付工具在"一带一路"国家也得到广泛接受。这有助于简化跨境交易，提高支付的便捷性，助力中国制造走向世界。

¤ 工作任务实施

熟悉阿里巴巴国际站数据参谋功能，理清各个功能之间的关系。找到不同的数据维度，分割重叠的数据，统计口径不统一的数据，使用前需分拣数据。以产品为起始入口进行的产品分析操作步骤如下：

（1）产品为单类目操作如下：选择一个类目→查看详情→市场分析（人气榜，飙升榜，蓝海榜，效果榜）；上一级类目下的细分类目中的排名情况。

（2）产品：商机分析→产品榜单（人气榜，飙升榜，蓝海榜，效果榜）；当前细分类目下的产品榜单。

（3）内容核心关键词：商机分析→关键词榜单（暂未开放）；访客画像→关键词偏好；关键词指数；这边就需要用其他功能的词维度数据补充。

（4）人：买家分析→类目偏好/交易偏好/买家标签/地域分布；这边有个进店买家、询盘买家、交易买家的筛选按钮，重点看交易买家的数据，还有就是交易买家数据对比进店买家数据成交概率的大小（此百分比数据无法使用，需参考访客画像该维度数据）。

（5）交易场所：买家分析→场景偏好；重点查看交易买家的数据。

（6）同行卖家：同行卖家特征（星级分布、年均询盘数、年均实收GMV）；卖家发品量最多类目分布；产品类型分析；除这些外，还需要单独做竞品店铺调研（平台布局、产品布局、店铺数据等）。

（7）互补——商品洞察：竞争变化、买家分布、商品分类分析、价格分析、热卖商品排行、相关品类推荐、流行主题。

然后就是把其他功能互补的数据维度补充完整，就可以对产品进行初步调研了。

¤ 任务评价

请完成表9-4的学习评价。

表9-4　任务学习评价表

序号	检查项目	分值	结果评估	自评分
1	能否为数据化运营明确本身公司的定位？	25		
2	能否根据不同运营目的选择产品类型？	25		
3	能否理清阿里数据参谋的数据维度？	25		
4	从购买者维度看，要从哪些方面进行分析？	25		
	总分	100		

💡 习题巩固

1. 阿里巴巴国际站数据化运营准备工作中如何熟悉数据参谋的功能？
2. 在竞品店铺调研中我们需要关注哪些具体数据？

任务 9.5　阿里巴巴国际站数据化运营发布产品原则

学习目标

【知识目标】
(1) 了解阿里巴巴国际站数据化运营发布产品原则。
(2) 掌握如何满足最优匹配的原则。

【能力目标】
学会建立关键词词库和竞品分析表。

【素养目标】
(1) 养成认真负责的态度和严谨细致的作风。
(2) 培养客观科学、认真负责的职业态度。

任务引入

发布产品需要满足3个要求：一是符合平台规则，这个是底线；二是满足最优匹配，这个是转化率的核心；三是词品完全覆盖，这是获取流量最重要的核心。

任务分析

为满足以上三个核心要求，我们需要对符合平台规则、达成最优匹配和品类完全覆盖三个原则进行详细分析。

知识链接

知识点 1　如何使产品符合平台规则

首先需要了解平台的发品规则，重要的规则如下：
（1）规避禁限售商品：国外合法的产品，国内未必合法；像口罩这类的医疗产品，没有特定的资质，也没有办法上线产品。具体参考规则百科的禁限售商品名录。
（2）规避知识产权侵权：主要有商标侵权（关键词），外观专利侵权（图片），著作权侵权（图形），具体可以通过品牌词查询、消息盒子信息、知识产权规则解读、供货商咨询去核实规避。如果有能力和精力的，也可以通过全球各国的商标专利官网查询。
（3）排序规则：除掌握基础的排序规则外，还有就是关注搜索引擎升级带来的变化。
其实这个规则不仅适用于阿里的平台，同样也适用于其他任何电商平台。

知识点 2　如何使产品在特定渠道商满足最优匹配的原则

什么叫作满足最优匹配？用一句话来说就是在特定引流渠道上，在特定商品上使用特定的内容（文本和图片视频）去吸引特定的人群。其实就是我们前面提到的定位问题，发布的产品必须在人、货、场、内容4个维度上有最优的匹配。具体操作流程如下：
（1）建立关键词词库：前期新店只要收集好初始的类目关键词，就可以通过关键词指数衍生同义词，然后下载整理所有的类目关键词和同义词的关键词表；然后再对关键词进行分类，可以按照红海词、蓝海词、修饰词、违禁词、新品词等方式进行分类。

（2）建立竞品分析表：基本上需要把同行竞品核心的数据，像标题、关键词、图片、视频、详情、价格等参数都整理出来做发品参考。

（3）参考市场国数据：这里就需要参考市场洞察的搜索偏好和热品分析的信息，去把上面收集的信息匹配起来，发布产品。完成后基本做到了人、货、场、内容的最优匹配。

知识点3　如何确保关键词完全覆盖品类要求

第一个需要明确的概念是发布产品的数量不取决于卖家想发多少数量，而是卖家发布的产品数能否尽可能地把市场国的关键词和关键品都覆盖到。同时要尝试尽可能地发更少的产品数去覆盖尽可能多的词和品，因为橱窗资源和推广资源都是有限的，所以，推广精度越高越好。

最后我们可以通过产品质量分、产品成长分、关键词覆盖度、关键词推广评分就可以直接评估发的产品效果质量好坏。这里还是要强调下，这个发品还是需要花心思去做。

> ■ 素养提升
>
> 阿里巴巴国际站通过其推动全球贸易业务，为中国中小企业的国际化发展提供了广泛的支持和帮助，帮助中小企业拓展海外市场、优化供应链、提高营销推广能力和获得金融支持等，是中国中小企业国际化发展的重要推动力。

¤ 工作任务实施

为保证产品达到满足平台规定的要求，我们需要对阿里巴巴国际站平台的禁限售产品进行总结，在总结的基础上，整理一个禁限售产品名录。

（1）打开阿里巴巴国际站"规则辞典"—"商品合规规则"，选择"禁限售规则"，即可找到阿里巴巴国际站禁限售规则，如图9-15所示。

图9-15　阿里巴巴国际站禁限售规则

（2）根据禁止销售产品目录整理常见限售的17大类商品目录，如图9-16所示。

（3）打开国别禁止销售产品目录，整理单项禁限售产品规则。

（4）完成名单后请分组进行讨论：一般来说哪些商品会被限售？

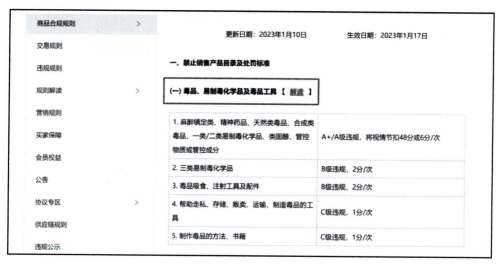

图 9-16 禁止销售产品规则

¤ 任务评价

请完成表 9-5 的学习评价。

表 9-5　任务学习评价表

序号	检查项目	分值	结果评估	自评分
1	是否了解阿里巴巴国际站数据化运营发布产品原则？	20		
2	是否了解如何使产品符合平台规则？	20		
3	是否会使产品在特定渠道商满足最优匹配？	30		
4	是否知道如何确保关键词完全覆盖品类？	30		
	总分	100		

¤ 习题巩固

1. 阿里巴巴国际站产品发布规则中如何规避禁限售商品？
2. 如何使产品在特定渠道商满足最优匹配的原则？

任务 9.6　阿里巴巴国际站数据运营产品推广

¤ 学习目标

【知识目标】

（1）了解阿里巴巴国际站数据运营产品推广的渠道。
（2）掌握商品类目选择方法。

【能力目标】

能够理解直通车引流的目的和主要类型。

【素养目标】

（1）养成认真负责的态度和严谨细致的作风。

（2）培养客观科学、认真负责的职业态度。

¤ 任务引入

推广产品就是去从哪里引流的问题。首先我们要了解阿里巴巴国际站当下的流量构成。

¤ 任务分析

目前，阿里巴巴国际站引流渠道主要可分为搜索流量（占比约30%）、场景流量（占比约60%）、互动流量、自增流量（合计占比约10%）4大流量渠道。需要按渠道进行初步分析。

¤ 知识链接

知识点1　阿里巴巴国际站流量渠道

流量渠道简介请扫描二维码查看。

阿里巴巴国际站流量渠道

知识点2　阿里巴巴国际站流量渠道的布局

在不同阶段，流量布局的重心是不同的。前期主要搜索流量，辅助场景流量和自增流量；中期加强场景流量；后期加强自增流量；最终保持3种流量均衡。

搜索流量主要是通过付费推广提升产品数据，最终达成能获取自然搜索流量的目的。

场景流量主要是通过My Alibaba—营销中心—官方活动报名，重点关注大促和直播。

自增流量主要是利用好True View引流和EDM营销。

知识点3　阿里巴巴国际站直通车广告类型

阿里巴巴直通车广告类型请扫描二维码查看。

阿里巴巴直通车广告类型

知识点4　阿里巴巴国际站直通车广告辅助工具

橱窗—营销推广工具，添加到橱窗的产品，在同等条件下享有搜索优先排名权益（无额外标志），同时，可在全球旺铺中做专题展示。

优先分配给主打产品和推广产品。国际站出口通服务包含10个橱窗（若是合作金品诚企服务，包含有40个橱窗），还可联系客户经理另行购买。

多地域投放设置：该地域投放设置为过滤逻辑，未选中的地域将不再投放；设置在账户级别生效，如果在智能推广中设置了地域溢价，建议谨慎使用本功能。未来的订单按国别成交的趋势会越来越明显，这是一个非常重要的功能，能大大提高投放的效果。

参与拓展匹配设置：扩展匹配是指基于添加的关键词进行智能扩展，当买家搜索词包含了所设置的关键词或与其相关时，即使并未设置这些词，产品也可能获得展现机会。不建议热门行业使用，适合冷门行业开启。

分时段投放设置：该设置仅对外贸直通车推广（含推荐）生效，但关键词推广除外。作用非常有限,全球投放公用美国时间标准,对同一时区推广投放有限,错峰时区投放无效。

参与智能标题设置:开启智能创意功能,即同意系统根据我们在阿里巴巴国际站提交的相关商品的标题及属性信息,结合买家行为,智能生成个性化创意展示。需确保在阿里巴巴国际站提交的商品标题及属性信息真实、合法并不侵犯第三方权利,并自行对发布的信息所引发的法律纠纷承担责任。建议开启。

参与智能图片设置:开启智能图片功能,系统会根据消费者兴趣特征,更改图片展示顺序,智能选出与消费者搜索诉求最相关的图片,有助于提升创意点击率。适合泛词泛款的品投放。

知识点 5　阿里巴巴国际站直通车广告推广效果

直通车报告现有基础报告、流量报告、定制营销报告和整合营销报告。

卖家主要用到的是基础报告和流量报告,这两种报告又各自包含搜索推广报告和推荐推广报告。

基础报告是整体推广的效果和品的效果。流量报告主要反映的是词和人的效果。得到报告后,需要结合推广目的、产品数据报告、引流关键词报告和 360 产品分析工具才能最大程度分析出有用的信息,如果不统一考虑,只进行单独分析,效果会很不理想。

新店铺的运营一定要先把推广的逻辑和思路搞清楚再去投入,才能又快又稳地达到推广的目的,否则就很容易失败,造成店铺的运营受到巨大影响。

¤ 工作任务实施

为了正确使用直通车广告,我们需要充分了解直通车广告有哪些类型。

(1)打开直通车营销中心,单击"直通车"推广计划标签,如图 9-17 所示。

图 9-17　直通车(1)

(2)查看全部推广的直通车计划,如图 9-18 所示。
(3)打开"默认关键词推广计划",如图 9-19 所示。
(4)筛选关键词,查找状态进行分析,如图 9-20 所示。

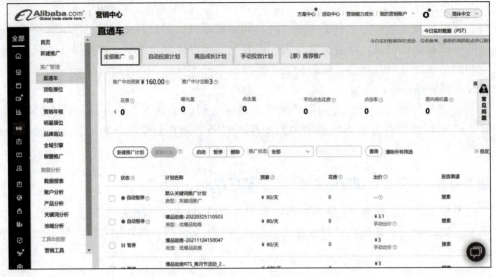

图 9-18 直通车（2）

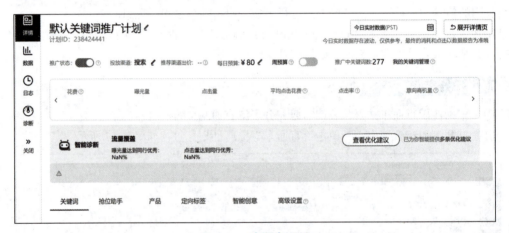

图 9-19 直通车（3）

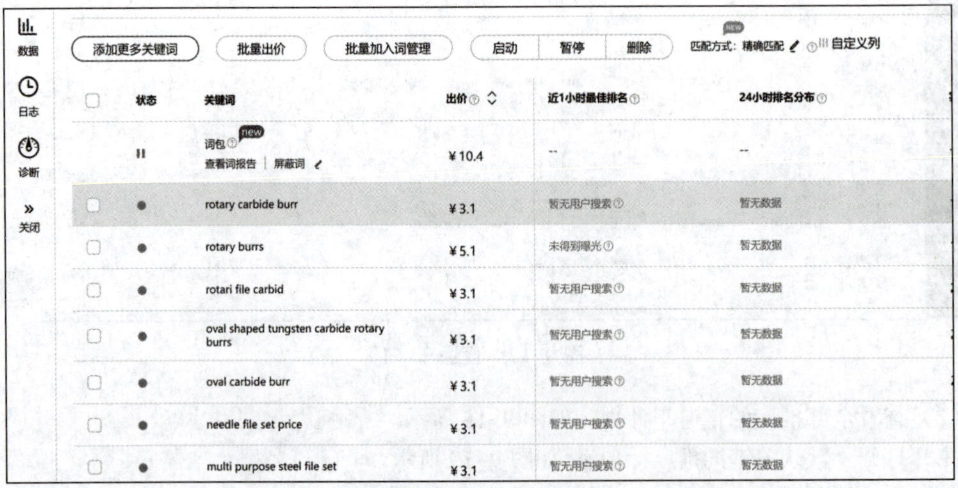

图 9-20 直通车（4）

任务评价

请完成表 9-6 的学习评价。

表 9-6　任务学习评价表

序号	检查项目	分值	结果评估	自评分
1	是否清楚阿里巴巴国际站流量渠道？	30		
2	是否了解阿里巴巴国际站直通车广告类型？	30		
3	是否熟悉阿里巴巴国际站直通车广告辅助工具？	40		
	总分	100		

习题巩固

1. 阿里巴巴国际站有哪些流量渠道？
2. 阿里巴巴国际站直通车广告类型有哪些？

项目 10

订单管理及商机获取

📢 项目导读

通过本项目的学习,学生能掌握速卖通、阿里巴巴国际站等平台在线交易体系,能够掌握定价策略并结合实际业务计算价格;掌握后台订单管理的主要基础操作;掌握信用保证订单起草、修改等操作方法。

任务 10.1 速卖通平台订单管理

¤ 学习目标

【知识目标】
(1) 理解速卖通订单管理的基本概念和流程。
(2) 掌握订单的创建、修改、取消、发货等基础操作。
(3) 理解订单管理与店铺运营的关系。

【能力目标】
(1) 能够熟练地进行订单的创建、修改、取消、发货等操作。
(2) 能够处理订单支付、物流、评价等环节的问题,保证订单的顺利完成。

【素养目标】
(1) 具备良好的团队合作精神,能够与其他部门协同工作,共同完成订单流程。
(2) 具备客户至上的服务理念,能够提供高质量的服务,提高客户满意度。
(3) 具备不断学习和创新的精神,能够不断适应新的政策和规定,提升自身的专业素养。

¤ 任务引入

小张在速卖通平台经营一家店铺,经过前期的推广和店铺的优化,产品的访客数等关键指标得到了大幅度提升,店内的订单量也不断增加,小张接下来要处理哪些任务呢?

¤ 任务分析

订单的管理对于店铺的运营和发展具有重要的意义。订单管理的内容包括订单的创建、修改、取消和发货等操作,订单管理可以实时监控订单的物流信息,提高客户满意度。同时,通过订单管理可以及时处理客户的退款、退货等问题,提供优质服务,进一步提升客户满意度。

速卖通订单管理界面

¤ 知识链接

知识点1 订单类型

1. 今日新订单

速卖通平台中的今日新订单指的是今天生成的所有新订单,包括已经付款和未付款的订单。这些订单需要卖家及时处理和确认,以确保订单的及时发货和处理。在速卖通平台上,可以通过订单管理页面查看今日新订单的信息,包括订单号、商品名称、价格、付款状态、收货地址等。卖家可以根据这些信息进行订单处理、发货、评价等操作。同时,速卖通平台也会根据订单的状态和进度进行相应的提醒与通知,以便卖家及时了解和处理订单。

2. 等待卖家付款订单

速卖通平台中的等待卖家付款订单指的是买家已经下单,但是尚未完成付款的订单。这些订单需要卖家及时提醒和催促买家完成付款,以确保订单的顺利完成。

其余订单类型

3. 发货未完成订单

在速卖通平台中,如果卖家未能完成发货,订单将进入"已超时"状态。在这种情况下,建议卖家立即联系买家并解释情况,同时,提供其他解决方案,如重新安排发货或退款等。为了保护买家的权益,平台会根据卖家在规定时间内未完成订单发货的情况进行相应处理。如果卖家在规定时间内未完成订单的发货工作,则会被认定为"发货超时",这可能会对店铺的信誉和评分造成负面影响。因此,作为卖家,应确保及时处理订单并按时发货,以避免出现任何可能的纠纷或不良后果。

知识点2 退款及纠纷解决流程

在速卖通平台中,如果买家想要退款或解决纠纷,可以按照以下流程进行操作:

第一步,买家提交纠纷原因。买家可以在卖家全部发货5天后提交退款申请,可以选择"仅退款"或"退货退款"两种方式。如果买家未收到货物或对收到的货物不满意,可以在卖家全部发货10天后申请退款。如果卖家设置的限时达时间小于5天,买家可以在卖家全部发货后立即申请退款。

视频:如何提升卖家服务等级

第二步,买家提交退款申请。买家可以在纠纷列表页面中,单击"申请"按钮进入退款申请页面,选择"仅退款"或"退货退款"并填写相关信息。退款申请提交后,纠纷即生成。

第三步,卖家响应退款申请。卖家在5天内"接受"或"拒绝"买家的退款申请,否则订单将根据买家提出的退款金额执行。如果卖家接受退款申请,可以选择"全额退款"或"部分退款"。

第四步，平台介入处理。如果买卖双方无法协商一致，可以提交至平台进行介入处理。平台会在 7 天内介入处理，根据具体情况做出相应裁决。

第五步，纠纷处理结果。平台会根据双方的证据和纠纷原因，做出相应的退款或纠纷裁决。如果买家选择"仅退款"，平台会根据退款金额和卖家承担的运费进行退款。如果买家选择"退货退款"，平台会根据退货情况、退款金额和卖家承担的运费进行退款。

总体来说，速卖通平台的退款和纠纷处理流程相对较为规范和公正，能够保障买卖双方的权益。在处理退款和纠纷时，建议买卖双方遵循平台规定，积极协商，尽早达成协议，以减少不必要的损失和纠纷。

> ■ 素养提升
>
> 速卖通平台在处理纠纷时，有时会遇到情绪较激烈的客户，这时作为卖家要始终保持耐心、礼貌和专业的态度。主动与客户沟通，提供退货和换货的服务，以及赔偿方案。这种良好的客户服务态度不仅能帮助店铺解决订单纠纷，也提高了客户满意度和忠诚度。另外，在处理订单纠纷的过程中，要始终坚守诚信守法的经营原则。对客户负责、对产品负责、对自己的店铺负责。只有具备了诚信守法经营的理念才能赢得客户的信任和支持，也有利于店铺在激烈的市场竞争中立于不败之地。

知识点 3　订单管理的重要性

在速卖通平台中，订单管理与店铺运营是密不可分的。订单管理是店铺运营的重要一环，它直接反映了店铺的销售情况、客户满意度和物流服务质量等方面。

（1）订单管理可以帮助卖家了解每个订单的详细情况，包括订单号、买家信息、商品信息、付款状态、物流信息等。这有助于卖家对订单进行跟踪和管理，及时掌握订单的状态和动态。

（2）订单管理还有助于卖家分析销售数据，了解产品的销售趋势和客户的需求偏好，以便做出更加精准的选品和营销决策。例如，通过分析订单信息，卖家可以了解到哪些产品更受欢迎，哪些颜色的销量更高，哪些价格区间更容易吸引客户等。

另外，订单管理也有助于卖家提高客户满意度和降低纠纷率。通过及时处理和跟踪订单，卖家可以确保买家能够及时收到满意的商品，从而提升客户满意度和店铺信誉度。同时，有效的订单管理也可以避免因订单处理不当而导致的纠纷和投诉，从而降低店铺的风险和损失。

（3）订单管理还与店铺的物流服务质量和成本控制密切相关。卖家需要通过订单管理掌握每个订单的物流信息，确保商品能够按时、安全地送达买家手中。同时，通过合理的订单管理和库存管理，卖家可以控制库存和物流成本，提高整体运营效率。

综上所述，订单管理与店铺运营是相互促进、密不可分的。卖家需要通过有效的订单管理，提高销售业绩、客户满意度和物流服务质量，为店铺的长期发展奠定坚实的基础。

¤ 工作任务实施

【任务描述】

小张在速卖通平台经营一家店铺，经过前期的推广和店铺的优化，产品的访客数等关键指标得到了大幅度提升，店内的订单量也不断增加，经理现在给小张一项新的任务就是对已付款的订单进行线上发货，货物采用菜鸟无忧标准物流发货。

视频：如何提高速卖通 DSR 评分

【任务实施】

（1）登录速卖通平台，输入账号密码进入卖家管理后台，单击左侧"交易"→"所有订单"按钮，进入订单看板，如图10-1所示，单击"所有订单状态"右侧的下拉选项，选择"等待您发货"，系统将自动拉选出需要发货的订单。

图10-1　订单看板界面

（2）选择要发货的订单，单击右侧"去发货"按钮，进入下一界面，选择"线上发货"选项，如图10-2、图10-3所示。

图10-2　发货界面（1）

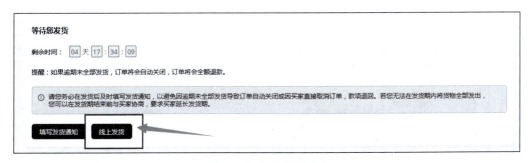

图10-3　发货界面（2）

（3）填写线上发货中的基础信息，如图10-4所示，选择"全部商品"选项，货物类型按照实际从"普货""带电"和"特货"中如实选择。

（4）填写运输信息，根据商品和目的地从已有运费模板中选择合适的运费模板，此案例中选择菜鸟无忧物流－标准，如图10-5所示，如果对已有运费模板不满意，可从卖家后台中心"物流"→"运费模板"中通过"新建运费模板"进行新增。

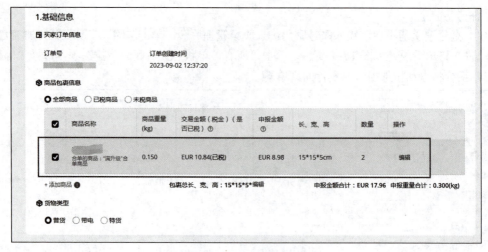

图 10-4　填写基础信息

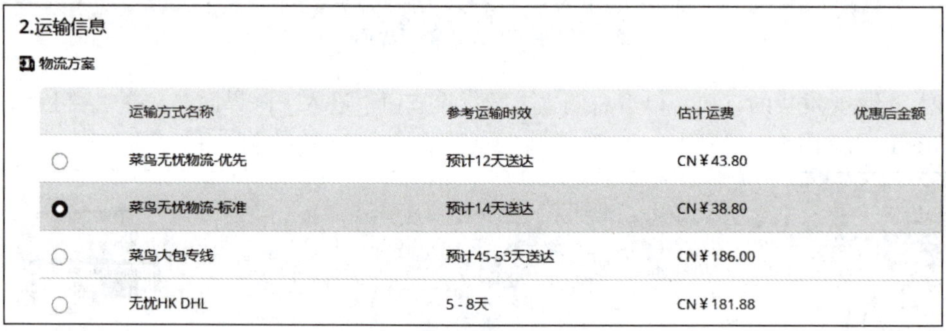

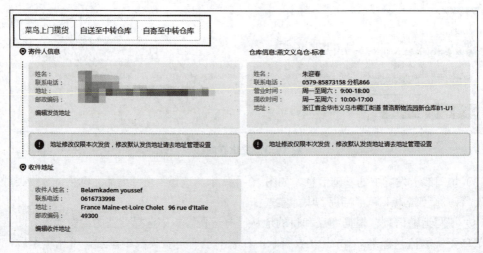

图 10-5　填写运输信息

（5）进入图 10-6、图 10-7 所示的界面，选择"菜鸟上门揽货"选项，在页面中核查寄件人和收货人的相关信息，若要修改发货地址请去地址管理进行设置，相关信息确认无误后单击"确认完成物流订单"按钮，此步骤进行完成后，系统会给出物流订单编号，此编号即为国际物流发货单号。

图 10-6　填写运输信息

项目 10　订单管理及商机获取

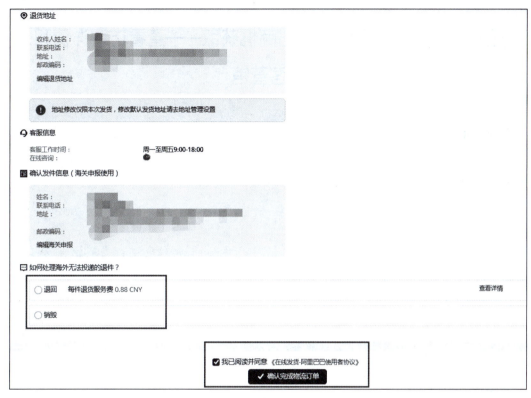

图 10-7　确认物流订单

任务评价

请完成表 10-1 的学习评价。

表 10-1　任务学习评价表

序号	检查项目	分值	结果评估	自评分
1	是否掌握速卖通订单的基础知识？	10		
2	是否能够对不同种类的订单进行相应的操作？	20		
3	是否能够独立完成线上发货的操作？	20		
4	是否能够运用所学知识灵活解决实际问题？	30		
5	是否具备自主学习的能力及团队合作的精神？	20		
	总分	100		

习题巩固

小李是一位在速卖通平台上经营服装店的店主，他遇到了一个纠纷订单。一位客户下单购买了一件价值 100 美元的衬衫，但在收到货后发现尺寸不合适，要求退货。根据速卖通平台的规定，小李需要尽快解决这个纠纷订单，否则会影响他的店铺经营和信誉。面对这个问题，小李应采取哪些措施来解决问题？

任务 10.2　阿里巴巴国际站商机获取——查看访客详情和访客营销

✿ 学习目标

【知识目标】

（1）了解访客详情涉及的各项术语。
（2）掌握访客营销及其规则。
（3）了解访客营销的操作流程。

【能力目标】

（1）能够查看访客详情。
（2）能够根据既定目标完成访客营销的操作。

【素养目标】

（1）树立正确的商业道德观念，确保商业活动的合法性和公正性。
（2）树立客户至上的服务理念，注重客户需求和反馈。
（3）培养团队合作和协作能力，促进合作共赢。

✿ 任务引入

小张的阿里巴巴国际站店铺客户数量日益增加，公司的业务经理想要在 8 月对店铺的访客进行营销，经理找到小张希望他能协助自己完成这项任务。

✿ 任务分析

要完成该项任务，小张需要能够根据标准筛选出目标营销客户，并掌握阿里巴巴国际站中访客营销的设置操作方法。

✿ 知识链接

知识点 1　访客详情

访客详情是阿里巴巴国际站客户管理中提供的一项功能，通过这一功能可以了解店铺访客来自的国家及地区、浏览次数、停留时长、全站偏好关键词、旺铺行为、网站行为等信息。自 2022 年 12 月开始，仅访问店铺或产品的买家不能直接营销，此处仅保留访客行为数据查看功能，已发起 TM 或询盘的访客，可单击右侧"去营销"按钮或至"客户管理"进行营销或沟通。

访客详情界面

1. 访客、国家及地区

"访客、国家及地区"这两列主要展现的是访客的基本信息，鼠标移到访客编号下可以为访客添加备注，同时，编号右侧给出了阿里巴巴国际站最新买家分层，单击"国家及地区"右侧箭头，可以对客户按照国家和地区进行排序。

2. 浏览次数、停留时长

"浏览次数"这一栏能够显示访客浏览商品的总次数,浏览次数越多,停留时长越久表示访客的兴趣度越高。单击"浏览次数"下面的数字,可以查看访客在店铺访问时,所浏览的商品和在每个商品页面上停留的时长,页面显示的时长则为所有商品浏览时长的总和,同样单击"浏览次数"和"停留时长"右侧的箭头,能够据此对客户按照升序或降序进行排列。

3. 全站偏好关键词

"全站偏好关键词"显示的是客户近30天内,在阿里巴巴国际站上搜索次数最多的前三个词。全站偏好关键词是了解买方需求的重要维度,可以根据访客搜索时常用的词汇对其进行分类管理。

4. 旺站行为、网站行为

旺站行为展现的是访客针对店铺产生的关键行为;网站行为展现的是访客访问当日在阿里巴巴国际站产生的关键行为,主要包括总浏览量、浏览供应商数量、发起的 TM、FRQ 数量等,通过这些数据可以分析出该访客的活跃度,从而判断其价值,以便更有针对性地开发客户。

知识点2　访客营销及其规则

访客营销是商家通过站内信息主动向访客推荐产品的营销行为,其规则如下:
(1)每天每个账号可以对20个访客申请开展营销。
(2)对已经进行过站内营销的客户,30天后才可再次对其进行营销。
(3)近4天内已被其他卖家站内营销过的买家,不可对其进行营销。
(4)被系统提示为有风险的买家、处于不可用状态的买家、非阿里平台注册的买家或中国买家,不可对其进行访客营销。

> **■ 素养提升**
>
> 跨境电商数字化运营在当今全球化的商业环境中扮演着越来越重要的角色。随着科技的进步和国家政策的支持,数字化运营已成为跨境电商发展的必然趋势。中国政府提出的"数字中国"倡议和世界贸易组织(WTO)的《电子商务议题》都强调了跨境电商数字化运营的重要性。作为跨境电商的从业者,要提升自身数字化运营和数据分析的能力,这样才能在了解市场需求和趋势的前提下提升店铺运营效率,加快订单处理、库存管理和物流配送的速度,实现采购、生产和库存的最优配置,在降低成本上取得成效。

¤ 工作任务实施

【任务描述】

小张的阿里巴巴国际站店铺访客数量日益增加,公司的业务经理想要在8月对店铺的访客进行营销,现在请你和小张一起按照对符合下列条件的客户进行访客营销。
(1)店铺近31天的访客。
(2)询盘和 TM 咨询的访客类型。
(3)营销的目标是针对访客以优惠的价格推荐店铺热销商品。

【任务实施】

(1)登录阿里巴巴国际站平台,进入卖家后台,依次单击"客户管理"→"访客详情"选项,进入访客详情页面,如图10-8所示,"统计周期"处选择"最近31天","更多访客类型"处勾选"询盘"和"TM 咨询",系统会自动筛选出符合条件的访客,然后单击右上角的"去营销"按钮。

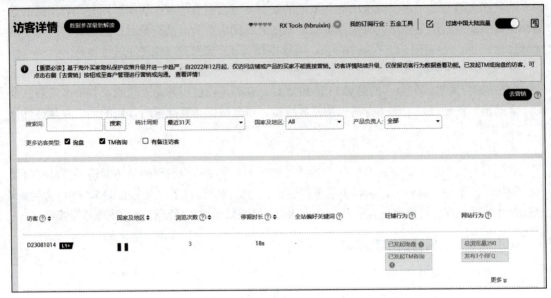

图 10-8　访客详情页面

(2)进入"客户列表"界面,如图 10-9 所示,系统会结合营销规则列出符合条件可营销的客户,在需要营销的客户前进行勾选,然后单击"站内营销"按钮。

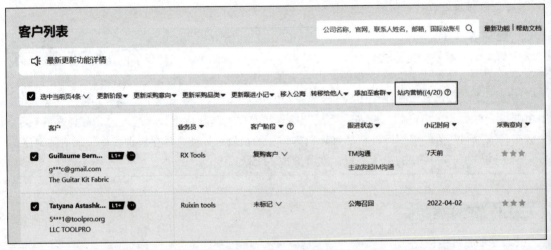

图 10-9　客户列表

(3)进入营销信息编辑界面,如图 10-10 所示,在该界面进行营销设置,"标题"处单击下拉菜单,根据营销目标选择合适的标题。"优惠券"处可利用优惠券进行营销,"推荐产品"处可添加针对该批访客推荐的产品,"信息"处填写针对该批访客进行营销的话术,编辑完成,确认无误后,单击右下角的"发送营销"按钮,就完成了访客营销的操作。

项目 10　订单管理及商机获取

图 10-10　访客营销编辑页面

任务评价

请完成表 10-2 的学习评价。

表 10-2　任务学习评价表

序号	检查项目	分值	结果评估	自评分
1	是否掌握访客营销的相关概念？	10		
2	是否掌握了访客营销的规则？	20		
3	是否能够结合访客营销页面的各类数据进行访客行为的分析？	20		
4	是否能够掌握访客营销的基本操作？	30		
5	是否具备自主学习的能力及团队合作的精神？	20		
	总分	100		

习题巩固

1. 以下哪个功能是阿里巴巴国际站访客营销的核心功能？（　　）
   A. 邮件营销　　　B. 站内推广　　　C. 询盘管理　　　D. 访客营销
2. 以下哪个因素对阿里巴巴国际站访客营销的效果影响最大？（　　）
   A. 关键词排名　　B. 推广时间　　　C. 访客来源　　　D. 营销策略
3. 在阿里巴巴国际站中，以下哪个数据指标可以评估访客营销的效果？（　　）
   A. 点击率　　　　B. ROI　　　　　C. 注册率　　　　D. 成交量

4. 在阿里巴巴国际站中，以下哪种方式可以吸引更多的潜在客户？（　　）
   A. 通过社交媒体推广　　　　　　　　B. 通过邮件发送营销邮件
   C. 通过搜索引擎优化提高关键词排名　　D. 以上都是
5. 以下哪个国家对阿里巴巴国际站的访客营销最有潜力？（　　）
   A. 美国　　　　　B. 印度　　　　　C. 日本　　　　　D. 俄罗斯

任务 10.3　询盘设置

¤ 学习目标

【知识目标】
（1）了解询盘的含义。
（2）掌握国际站中询盘智能接待的相关知识。
（3）掌握国际站中询盘咨询分配的相关知识。

【能力目标】
（1）能够进行询盘智能接待的操作。
（2）能够对询盘进行咨询分配的操作。

【素养目标】
（1）培养严谨踏实、实事求是的工作作风。
（2）培养创新思维、创新意识。
（3）培养学以致用的实践动手能力。

¤ 任务引入

小张的阿里巴巴国际站店铺访客数量日益增加，公司的业务经理主账号下已经不能很好地对众多的咨询进行服务，因此，业务经理希望小张能够使用国际站询盘提供的服务，完成询盘智能接待设置，并按照地理区域将询盘分配给不同的业务员负责处理。

¤ 任务分析

要完成该项任务，小张需要学习如何设置阿里巴巴国际站中的智能接待功能和询盘咨询分配操作。

¤ 知识链接

知识点 1　询盘

阿里巴巴国际站询盘是指国内外买家通过阿里巴巴国际站，对卖家发布的产品或公司发送信息的反馈或询价。

知识点 2　询盘智能接待

询盘智能接待是阿里巴巴国际站的一项功能，可以根据客户的询盘内容自动回复客户，提供及时的服务。

知识点 3　询盘咨询分配

阿里巴巴国际站可按"区域"和"产品"两个维度进行询盘咨询的分配。

（1）按区域分配：对应区域的买家发来的询盘给到对应区域的负责人，一个区域只能分给一个账号，没有负责人的区域对应的买家发来的询盘将给到公司联系人。

（2）按产品分配：买家针对某个产品的询盘，分配给该产品的负责人，若买家是针对公司发来的询盘，则给到公司联系人。

工作任务实施

一、询盘智能接待设置

【任务描述】

小张的阿里巴巴国际站店铺访客数量日益增加，为了更好地、及时地对访客进行服务，经理邀请小张开通询盘智能接待服务，请你和小张一起完成相应的设置。条件如下：

（1）自动接待时间为北京时间每天晚上 8：00 到第二天早上 8：30。
（2）设置欢迎语。
（3）设置常问问题。
（4）设置智能提问。

【任务实施】

（1）进入阿里巴巴店铺卖家后台，依次单击"商机沟通"→"询盘"按钮，进入"接待设置"界面，如图 10-11 所示，在界面左侧中"接待设置"下单击"智能接待设置"按钮。

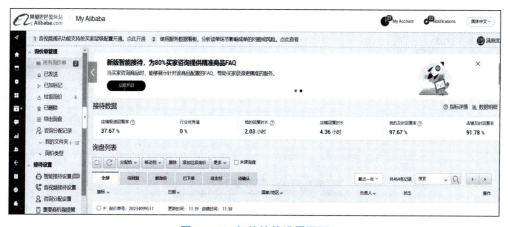

图 10-11　智能接待设置页面

（2）"开启时段"中有"不开启""全天"和"自定义时段"三种选择，如图 10-12 所示，选择"自定义时段"，在"Weekdays"和"Weekends"中对工作日和周末智能接待时间进行设置，单击"保存"按钮。

（3）设置欢迎语，如图 10-13 所示，欢迎语是自动服务的开始，这里可以介绍公司或产品，单击"添加推荐欢迎语"按钮，可以从给出的欢迎语模板中选择适合自己的欢迎语，可以根据实际情况自行编辑。

（4）设置常用问答，如图 10-14 所示，此处可以通过"添加自定义 FAQ"对价格、定制、MOQ、样品、产品、公司、物流、支付和售后等内容添加问题与对应的答案。同时，在"添加高频 FAQ 包"中给出了出现频率较高的问题及回复模板包，可以一键带入。

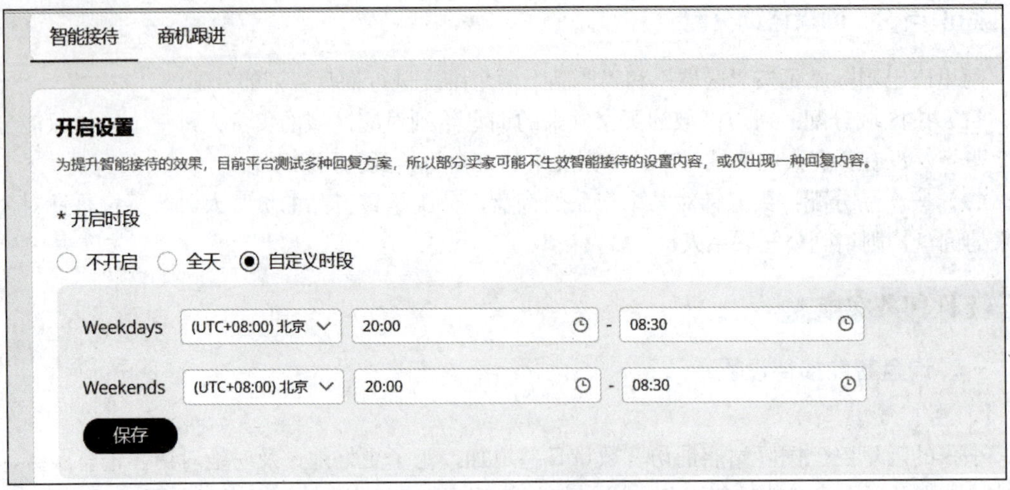

图 10-12　设置开启条件

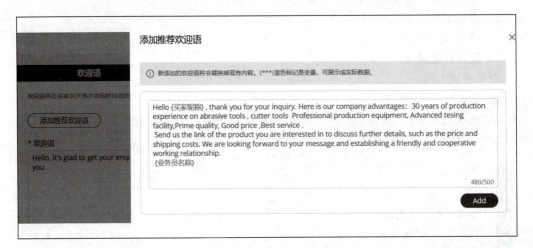

图 10-13　设置欢迎语

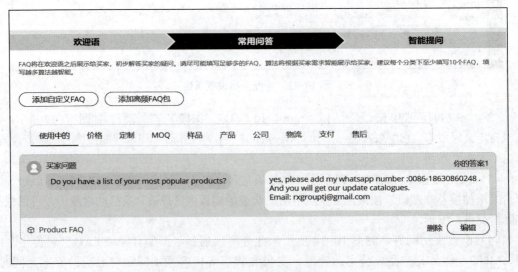

图 10-14　设置常用问答

（5）设置智能提问，如图 10-15 所示，智能提问设置完成后聊天机器人会根据商家的需求自动向买家提问，在智能提问中单击"添加自定义问题"按钮，在弹出的对话框里输入自动提问的问题，"类型"中选择"文本"或"选项"，确认无误后单击"添加"按钮，就完成了智能提问的设置。

图 10-15　设置智能提问

二、询盘分配设置

【任务描述】

小张的阿里巴巴国际站店铺访客数量日益增加，为了更好地、及时地对访客进行服务，经理要求小张按地理区域对询盘进行分配，分别分配给不同的业务员，请你和小张一起完成相应的设置。条件如下：

（1）公司默认联系人为 RX Tools。
（2）来自亚洲的询盘分配给 Nancy Zhao。
（3）来自欧洲的询盘分配给 Beryl Yang。
（4）来自北美的询盘分配给 Olivia Jiang。

【任务实施】

（1）登录阿里巴巴国际站卖家后台，依次单击"商机沟通"→"询盘"按钮，进入"接待设置"界面，如图 10-16 所示，在界面左侧中"接待设置"下单击"咨询分配设置"按钮。

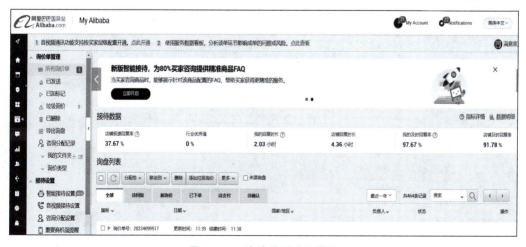

图 10-16　咨询分配进入界面

（2）进入"咨询分配设置"界面，如图10-17所示，在"接收中"的"公司默认联系人"处单击下拉选项，选择指定的人员RX Tools，勾选"抄送所有子账号询盘通知信到主账号邮箱"。在"咨询分配规则"下勾选"优先按已有的客户所属关系，分配新咨询（包含询盘和TM消息）"和"按区域分配"，系统会自动带出主账号下业务员的子账号名称。

图10-17 "咨询分配设置"界面（1）

（3）对业务员进行区域分配，如图10-18所示，从"账号名称"中找到业务员，单击业务员名称所在行右侧的"分配区域"，在下拉列表框中勾选分配给该业务员的区域，单击"确认"按钮，就完成了对某一业务员咨询区域的分配，对每个业务员重复以上操作，就能逐一给业务员分配对应的区域。

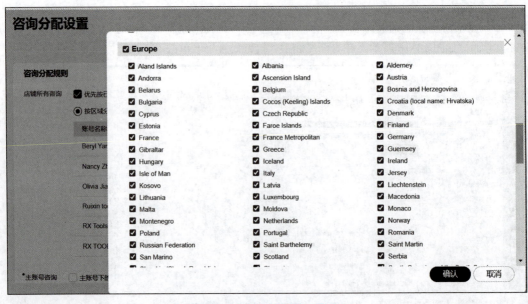

图10-18 "咨询分配设置"界面（2）

（4）主账号咨询设置，如图 10-19 所示，主账号下收到咨询在此处进行设置后可以自动轮流转给指定的业务员，具体操作方法是，勾选"主账号下咨询（包含询盘和 TM 消息）自动轮流分配给您指定的业务员（关闭配置或新增子账号会重置轮流分配）"和"允许子账号转交自己的询盘和 TM 消息给其他任意账号"，在列表中选定要指定的子账号业务员，单击业务员账号名称所在行右侧"操作"下的按钮，点亮后，"主账号询盘"中显示状态会从"不接受"变为"接收中"，最后单击页面下端"保存"按钮，就完成了咨询分配设置。

图 10-19 "咨询分配设置"界面（3）

任务评价

请完成表 10-3 的学习评价。

表 10-3　任务学习评价表

序号	检查项目	分值	结果评估	自评分
1	是否掌握询盘的写作要点？	10		
2	是否了解询盘智能接待功能？	20		
3	是否能够进行询盘智能接待的相关操作？	20		
4	是否能够掌握询盘回复的话术？	30		
5	是否具备较好的英语沟通交流能力，并能够使用工具完成询盘回复？	20		
	总分	100		

习题巩固

任务 10.4　阿里巴巴国际站订单管理——阿里国际站平台订单基础操作

¤ 学习目标

【知识目标】

（1）了解阿里巴巴国际站在线交易体系的整体情况。
（2）了解阿里巴巴国际站订单类型。
（3）了解在线交易的订单状态的种类。

【能力目标】

（1）能够查找订单。
（2）能够完成订单发货流程。

【素养目标】

（1）培养严谨踏实、实事求是的工作作风。
（2）树立开放合作的理念，尊重他国外贸规则和文化差异。
（3）培养客户至上的服务意识，提升客户满意度。

¤ 任务引入

阿里巴巴国际站某店铺的业务员 Jack 负责店铺订单管理，Jack 日常工作包括查找订单、处理订单和订单发货，请你和 Jack 一起完成这些日常操作。

¤ 任务分析

订单管理是店铺非常重要的管理工作，这一岗位的任务通常需要业务员掌握订单查找、订单授权和订单发货等任务的操作。

¤ 知识链接

知识点 1　在线交易的类型

阿里巴巴国际站中，买家看到的商品可分为两大类，第一大类是可直接下单的商品，此类商品绝大部分是 RST（Ready to Ship）；第一大类为非直接下单品，也称询盘品。

知识点 2　订单的种类

阿里巴巴国际站中订单可分为待确认、待支付、待发货、待收货、售后/退款和已完成/已关闭六种类型。

待确认订单是双方已经就订单的各个交易条件进行了沟通，是已经谈好的订单，在这类订单中，往往买方已经进行了支付，等待卖家的最终确认。

待支付订单是双方已经就订单的各个交易条件进行了沟通，且卖家已经按沟通好的交易条件拟定了订单，但买家尚未付款的订单。

知识点 3　订单的起草

在线交易订单可以由买家起草，也可以由卖家起草。起草端包括无线端和 PC 端。订单的起草类型可以是新起草的订单，也可以是已有订单的返单。信用保障订单适合双方初次合作的新买家，e 收汇适合有信任基础的老客户返单。

国际站物流跟踪信息一览表

知识点 4　发货规则

阿里巴巴国际站支持海运、空运、陆运和快递四种运输方式，每种运输方式支持的物流类型、发货节点和是否可查询物流跟踪信息不一样。

工作任务实施

一、查找订单并完成订单授权

【任务描述】

阿里巴巴国际站某店铺的业务员 Jack 负责店铺订单管理，其中一个订单的负责业务员生病了，Jack 要找出该订单，并将该订单授权给其他业务员负责，请和 Jack 一起完成该项任务。

【任务实施】

（1）进入订单管理页面。进入卖家管理后台，依次执行"交易管理"→"所有订单"命令，进入订单管理页面。

（2）查找订单。进入订单管理页面后，会出现所有订单的列表。如果订单比较多，可以通过筛选条件的方式来快速查找，如图 10-20 所示，通常按照"订单状态""业务员"来查询比较快捷，选择相应的筛选条件后，就可以在出现的订单列表中找到目标订单。

图 10-20　订单查找

（3）找到需要处理的订单后，在订单信息的右上角"查看订单"的左边会显示当前负责该订单的业务员，如图10-21所示，单击业务员名字旁边的下拉键，就会显示主账号下所有子账号的名称，选择新的负责子账号，会弹出分配订单确认界面，如图10-22所示，单击"OK"按钮，就完成了新的订单授权管理。

图10-21　订单授权

图10-22　订单授权确认

二、订单发货

【任务描述】

阿里巴巴国际站某店铺的业务员Jack正在处理一笔买家已完成付款的订单，请帮助Jack完成对该订单的发货任务。

【任务实施】

1. 设置运费模板

进入卖家后台，依次执行"交易管理"→"运费模板"命令，进入运费模板设置界面。

（1）填写运费模板的基础信息，包括模板名称、发货地、发货地邮编等信息。

（2）选择物流方式。在运费模板设置界面，平台给出了快递、多式联运-海运和多式联运-陆运三种运输方式，且每种方式下又有细化的分类（物流方式选择请扫描二维码查看），选择目的地并勾选物流承运商，已勾选的承运商就会出现在下面的"填写运费详情"页面。

物流方式选择

（3）填写运费详情。当勾选完承运商后，在"填写运费详情"处就会出现上一环节中勾选的承运商信息，如图10-23所示，此处需要注意对上一环节所选的承运商逐一进行设置，平台会自动带出服务类型和送达时间，需要手动设置的是"发往国家和地区""计费类型"和"运费细则"。其中，"计费类型"中如果选择"卖家包邮"，则买家下单时展示" Free Shipping"；如果选择"阿里物流价"，则还需设置"运费调整比例"，该比例设置后，买方支付运费为平台实际运费×设定的运费调整比例。

填写运费详情

快递

承运商	详情配置	发往国家和地区	计费类型	收费细则	送达时间	操作
全球重货DDP（经济） Freight via JL (Economy) 运力详情 普货 最小计费重12KG 支持DDP条款 10-9999KG 普货	服务类型 仓到门 DDP	Germany Russian Federation Finland Portugal Bulgaria 修改	卖家包邮 ∨	买家下单时展示"Free Shipping"	9-14工作天	删除
无忧 中英专线（优选） Express United Kingdom (Premium) 运力详情 英国国家化专线 普货	服务类型 仓到门 DAP	United Kingdom 修改	阿里物流价 ∨	运费调整比例 ? 120 %	5-9工作天	删除

图 10-23 "填写运费详情"页面

2. 关联产品与运费模板

在"交易管理"→"运费模板"界面中，单击商品关联运费模板，如图 10-24 所示，可以批量为产品关联运费模板，也可以为某一产品关联运费模板。

若批量为产品关联运费模板，勾选"选择全部产品"，右侧下拉菜单中选择已设置好的运费模板。如果为单一商品关联运费模板，则找到该商品后，在该行信息最后一列"归属模板"处下拉选择要关联的运费模板。

图 10-24 关联产品与运费模板

3. 填写发货批次

找到待发货订单，单击订单右侧的"去发货"按钮，进入发货批次输入界面，如图 10-25 所示，单击"选择商品"按钮，系统会自动带出该订单下交易商品的信息，勾选后，单击"提交"按钮，如图 10-26 所示。

图 10-25　发货批次填写界面

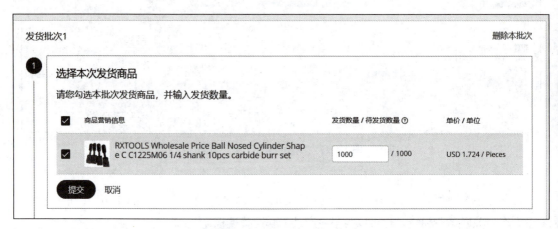

图 10-26　选择发货商品

4．提交物流信息

完成商品发货批次后，就进入提交物流信息页面，如图 10-27 所示，可以从已有的快递信息中选择物流方式，单击"确认此方案，去发货"按钮。

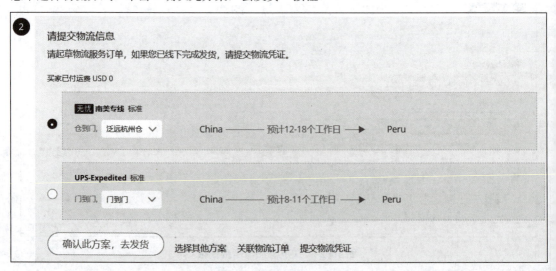

图 10-27　物流信息选择界面

若选择线下发货，可以单击该页面底端"提交物流凭证"，会弹出图 10-28 所示的页面，在页面中选择运输方式和物流承运商，并填写物流单号，上传运单后，单击"确认"按钮。

图 10-28 物流凭证填写页面

5. 起草快递服务订单

在完成物流信息选择，单击"确认此方案，去发货"按钮后，就会进入到快递服务订单起草界面，需填写"包裹与产品"中包裹的尺寸、质量、件数和商品的相关信息，如果之前有同类产品的信息，可以单击商品信息填写处的"导入"按钮，选择之前的信息带入即可。

如果货物价值超过 5 000 元，则需要选择"申报信息"中的"报关方式"，填写客户订单号，勾选"用户下单"协议后，单击"提交订单"按钮，就完成了订单发货。

快递服务订单界面

任务评价

请完成表 10-4 的学习评价。

表 10-4 任务学习评价表

序号	检查项目	分值	结果评估	自评分
1	是否了解国际站订单的类型？	10		
2	是否清楚订单处理的流程？	20		
3	是否能够查询站内各类订单的情况？	20		
4	是否能够完成订单发货流程？	30		
5	是否具备踏实肯干的工作作风和顾客至上的服务理念？	20		
	总分	100		

习题巩固

任务 10.5　阿里巴巴国际站平台信用保障订单起草

¤ 学习目标

【知识目标】

（1）了解阿里巴巴国际站在线交易体系的整体情况。

（2）了解信用保证体系的概念和机制。

（3）了解信用保障订单的操作流程。

【能力目标】

（1）能够掌握信用保障订单的起草。

（2）能够修改信用保障订单。

【素养目标】

（1）培养严谨踏实、实事求是的工作作风。

（2）培养重承守信的契约精神。

（3）培养严谨认真的工匠精神。

¤ 任务引入

小张在阿里巴巴国际站上的店铺，通过各类营销活动，店铺的曝光量、点击量不断提升，店铺中主推商品由于上乘的品质和具有竞争力的价格使询盘数不断增加，订单数量也不断增加，小张作为店铺运营专员需要对各类订单进行管理，不久前一巴西客户决定从小张的店铺里购买手工工具，双方商定采用信用保障订单的方式成交，请和小张一起起草信用保障订单。

¤ 任务分析

掌握信用保障订单起草的步骤和流程。

¤ 知识链接

知识点1　信用保障服务的概念

信用保障服务是阿里巴巴为商家提供的第三方交易担保服务，由阿里巴巴根据供应商真实贸易数据，为使用者评估信用保障额度，帮助买卖双方解决信任问题，为买卖双方提供贸易安全保障服务。

> ■ 素养提升
>
> 　　近年来，中国提出了"一带一路"倡议和"数字中国"倡议，作为中国主要电商平台之一的阿里巴巴国际站积极响应。2021年6—7月，哈贸易和一体化部已完成第三批阿里巴巴国际站贸易平台入驻企业遴选工作，两国在跨境电商领域的合作开启了新的篇章。阿里巴巴国际站通过信用保障订单替卖家向买家提供第三方保障，同时，也向双方跨境电商贸易往来提供一种安全、可靠的交易方式。阿里巴巴国际站与哈方的合作，有助于帮助哈中小企业提升数字化能力，更好地开拓中国市场。

知识点2　信用保障服务的作用

信用保障服务的作用如下：

（1）店铺成交多采用信用保障订单，可以快速提升店铺交易的等级和交易积分，且交易等级在所搜结果页中会显示。另外，采用信用保障订单成交还有利于提升关键词的自然排名，提升曝光量，信用保障订单的评价会展示在旺铺上，好评可以吸引来更多客户下单。

（2）信用保障依托平台成熟的风险控制体系，可以为卖家提供信用倍数，担保交易安全，快速促成交易。另外，信用保障还为买卖双方提供纠纷保障，当信用保障订单出现交易纠纷时，平台提供中立、一对一的免费调解服务。

（3）信用保障订单为卖方提供美元和人民币双收汇通道，收款时效快、成本低、费用透明，同时，还为买家提供多元化的支付方式，如信用卡、T/T、西联支付等。

知识点3　信用保障服务的准入条件

开通信用保障服务需具备以下准入条件：

（1）正在使用阿里巴巴国际站"中国供应商服务"；或者完成一达通认可的企业或法定代表人身份验证。

（2）经营范围不属于货运服务类，且具有销售交易合同中约定的产品的全部合法权利。

（3）可正常通过信用保障体系相关审核，并同意一达通可依据自身独立判断决定授予、撤销及管理保障额度。

（4）卖家的公司及关联的公司（包括但不限于同一法定代表人/实际控制人名下的法人或企业）无不诚信记录。

（5）无其他潜在风险。

知识点4　信用保障服务的流程

信用保障服务流程由开通信用保障服务、起草订单、收款提现、物流发货四个环节构成。

（1）开通信用保障服务：在开通信用保障服务之前，需要注册并完成阿里巴巴国际站的入驻。进入阿里巴巴国际站的后台管理界面，在业务管理或信用保障订单板块，单击"起草信用保障订单"或通过TM客户聊天框提交申请。

（2）起草订单：在这个阶段，需要填写买家的邮箱、添加产品并确认产品信息、物流信息、预付款金额及买家名称等详细内容。值得注意的是，如果买家还没有注册，其邮箱可以是已注册或未注册的。灵活添加产品可以选择已经发布的网站产品或未发布的产品。

（3）收款提现：在提交订单后，需要将订单链接发送给买家进行确认及支付。支付方式支持T/T和visa信用卡付款等。信用卡支付可直接线上操作付款成功，而T/T付款需要买家在网银端等支付到指定的账号。款项到账后,可以在一达通资金账户进行提款。

(4)物流发货:信用保障订单通过一达通提供出口服务,支持多种出口方式,包括通关、外汇、退税(可选)等。如果每月要发多笔快递订单,可以走分送集报方式,分批发货,月底集中一次报关,节约报关费。

工作任务实施

【任务描述】

巴西某进出口有限公司从小张的阿里巴巴国际站店铺订购了一批五金工具,双方经过谈判,商定该笔交易采用信用保证订单,请以小张的身份起草一份保障订单。商定好的交易条件如下:购买1 500件迷你半圆木工锉刀,价格为0.75美元/件,FOB天津,采用汇款方式进行支付。买家信息:Dave Brice,邮箱DB19841×××@Gmail.com,采用海运方式运输,买方付全款后10个自然日内发货,该订单采用便捷发货的出口方式,请根据该业务背景,完成信用保障订单的起草。

【任务实施】

(1)进入信用保障订单起草界面。进入店铺后台,执行"交易管理"→"起草信用保障订单"命令。

(2)进行交易设置,如图10-29所示,结算方式和交易币种按实际业务填写。

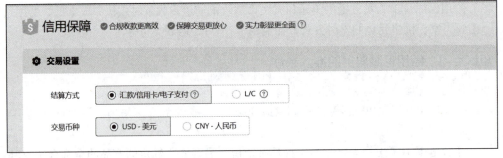

图10-29　交易设置

(3)填写买家信息,如图10-30所示,买家信息中的邮箱必须是海外买家邮箱。填写收货地址时,单击"添加地址"按钮,会弹出地址信息对话框,如图10-31所示,订单起草后,买家信息无法修改。

(4)填写产品信息。在填写产品信息时,如图10-32所示,"添加产品"和"添加合同"可根据实际情况任选其一。添加产品时,可单击"单价自动带入"按钮,系统会自动带入产品管理中设置的对应单价,同时,也支持手动修改价格。

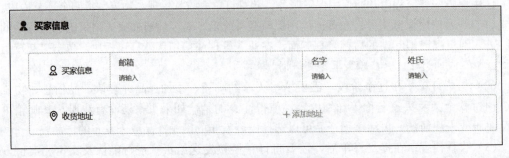

图10-30　买家信息填写页面

图 10-31　地址编辑界面

图 10-32　产品信息填写页面

若选择"添加合同",需在"产品名称"处填写合同附件中的英文产品名称,多个产品要用逗号隔开,合同附件最多可上传 5 个附件,每个附件最大 5 MB,支持的上传格式包括 docx、doc、xlsx、xls、pdf,同时,平台中也给出了表格和文档两种合同模板。

(5)填写运输信息。在运输信息中,需要对"运输方式""发货日期""贸易术语"等内容进行选择,运费和物流保险费的相关信息属于选填项,具体如图 10-33 所示。

(6)选择出口方式。信用保障订单中提供"自营出口""一达通代理出口"和"便捷发货"三种出口方式,如图 10-34 所示,自营出口方式下,卖家需使用企业自身抬头报关出口;一达通代理出口方式下,对于开通一达通代理出口的企业可以选择该方式出口,但前提条件是要确保商品已通过一达通出口产品审核,一达通会收取基础服务费,按月单量阶梯折扣递减;采用便捷发货方式,需满足订单金额在 10 000 美元以内,金额在 5 000 美元以上的订单每月限 15 单。

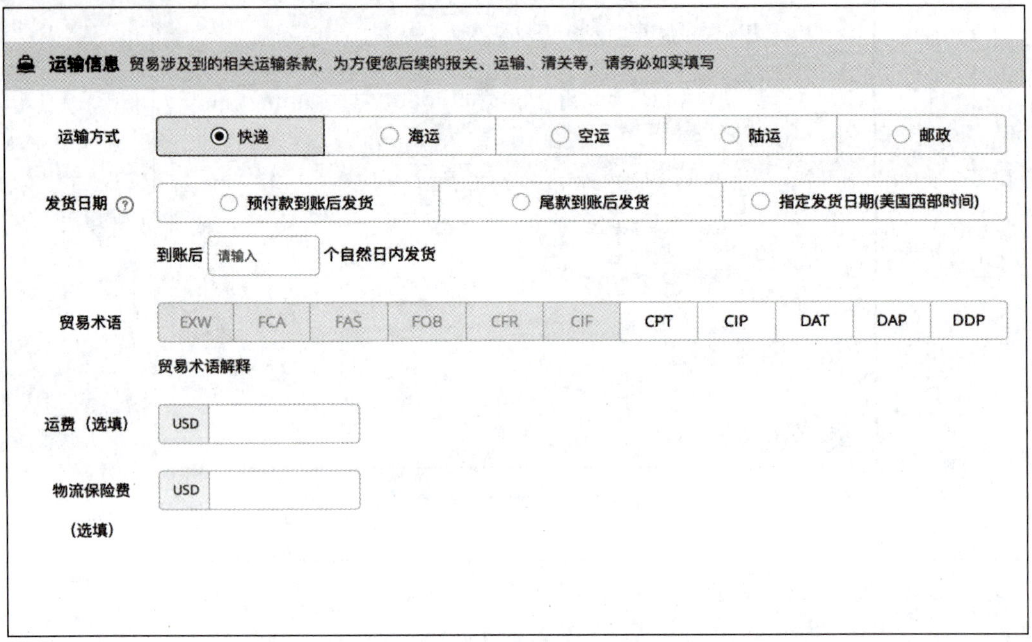

图 10-33 运输信息填写页面

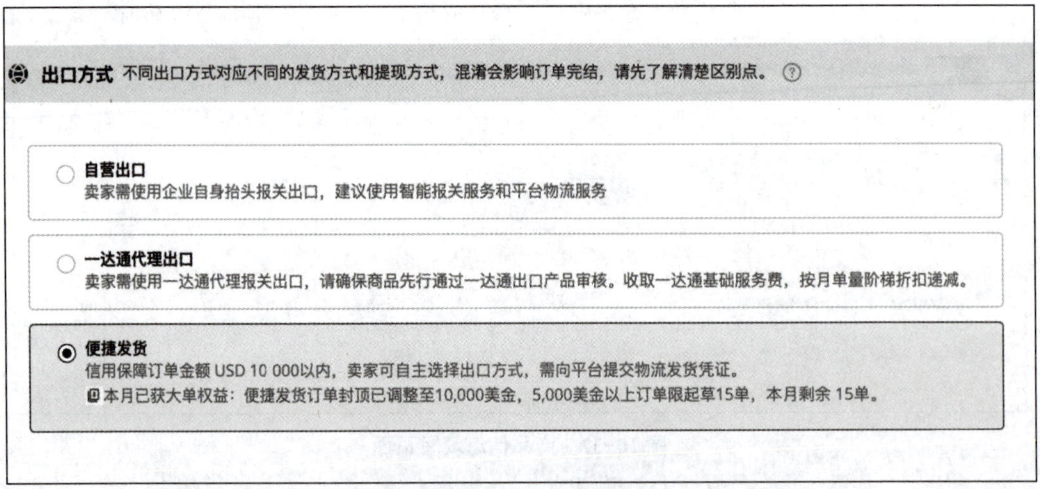

图 10-34 选择出口方式

(7)选择交易保障服务,如图 10-35 所示。

(8)填写支付条款。支付条件界面需要填写预付款金额,请扫描二维码查看,总价会根据前面添加的产品信息自动带入总金额,预付款处有预付 30%、50%、70% 和 100% 四种选择,可根据买卖双方的约定进行选择,预付款处确定后,尾款系统会自动计算结果。

(9)提交订单。在完成以上内容后,单击"提交订单"按钮,信用保障订单起草完成,请扫描二维码查看,买家付款后,就可以进入发货环节。

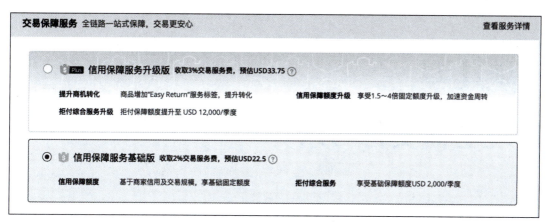

图 10-35 交易保障服务

在操作信用保障订单的过程中有一些细节需要注意,注意好这些细节,可以避免操作中出现错误,影响店铺数据,或带来订单纠纷。

　支付条款填写界面　　　　订单完成页面　　　　信保订单注意事项

任务评价

请完成表 10-5 的学习评价。

表 10-5　任务学习评价表

序号	检查项目	分值	结果评估	自评分
1	是否清楚信用保障服务的卖家准入条件?	10		
2	是否清楚信用保障服务流程?	10		
3	是否会起草信用保障订单?	50		
4	是否能够对信用保障订单进行修改?	20		
5	是否能够学以致用,能够利用信息化手段学习平台最新规则?	10		
	总分	100		

习题巩固

1. 信用保障订单在阿里巴巴国际站上有什么作用?
2. 什么是阿里巴巴国际站的信用保障订单?阿里巴巴国际站的信用保障订单有什么优势?

项目 11

跨境电商支付与结算

项目导读

通过本项目的学习,学生能够掌握跨境支付与结算的基础知识,了解传统跨境支付与结算的方式,了解速卖通、阿里巴巴国际站、亚马逊等主流跨境电商平台支持的国内外跨境电商支付与结算平台,能够完成平台店铺中货款的收付。

任务 11.1 认知跨境支付与结算

¤ 学习目标

【知识目标】
(1) 掌握跨境支付与结算的概念。
(2) 了解跨境支付与结算的特征。
(3) 了解跨境支付与结算的方式。

【能力目标】
能够根据跨境电商平台选择合适的收付款方式。

【素养目标】
(1) 培养多思、勤练的学习作风。
(2) 培养与时俱进的终身学习能力。

¤ 任务引入

现如今,跨境电商平台主要可分为 B2B 和 B2C 两种类型,要在不同的平台上进行店铺经营,顺利完成订单,需要掌握跨境支付与结算的相关知识,快速低成本的收回货款是跨境店铺运营专员需要掌握的技能之一。

¤ 任务分析

跨境电商支付与结算的方式可分为传统跨境支付与结算方式、第三方跨境电子商务支付与结算方式。近年来，第三方跨境支付与结算机构发展迅速，特别是国家外汇管理局和中国人民银行发牌以后，正在逐步打通市场渠道，从单一的基础通道服务，逐渐满足跨境贸易更多的需求。

知识链接

知识点 1　跨境支付与结算的概念

跨境支付与结算是指在国际经济活动中的当事人以一定的支付工具和支付系统，清偿因各种经济活动而产生的国际债权债务，实现资金跨国和跨地区转移的行为。

知识点 2　跨境支付与结算的特征

跨境支付与结算伴随着商品进出口而发生，它具有以下特点：
（1）跨境支付与结算产生的原因是国际经济活动而引起的债权债务关系。
（2）跨境支付与结算的主题是国际经济活动中的当事人。国际经济活动中的当事人的含义依据不同的活动而定。
（3）跨境支付与结算以一定的工具进行支付。
（4）跨境支付与结算是以一定的方式来进行的。
（5）跨境支付与结算是跨国支付与结算，收付双方处在不同的国度。
（6）由于收付双方处在不同的法律制度下，受到各自国家主权的限制。
（7）国际支付与结算必须采用收付双方都能接受的货币为支付结算货币。
（8）跨境支付与结算主要通过银行为中间人进行支付结算。
（9）由于跨境支付与结算一般采用不同于支付双方本国的货币为支付结算货币，在结算过程中要有一定的汇兑风险。

知识点 3　跨境支付与结算的方式

跨境支付与结算方式可分为传统跨境支付与结算方式、跨境电子商务支付与结算方式两大类。

1. 传统跨境支付与结算方式

（1）汇付（Remittance），又称汇款，即付款人主动通过银行或其他途径将款项汇给收款人，是最简单的支付方式。

（2）托收（Collection），是指在进出口贸易中，出口方开具以进口方为付款人的汇票，委托出口方银行通过其在进口方的分行或代理行向进口方收取货款的一种结算方式。

（3）信用证（Letter of Credit），是指由银行（开证行）依照（申请人的）要求和指示或自己主动，在符合信用证条款的条件下，凭规定单据向第三者（受益人）或其指定方进行付款的书面文件。

2. 跨境电子商务第三方支付与结算平台

跨境电商第三方支付与结算平台是指为跨境电商提供在线支付服务的平台，它们可以帮助电商企业和消费者实现跨境资金的快速、安全、便捷的流通。电商第三方支付平台有很多种，如 PayPal、Payoneer、WebMoney、支付宝、微信支付、连连支付、PingPong 等。

> **素养提升**
>
> 2023 年上半年，我国与"一带一路"沿线国家进出口贸易规模为 6.89 万亿元，同比增长 9.8%，在此背景下，人民币跨境贸易计价、结算和支付，有利于双方规避国际汇率波

动风险，降低汇兑成本。同时，人民币国际化使跨境资金流动与货物流匹配循环，便利沿线国家获得人民币投资，助力"一带一路"行稳致远。

¤ 工作任务实施

【任务描述】

小张的公司工厂货源能力非常强，在传统外贸之外，公司拟通过跨境拓展客户，因此决定在速卖通、阿里巴巴国际站和亚马逊等平台开展多平台运营，小张团队在学习整理关于跨境支付与结算的相关知识、支付方式和支付平台，并进行相关分析。请帮助小张团队了解三个平台支持的支付方式

【任务实施】

（1）了解速卖通平台支持的较常用的跨境支付方式有哪些？
（2）了解阿里巴巴国际站平台支持的较常用的跨境支付方式有哪些？
（3）了解亚马逊平台支持的较常用的跨境支付方式有哪些？
（4）选择合适的支付方式？

【任务思考】

以上常用的支付方式在进行国际支付与结算的优缺点分别是什么？

¤ 任务评价

请完成表11-1的学习评价。

表11-1 任务学习评价表

序号	检查项目	分值	结果评估	自评分
1	是否了解传统支付结算的方式？	10		
2	是否了解第三方支付与结算平台的情况？	10		
3	是否能够结合平台选择合适的支付方式？	30		
4	是否能够防范支付与结算中常见的风险？	30		
5	是否具备自主学习的能力、能否能够学以致用？是否能分享自己的学习所得？	20		
	总分	100		

习题巩固

1. 跨境电商支付与结算的基本流程是什么？
2. 跨境电商支付与结算中有哪些常用的支付方式？
3. 如果你在亚马逊平台上经营一家销售电子产品的店铺，需要使用PingPong来进行收款业务，你认为是否应该选择该方式作为支付方式？并简述理由。

任务 11.2　传统跨境支付与结算方式——国际电汇

¤ 学习目标

【知识目标】
（1）掌握国际电汇的概念。
（2）了解国际电汇的种类。
（3）掌握国际电汇的流程。

【能力目标】
具备利用国际电汇完成跨境支付的实操能力。

【素养目标】
（1）培养多思、勤练的学习作风。
（2）培养动手实践能力。

¤ 任务引入

小张在跨境电商平台中经营店铺，随着店铺销量的不断提升，老客户返单的交易金额逐渐提升，但是客户提出采用国际电汇进行结算的要求，小张还没有通过国际电汇进行收付的经验，小张开始学习国际电汇的相关知识，以便能掌握利用国际电汇完成收付款的工作之需。

¤ 任务分析

国际电汇是常见的跨境支付手段之一，小张要全面掌握国际电汇，需要了解国际电汇的含义、优势和风险，掌握国际电汇的流程，同时，还要了解各银行和商业机构推出的国际电汇新业务，才能完成好利用国际电汇进行货款收付的任务。

¤ 知识链接

知识点 1　国际电汇的定义

国际电汇（Telegraphic Transfer，T/T）是指汇出行应汇款人的申请，拍发加押电报或电传给在另一国的分行或代理行，指示给付一定金额给收款人的一种汇款方式。

知识点 2　国际电汇的当事人

国际电汇的当事人通常有汇款人、汇出行、汇入行和收款人 4 个。
（1）汇款人（Remitter）是指向银行交付款项，并委托银行办理汇出汇款业务，将款项交付给收款人的个人和企业。
（2）汇出行（Remitting Bank）又称汇款行。受汇款人委托汇出款项的银行。汇出行根据汇款人出具的汇款申请书办理汇款业务，它有义务按汇款人的委托指示发出付款委托书，通过其代理银行（汇入行）解付汇款。
（3）汇入行（Paying Bank）又称解付行。受汇出行委托解付汇款的银行。汇入行按照汇出行发出的付款委托书承担向收款人解付汇款的义务。

（4）收款人（Payee）即接受汇款的人。在国际贸易中通常是卖方。收款人凭电汇或信汇通知书向汇入行领取款项。

知识点 3　国际电汇的流程

（1）汇款人填写电汇申请书交给汇出行，并向汇出行交款付费。

（2）汇出行接受申请，将电汇回执交给汇款人。

（3）汇出行根据电汇申请人的指示，用电传或 SWIFT 方式向境外代理行发出汇款委托书。

（4）汇入行收到境外用电传或 SWIFT 发来的汇款委托书，核对密押无误后将电汇通知书送达收款人。

电汇流程图

（5）收款人持通知书及其他有效证件去取款，并在收款人收据上签字。

（6）汇入行借记汇出行账户，解付汇款给收款人。

（7）汇入行将付讫借记通知书邮寄给汇出行。

需要注意的是，汇出行和汇入行之间如无直接账户关系，则还须进行头寸清算。

¤ 工作任务实施

【任务描述】

小张在跨境电商平台中经营一个店铺，店铺中主要产品是电子流量计数表。2023 年 6 月，小张收到一个购买 50 套电子流量计数表的订单。但是电子流量计数表的芯片长期从德国一家工厂采购，采购金额为 3 000 美元，小李在中国工商银行通过国际电汇的方式支付芯片货款。小张应该如何以个人名义完成这笔国际电汇的支付？

【任务实施】

（1）登录中国工商银行官网（https：//www.icbc.com.cn/icbc），单击"个人网上银行登录"按钮，如图 11-1 所示。

图 11-1　中国工商银行网上银行登录界面

（2）在登录界面中，通过密码登录或扫码登录的方式登录个人网银，如图 11-2 所示。

（3）登录后，单击"转账汇款"→"跨境汇款"按钮，并在界面中填写收款人和付款人的相关信息，信息填写完成后，单击"提交"按钮，就完成了跨境汇款，如图 11-3、图 11-4 所示。

项目 11 跨境电商支付与结算

图 11-2 个人网银登录界面

图 11-3 中国工商银行网上银行外币跨境汇款收款人信息（1）

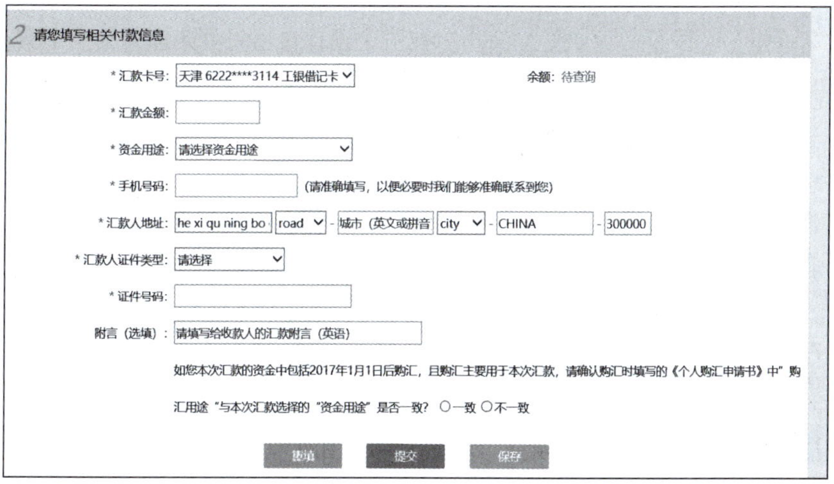

图 11-4 中国工商银行网上银行外币跨境汇款付款人信息（2）

¤ 任务评价

请完成表 11-2 的学习评价。

表 11-2　任务学习评价表

序号	检查项目	分值	结果评估	自评分
1	是否掌握国际电汇的含义和种类？	10		
2	是否能够掌握电汇的汇款流程？	20		
3	是否能够进行网上国际电汇业务操作？	20		
4	是否能够根据实际业务情况选用合适的电汇方式？	30		
5	是否具备自主学习的能力？是否能够学以致用？是否具备动手操作的能力？	20		
	总分	100		

¤ 习题巩固

任务 11.3　传统跨境支付与结算方式——网上信用证

¤ 学习目标

【知识目标】

（1）掌握网上信用证的概念。

（2）掌握网上信用证的特点。

（3）了解网上信用证的业务流程。

【能力目标】

（1）掌握网上信用证的业务流程。

（2）具备网上信用证的审核和修改的能力。

【素养目标】

（1）培养防范风险的意识。

（2）培养学以致用的动手实践能力。

¤ 任务引入

小张是上海纺织品进出口有限公司负责跨境电商平台中店铺运营的人员，由于公司在上海属于头部企业，因此常会接到国外的大订单，这类订单的买家通常倾向于采用信用证的方式进行结算，请和小张一起掌握国际信用证的结算相关知识，完成通过信用证完成出口的任务。

¤ 任务分析

国际信用证是常见的跨境支付手段之一，小张要全面掌握国际信用证，需要了解国际信用证的含义、种类，掌握国际信用证的业务流程，同时，还要了解信用证支付方式的风险与防范方法，才能完成好利用国际信用证进行货款收付的任务。

¤ 知识链接

知识点 1　信用证的定义

信用证（Letter of Credit，L/C）是指银行根据进口人（买方）的请求和指示，在符合信用证条款的条件下，凭规定单据向出口人（卖方）或其指定方进行付款的书面凭证。

知识点 2　信用证的特点

（1）信用证是一项自足文件（Self-sufficient Instrument）。信用证不依附于买卖合同，银行在审单时强调的是信用证与基础贸易相分离的书面形式上的认证。

（2）信用证方式是纯单据业务（Pure Documentary Transaction）。信用证是凭单付款，不以货物为准。只要单据相符，单证相符，开证行就应无条件付款。

（3）开证银行负首要付款责任（Primary Liabilities for Payment）。信用证是一种银行信用，它是银行的一种担保文件，开证银行对支付有首要付款的责任。

知识点 3　信用证相关当事人

不同种类的信用证涉及的当事人有所不同，常用的跟单信用证里涉及的当事人有开证申请人（Application）、开证行（Issuing bank）、受益人（Beneficiary）、通知行（Advising Bank）、议付行（Negotiating Bank）、保兑行（Confirming bank）和付款行（Paying bank）。

信用证当事人

知识点 4　信用证业务流程

信用证业务流程如下：

（1）买卖双方在合同中规定使用信用证支付货款。

（2）进口人向开证行提出开证申请，填制开证申请书，缴纳押金和手续费要求开证行开出以出口人为受益人的信用证。

（3）开证行按要求开立信用证并将信用证寄交出口人所在地的分行或代理行（通知行）。

信用证流程图

（4）通知行核对密押或印鉴无误后，将信用证转交出口人。

（5）出口人审核信用证与合同相符后，按信用证规定装运货物，并备齐各项货运单据，开具汇票在信用证有效期内一并送交当地银行（议付行）请求议付。

（6）议付行按信用证条款审核单据无误后，按汇票金额扣除利息和手续费将货款垫付给出口人。

（7）议付行将汇票和货运单据寄交开证行或其指定的付款行索偿。

(8)开证行或其指定的付款行核对单据无误后,向议付行付款。

(9)开证行在向议付行办理转账付款的同时,通知进口人付款赎单。

(10)进口人审单无误后付清货款,开证行收款后将单据交给进口人凭此向承运人提货。

> ■ 素养提升
>
> 近年来,我国也积极推动网上信用证付款的发展和安全保障。为了规范市场秩序,促进网上信用证付款的健康发展,中国出台了一系列有关网上信用证付款安全的政策和指导性文件。同时,政府还加强了与其他国家和地区的合作,共同打击跨境电信诈骗和非法交易,保障各方权益。在日前举行的首届数字贸易创新峰会上,相关部门表示,将继续推进网上信用证付款的安全保障工作,加大对违法违规行为的打击力度,加强与国际社会的合作,进一步提升网上信用证付款的安全性和可靠性。另外,中国在加强网上支付与结算安全方面也取得了显著成绩。政府通过鼓励创新、加强监管等一系列措施,推动了网上支付行业的快速发展,并不断提升其安全性和便捷性。同时,中国还积极参与国际支付结算体系的建设和改革,推动跨境支付的便利化和规范化。

✡ 工作任务实施

【任务描述】

2022年3月,上海纺织品进出口有限公司与日本ITOCHU CORPORATION公司签订了一份出口纯棉围裙的合同,同年4月,日本买方开来一份信用证,作为上海纺织品有限公司负责该笔业务的业务员小张,请您对开来的信用证进行审核,并指出需要修改的内容。

销售合同

信用证

审证基本要求详解

【任务实施】

(1)能够看懂合同中的主要条款。

(2)能够看懂信用证。

(3)掌握审证的基本要求。

①对信用证本身的审核。

②对信用证汇票条款的审核。

③对信用证单据条款的审核。

④对信用证中货物描述的审核。

⑤对信用证装运条款的审核。

⑥对信用证其他条款的审核。

(4)修改信用证的原则。

①凡需修改的各项内容应一次向对方提出,既做到节省时间,又节省费用。

②对不可撤销信用证中任何条款的修改,都必须在有关当事人一致同意后才能生效。

③对经过对方修改后的内容,若我方仍无法接受,应坚持对方改证,直至满意为止。

④对来证不符合合同的具体情况，凡可以变通处理且不是非修不可的，只要不影响安全收汇，不增加我方费用，则可不改，按信用证要求办理即可。

【任务思考】

请思考该信用证需要修改的内容，并指出应该如何修改。

任务评价

请完成表 11-3 的学习评价。

表 11-3　任务学习评价表

序号	检查项目	分值	结果评估	自评分
1	是否掌握国际信用证的种类和特点？	10		
2	是否能够掌握信用证的付款流程？	20		
3	是否能够解读信用证相关条款？	20		
4	是否能够根据合同审核信用证并修改？	30		
5	是否具备自主学习的能力？是否能够学以致用？是否具备动手操作的能力？	20		
	总分	100		

习题巩固

任务 11.4　PayPal

学习目标

【知识目标】

（1）了解 PayPal 平台。
（2）了解 PayPal 账户类型。
（3）了解 PayPal 平台的收费标准。

【能力目标】

（1）能够掌握 PayPal 支付的业务流程。
（2）能够掌握 PayPal 账户的注册与开通。

【素养目标】
（1）培养防范风险的意识。
（2）培养学以致用的动手实践能力。

¤ 任务引入

小张在跨境电商平台中运营了一个店铺，由于 PayPal 是国外广泛使用的跨境结算方式，所以小张需开通 PayPal 账户，并掌握利用 PayPal 进行收付款的操作，请和小张一起学习 PayPal 的相关知识并掌握使用 PayPal 进行收付款的操作技能。

¤ 任务分析

PayPal 是国外广泛使用的跨境支付手段之一，小张要全面掌握 PayPal，需要了解 PayPal 的特点，了解 PayPal 账户的类型，掌握 PayPal 支付的流程和支持 PayPal 支付的跨境电商平台，才能完成好利用 PayPal 进行货款收付的任务。

¤ 知识链接

知识点 1 PayPal 平台简介

PayPal 是全球著名的在线支付平台之一，以其安全便捷的电子支付服务而闻名。用户只需通过电子邮件和密码即可进行在线支付和转账，无须输入烦琐的银行账号和信用卡信息。作为一个成熟的支付平台，PayPal 已经拥有数以百万计的商家和个人用户。用户可以轻松连接自己的银行账户或信用卡，并在购买商品或服务时使用 PayPal 支付。PayPal 的出众之处在于其强大的安全性，通过先进的加密技术和严格的风险管理机制，有效保护用户的个人和财务信息免受不法分子的侵犯。同时，PayPal 还提供了一些其他便利的功能，如虚拟信用卡服务，用户可以生成一次性虚拟信用卡号码，用于网络购物，保护个人真实信用卡信息的安全。另外，PayPal 还支持多种货币交易，方便用户在全球范围内进行支付。总之，PayPal 通过简单、安全、可靠的方式为用户提供方便的在线支付解决方案，无论是购物还是转账，用户都能享受到快速和顺畅的支付体验。

■ 素养提升

2023 年 4 月 18 日，PayPal 宣布与中国电子商务巨头阿里巴巴旗下的支付宝达成合作，以推动全球支付的数字化转型。这一消息引起了广泛的关注和热议，被认为是全球支付领域的一大创新和突破。在合作中，PayPal 将为支付宝用户提供更加国际化的支付体验，其中包括支持跨境支付、全球范围内的资金管理和移动支付等功能。同时，PayPal 也将借助支付宝在中国的本土化优势，进一步拓展中国市场，提供更加符合中国消费者需求的服务。

此次合作符合中国政府近年来一直推动的数字化转型战略的要求。数字化转型不仅可以提升我国企业的效率和竞争力，还可以为中国消费者带来更加优质的购物体验和更加便捷的生活服务。

知识点 2　PayPal 平台的账户类型

PayPal 账户分个人账户和企业账户两种类型。用户可根据实际情况进行注册，个人账户可以升级为企业账户。

个人账户适合以网购为主的个人使用。买家通常无须支付手续费，但在进行跨境交易时，可能需要支付币种兑换费用。从世界各地的数百万家网店购物，符合条件的交易享受 PayPal 买家保障。

企业账户适用于以收款为主的个人商户及企业。成功收款才需支付交易费。支持用户在 200 多个市场接收 100 多种币种付款。符合条件的交易可以享受 PayPal 卖家保障。

知识点 3　PayPal 平台的优缺点

1. 优点

（1）用户广。PayPal 在全球 202 个国家和地区拥有超过 2.2 亿的用户，可实现在 24 种外币间进行交易，是全球广泛使用的支付方式之一。

（2）品牌效应强。PayPal 在欧美的普及率极高，是全球在线支付的代名词，强大的品牌优势能使网站轻松吸引境外客户。

（3）资金周转快。PayPal 有即时支付、即时到账的特点，使用户能够实时收到境外客户发送的款项，同时，最短仅需 3 天即可将账户内的款项转至境内的银行账户，能够及时高效地帮助商家开拓境外市场。

（4）安全保障体系完善。PayPal 平台拥有丰富的防欺诈经验，其资金损失率仅为 0.27%，是业界最低的风险损失率，且损失率不到传统交易方式的 1/6，能够较好地确保用户交易顺利进行。

（5）小额业务成本低。在小额收付款业务成本上 PayPal 具有明显的优势，无注册费用、无年费，手续费仅为传统收款方式的 1/2。

2. 缺点

（1）大额业务成本高，当进行大额业务时，如 1 万美元以上，那么通过 PayPal 付款的手续费会比较高。

（2）欺诈风险高，如果客户收到的东西不理想，就可以要求退款，少部分人会利用这个规则进行欺诈，卖家面临的风险损失也比较大。

（3）资金冻结。由于 PayPal 相对来说更注重保护买家的利益，因此 PayPal 支付容易出现资金冻结的情况，这就给卖家商户带来很大的不便。

（4）不易登录。由于 PayPal 的服务器在美国，在网络高峰时段，中国用户在登录 PayPal 时常会出现登录困难和网络不稳定的情况。

知识点 4　PayPal 平台的费率

PayPal 平台的费率是根据交易类型和交易金额而有所不同。以企业用户为例，根据 2023 年 PayPal 官网公布的资费情况来看，国际交易收款的手续费为成交金额的 4.4%＋固定费用。固定费用按照币种而有所不同。

PayPal 平台各币种交易手续费

知识点 5　PayPal 平台提款费率

PayPal 用户通常可以通过标准提款或提现的方式，将 PayPal 资金提出到关联银行账户。提现到银行账户可能需要进行币种兑换。图 11-5 所示为 2023 年 PayPal 官网公布的从 PayPal 企业账户提出余额的收费情况。

提款/提现到	提款/提现类型	费率
银行账户	中国大陆电汇提款/提现	35.00 USD（每笔提现）
	香港银行账户	无需费用（如果不涉及**币种兑换**） • 提现金额等于或大于1000.00 HKD（每笔提现） 3.50 HKD（如果不涉及**币种兑换**） • 提现金额等于或小于1000.00 HKD（每笔提现）
	美国银行账户	35.00 USD（每笔提现）
支票	申请支票	5.00 USD（每笔提现）

币种兑换： 如果您使用您账户中的余额计价币种以外的其他币种提取余额，您将被收取额外的**币种兑换费**。

图 11-5　从 PayPal 企业账户提出余额收费情况

¤ 工作任务实施

【任务描述】

2023 年 3 月，小李经营的店铺收到一个墨西哥客户的 800 美元的订单。客户提出希望通过 PayPal 付款，但小李没有 PayPal，请你帮助小李在 PayPal 平台上以个人身份完成注册。

【任务实施】

（1）登录 PayPal 官方网站 http：//www.paypal.com，进入 PayPal 首页，单击右上角"注册"按钮，进入注册界面后，可以根据自身情况选择开通"个人账户"或"商业账户"，如图 11-6 所示。

（2）个人账户注册时，可在左上角选择注册人所在国家，输入手机号，并单击"下一步"按钮，如图 11-7 所示。

图 11-6　PayPal 注册首页

图 11-7　PayPal 个人账户注册

（3）进入注册页面，填写邮箱、个人姓名信息，如图 11-8 所示，信息填写完成后，单击"下一步"按钮，进入信息完善界面，如图 11-9 所示，在此页面中填写出生日期、身份证号、所在省市、通信地址等信息，勾选对话框下三行信息，单击"同意并创建账户"按钮。

图 11-8　填写注册信息 　　　　　　　　图 11-9　完善注册信息

（4）关联银行，如图 11-10 所示，在此界面中填写银行卡号、选择卡片类型，填写银行卡有效期和安全代码，选择账单地址，单击"关联卡"按钮后就进入 PayPal 个人主页面，如图 11-11 所示，这样可以使用该银行卡进行购物支付或收款了。关联银行卡的步骤在注册时也可跳过，后期在个人主页中可以再次进行关联银行卡的操作。

图 11-10　关联卡操作　　　　　　　　图 11-11　PayPal 个人主页面

（5）进入个人主页面后，单击"收款"按钮，进入收款页面，如图 11-12 所示，输入收款人信息（姓名、用户名、邮箱地址和手机号均可），单击"下一步"按钮，进入金额输入收款页面，如图 11-13 所示，输入收款金额后，单击"现在就发出请求"按钮，即完成此次收款任务。

图 11-12　输入收款人信息　　　　图 11-13　输入收款金额

【任务思考】

如果款项汇出后发现收款人地址或汇款金额错误,该如何取消付款?

¤ 任务评价

请完成表 11-4 的学习评价。

表 11-4　任务学习评价表

序号	检查项目	分值	结果评估	自评分
1	是否了解 PayPal 平台特点及账户类型?	20		
2	是否了解 PayPal 的收费情况并能正确进行计算?	30		
3	是否掌握 PayPal 账户的开通操作?	30		
4	是否具备自主学习的能力?是否能够学以致用?是否具备动手操作的能力?	20		
	总分	100		

习题巩固

1. PayPal 是(　　)。
   A. 一种信用卡支付方式　　　　B. 一种国际汇款方式
   C. 一种电子商务支付解决方案　D. 一种手机支付方式
2. PayPal 的主要业务是(　　)。
   A. 提供在线支付解决方案　　　B. 提供国际汇款服务
   C. 生产信用卡　　　　　　　　D. 开发电子商务平台
3. 在中国使用 PayPal 进行支付的方法是(　　)。
   A. 需要绑定中国银行卡才能使用
   B. 可以直接使用海外 PayPal 账户进行支付
   C. 需要将 PayPal 账户转为人民币账户才能使用
   D. 需要绑定信用卡才能使用
4. PayPal 的跨境支付服务优势有(　　)。
   A. 更低的汇率损失　　　　　　B. 更快的到账速度
   C. 更低的交易费用　　　　　　D. 更广泛的支付方式选择

任务 11.5 Payoneer

¤ 学习目标

【知识目标】
（1）了解 Payoneer 平台发展历程。
（2）了解 Payoneer 平台的特点。
（3）了解 Payoneer 平台的收费标准。

【能力目标】
（1）能够掌握 Payoneer 支付的业务流程。
（2）能够掌握 Payoneer 账户的注册与开通。

【素养目标】
（1）培养防范风险的意识。
（2）培养学以致用的动手实践能力。

¤ 任务引入

小张在跨境电商平台中运营了一个店铺，由于 Payoneer 是很多跨境电商主流平台支持的跨境结算方式，所以小张需开通 Payoneer 账户，并掌握利用 Payoneer 进行收付款的操作，请和小张一起学习 Payoneer 相关知识并掌握使用 Payoneer 进行收付款的操作技能。

¤ 任务分析

Payoneer 自 2005 年成立以来，为跨境卖家提供便捷的收款解决方案，小张要全面掌握 Payoneer，需要了解 Payoneer 的特点，掌握 Payoneer 支付的流程，才能完成好利用 Payoneer 进行货款收付的任务。

¤ 知识链接

知识点 1 Payoneer 平台简介

Payoneer 总部设在美国纽约，是万事达卡组织授权的具有发卡资格的机构。为支付人群分布广而多的联盟提供简单、安全、快捷的转款服务。数千家联盟及数百万收款人的加入使 Payoneer 已成为支付行业的领先者。Payoneer 的合作伙伴涉及的领域众多并已将服务遍布到全球 210 多个国家。

> ■ 素养提升
>
> Payoneer 成功入围全球数字支付领域最顶尖的 40 家公司阵营。Payoneer 派安盈的成功入围是一次重要的里程碑。这不仅是对其经济地位的肯定，也是对其技术实力和市场影响力的认同。但同时，也必须注意到数字支付领域在全球范围内的迅速发展和引发的社会问题。在享受科技进步带来的便利的同时，我们也应该积极思考如何解决科技进步带来的新问题，实现科技与道德的平衡发展。

知识点 2　Payoneer 平台优点

（1）门槛较低，个人、公司均可线上完成开户。

（2）与多平台对接，知名度较高。目前，Payoneer 已支持 Amazon、Wish、Lazada、Shopee、CDiscount、Newegg、Tophatter、Linio、Jumia、Priceminister、Joom 等平台，另外，几乎所有在中国招商的跨境平台的收款都可以通过 Payoneer 完成。而且，不只是电商平台，包括网赚、佣金、服务费等，以及现在的外贸 B2B，都可以采用 Payoneer 来收款。

（3）Payoneer 能为外贸出口企业提供多样化的结汇服务。近年来，跨境小额高频进出口贸易发展迅速，Payoneer 能针对企业存在的离岸账户开设手续烦琐、开户时间漫长、账户风险较大等痛点，为外贸出口企业打造境外收款方案，使用 Payoneer 全球支付服务，外贸企业可以无汇损地接受来自美国、欧洲、英国、日本等多个国家的转账，另外，Payoneer 环球电汇账户功能可以接受全球 200 多个国家的企业电汇。全球支付服务和环球电汇账户功能的结合，为外贸企业提供了用一个账户收遍全球的一站式人民币结汇服务。

（4）手续费用较低，收款速度快。Payoneer 手续费采用阶梯价格的形式，费率按照账户总入账额累积阶梯计算，Payoneer 提现手续费封顶 1.2%，提现速度基本当日可以到账，如果收款金额较多，可以申请降低提现手续费，最低可达 0.2% 左右，同时，Payoneer 还支持账户间免费转账。

知识点 3　Payoneer 平台的费率

1. 开通 Payoneer 账户费用

注册 Payoneer 账户是免费的。对于新注册用户，还可享受 25 美元的奖励并直接享受入账免费，全币种 1.2% 的提现手续费。

2. 使用 Payoneer 收款费用

（1）收取来自其他 Payoneer 用户的款项：从其他 Payoneer 用户处接受美元、欧元、英镑和日元的转账，平台不收取任何费用。

（2）使用 Global Payment Service（全球支付服务）收款：使用这一服务收取美元、欧元、英镑、日元、加拿大元及澳元，Payoneer 平台不收取任何费用。

（3）从账户发起付款请求：Payoneer 平台上可以通过 Billing Service 从账户发起付款请求，对方可以通过信用卡或电子支票的方式直接进行支付，采用信用卡支付的，Payoneer 平台收取 3% 的手续费；美国客户可采用电子支票支付的，Payoneer 平台收取 1% 的手续费。

（4）从跨境电商平台收款：Payoneer 支持从 Wish、亚马逊等 3 500 多家通过 Payoneer 进行资金下发的平台收款，收款过程中银行或换汇机构可能要收取一定的费用，但是 Payoneer 本身不收取任何费用。

（5）从 Payoneer 账户提现费用：从 Payoneer 账户提现至本地银行账户，平台收取 1.2% 的手续费。

工作任务实施

一、Payoneer 账户注册流程

【任务描述】

小李在亚马逊平台经营一家店铺，随着店铺等级的不断攀升和参与平台活动，店铺的销售额逐渐增加，在不断的学习和实践中，小李跨境电商运营经验越来越丰富，小李一方面在寻找费率

更低的收款方式；另一方面打算在 Wish、Lazada 和 Shopee 平台开店，小李得知 Payoneer 收款方便，且可以提供多平台的收款服务，因此决定申请开通 Payoneer 个人账户。

【任务实施】

（1）登录 Payoneer 中国官网 https：//www.payoneer.com.cn/，如图 11-14 所示，单击右上角"注册"按钮，进入注册界面，有"跨境电商""外贸 B2B"和"其他出海商务"三种账户类型，根据小李的需求，应选择"跨境电商"。

图 11-14　Payoneer 官网

（2）进入注册界面后，如图 11-15 所示，可以选择"个人"或"公司"业务类型。

个人账户所需资料有个人身份证、个人银行账号信息、邮箱、国内电话号码。

公司账户所需资料有公司营业执照、公司银行账户信息、邮箱、国内电话号码。

注意：个人账户的邮箱和电话不要和公司账户的邮箱与电话一致，要独立分开。

在图 11-15 所示的界面填写个人信息时要注意，此处填写的电邮地址是登录 P 卡的唯一账号，以前已经注册过 P 卡的邮箱不能再来注册。完成信息填写后，单击"下一步"按钮，进入联系信息填写的界面，如图 11-16 所示。

图 11-15　注册界面　　　　　　　图 11-16　联系信息填写界面

· 233 ·

（3）在联系信息填写界面，填写相关信息，地址用拼音和英文书写都可以，但是要注意的是，地址要具体到门牌号码，没有门牌号码的，系统会自动拒绝，转入人工审核，用时会比较长。信息填写完成后，单击"下一步"按钮，进入安全信息填写界面。

（4）在图11-17所示界面填写安全信息，需要注意的是，请牢记安全问题的答案，答案填写需用拼音或英文，且区分大小写。该答案非常重要，在账户验证程序中会被问到，且在重置密码时也需要用到。填写完成后，单击"下一步"按钮，进入到银行卡信息填写页面，如图11-18所示。

图 11-17 安全信息填写界面　　　　图 11-18 银行卡信息填写界面

（5）进入图11-18所示的界面后，可填写个人账户或公司账户信息，注册时，如果最底端处"店铺URL"信息暂时没有，这一栏可先不填写，但在提现时，会要求提供店铺链接以确认资金来源。填写完成后，勾选对话框下两行信息，单击"提交"按钮，就完成了Payoneer账户的申请，进入审核处理阶段，这需要不超过3个工作日的时间，一旦获得批准，将收到一份电子邮件确认信，就可以开始使用Payoneer账户进行收付款了。

【任务思考】

如果在Payoneer中开通公司类型的账户，该如何操作，需要注意哪些事项？

二、Payoneer收款方式

【任务描述】

小张在亚马逊平台经营一家服装店铺，本周一个加拿大客人看上了小张店铺中新上架的服装，并下单购买了5件，总金额为300美元，小张已开通了Payoneer账户，请帮助小李想想该笔业务用Payoneer中的哪种收款方式向客户收款最为合适？

【任务实施】

（1）了解掌握Payoneer平台的收款方式。

（2）了解每种收款方式下平台手续费用的相关情况。

（3）根据业务情况，结合手续费用，选择合适的收款方式。

Payoneer 收费标准

任务评价

请完成表 11-5 的学习评价。

表 11-5　任务学习评价表

序号	检查项目	分值	结果评估	自评分
1	是否了解 Payoneer 平台的优缺点？	20		
2	是否了解 Payoneer 的收费情况并能正确进行计算？	30		
3	是否掌握 Payoneer 账户的开通操作？	30		
4	是否具备自主学习的能力，是否能够学以致用，是否具备动手操作的能力？	20		
	总分	100		

习题巩固

1. Payoneer 是（　　）领域的公司。
   A. 数字支付　　　　B. 电子商务　　　　C. 软件开发　　　　D. 金融服务
2. Payoneer 在数字支付领域中的主要优势是（　　）。
   A. 其服务安全性高，用户隐私得到保障
   B. 其支付服务覆盖全球，可使用国家众多
   C. 其提供的支付解决方案适合各类企业
   D. 其技术创新能力强，持续推出新的产品和服务
3. Payoneer 是（　　）公司的产品。
   A. Amazon　　　　B. Google　　　　C. PayPal　　　　D. Master card

任务 11.6　一达通

学习目标

【知识目标】

（1）了解一达通平台的概况和服务内容。
（2）了解一达通服务的模式。
（3）了解 2＋N 和 3＋N 的准入规则。

【能力目标】

（1）能够根据企业情况选择一达通中的出口类型。
（2）能够掌握一达通业务的开通流程。

【素养目标】

（1）培养防范风险的意识。
（2）培养学以致用的动手实践能力。
（3）培养终身学习观。

¤ 任务引入

小张在阿里巴巴国际站中经营一个店铺,鉴于一达通能为中小企业提供专业、低成本的通关、外汇、退税以及配套的物流和资金服务,小张想尝试利用一达通完成店铺订单的后续履约流程,请和小张一起学习一达通的相关知识,并掌握开通一达通服务的操作。

¤ 任务分析

一达通有 3+N 和 2+N 两种服务模式,掌握两种服务模式的区别和准入规则,并根据自身情况选择合适的服务模式,同时,掌握两种模式的开通流程,才能完成好利用一达通进行后续订单履约的任务。

¤ 知识链接

知识点 1 一达通平台简介

阿里巴巴一达通是阿里巴巴旗下外贸综合服务平台,也是专业服务于中小微企业的外贸综合服务行业的开拓者和领军者,已成为中国国内进出口额排名第一的外贸综合服务平台。

通过线上化操作及建立有效的信用数据系统,一达通一直致力于持续地推动传统外贸模式的革新。通过整合各项外贸服务资源和银行资源,一达通目前已成为中国国内进出口额排名第一的外贸综合服务平台,为中小企业提供专业、低成本的通关、外汇、退税及配套的物流和金融服务。

> ■ 素养提升
>
> 一位名叫李先生的买家在一达通平台上购买了一件商品,价格为 1 000 元。在支付过程中,李先生发现自己的银行账户中余额不足,无法完成支付。李先生不想错过这个购买机会,便通过一达通平台申请了延期支付,并承诺在五天后完成支付。一达通平台接受了他的申请,并为他提供了延期支付的服务。五天后,李先生如约完成了支付,并收到了一达通平台发送的支付确认。然而,在支付过程中,由于李先生的疏忽,重复支付了商品款项。李先生在一达通平台的帮助下,及时发现了这个问题,并立即联系了一达通客服。一达通客服在核实情况后,决定为李先生办理退款,并将多余的款项退回到他的银行账户中。
>
> 这个案例体现了一达通平台诚实守信的核心价值观,通过其专业的服务和严格的风险管理措施,确保买家的权益得到有效保障。一达通平台不仅为买家提供了可靠的支付解决方案,还重视维护买家的信任和忠诚度。

知识点 2 一达通服务内容

一达通服务包含基础服务和增值服务两部分。其中,基础服务由通关服务、外汇服务和退税服务组成;增值服务主要包含金融服务和物流服务。

1. 基础服务

在通关服务方面,客户可以以一达通的名义完成全国各大口岸海关的申报,可以享受一达通平台专业的操作和绿色通关通道,享受快速通关体验。

在外汇服务方面,一达通可以帮助中小外贸企业完成出口外汇国际结算业务,同时可以为客户提供外汇保值服务，并为客户提前锁定购汇或未来结汇的汇率成本，从而有效防范汇率的波动风险。

在退税服务方面，以一达通的名义帮助中小外贸企业快速办理退税，从而可以加快企业资金周转。

2. 增值服务

在金融服务方面，一达通能为客户提供的有流水贷服务、锁汇保服务、结余增值服务等。

（1）流水贷服务。一达通流水贷是由阿里巴巴联合银行共同推出，向使用阿里巴巴一达通出口基础服务的客户提供无抵押、免担保、纯信用贷款的服务。该服务通过银行风控审核，由银行直接对企业法人授信，真正实现"信用＝财富"，助力中国外贸中小企业的发展。

（2）锁汇保服务。锁汇保即远期外汇保值，一达通免费代您向银行购买远期外汇合约，锁定未来某一时间段到账外汇（固定金额、币种）的结汇汇率。锁汇保具有门槛低全免费、实时报价线上成交、直连银行优势报价的特点。

国际站物流运输方式

（3）结余增值服务。一达通结余增值服务是一种金融服务，主要针对客户的结余资金进行再利用，以实现资金的最大化利用和增加收益。结余增值服务会将客户分散的、小额的结余资金集中起来，形成较大的资金规模，通过投资低风险的投资产品，让客户的结余资金得到更好的利用，同时也可以获得额外的收益。

知识点 3 一达通服务模式

一达通主要有一达通出口综合服务和一达通代理出口服务两种服务模式。

一达通出口综合服务（简称 3＋N）是指在一达通的服务中同时使用通关、外汇、退税三项基础服务；一达通代理出口服务（简称 2＋N）是指一达通仅为出口企业提供通关和收汇服务，但需客户自行向主管税务局进行"出口退（免）税申报"的服务模式。其中，"N"是指一达通提供的增值服务。

一达通代理出口模式

工作任务实施

一、开通一达通代理出口

【任务描述】

小张是天津一家家居家具进出口有限公司跨境电商运营专员，公司为了进一步拓宽运营获客渠道，已在阿里巴巴国际站开通店铺，店铺经过 2 个月的运营，流量逐渐提升，2023 年 7 月，经过磋商谈判菲律宾买方下了一个购买折叠塑料桌的订单，小张开始着手拟订合同，经过考虑，准备采用通过一达通综合出口服务，请帮助小张开通一达通代理出口服务。

【任务实施】

（1）进入阿里巴巴国际站，登录后，进入卖家后台主页面，如图 11-19 所示，鼠标移至在页面左侧"交易管理"处，会弹出交易管理的二级菜单，单击"起草启用信用保障订单"按钮。

（2）进入到起草信用保障订单页面后，下拉至"出口方式"处，如图 11-20 所示，一达通代理出口处如果是灰色，证明尚未开通一达通，单击右侧"去开通"按钮，即进入开通一达通界面。

（3）进入到一达通开通界面后，如图 11-21 所示，左侧选择"综合出口（3N）"选项，单击"立即开通"按钮，进入综合出口服务申请的开通流程。需要注意的是，开通综合出口 3N 服务，需要企业具备 CGS 的国际站会员。

图11-19　阿里国家站卖家中心页面

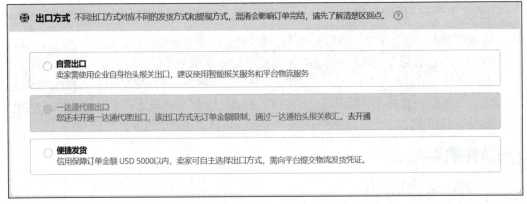

图11-20　一达通开通示意

图11-21　开通综合出口服务页面

（4）开通一达通中综合出口服务一共需要三步，依次为"客户工商信息校验""在线签约"和"实地验证"。客户工商信息校验界面，如图11-22所示，需填写公司工商登记相关信息，页面右上角处单击"查询企业信息"按钮，平台能自动带入已有信息，没有的信息需手动填写，完成后勾选"我司确认为一般纳税人企业，且认定时间满2年，且为生产型企业或工贸一体企业"和"确认我公司出口的产品不在一达通不可以出口的产品范围"，单击"提交"按钮，进入第二步"在线签约"环节。

（5）进入"在线签约"界面后，如图11-23所示，要签署"外贸综合服务协议"和"垫付退税服务协议"两份协议，单击底部"确认签署"按钮后，还需要进行电子章的申领，完成确认签署和电子章申领后，签约准入步骤完成，进入第三步"实地认证"环节。

图11-22　客户工商信息效验界面

图11-23　签约准入界面

（6）进入"实地认证"界面后，如图11-24所示，该步骤中平台会派出工作人员实地上门看厂，并上传相关资料。在等待工作人员实地认证期间，可以先进行商品认证，单击页面中蓝色字体"去完成商品审核"按钮，就会进入产品准入的界面，通过添加新产品，就能发起商品准入审核申请。完成实地认证和产品准入审核后，就成功开通了综合出口服务。

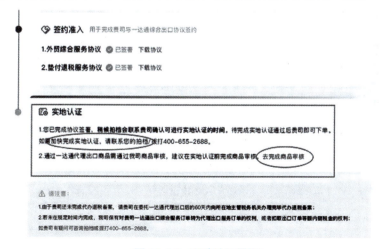

图11-24　实地认证界面

【任务思考】

如需开通一达通综合出口服务，企业需具备哪些资质？什么产品不在一达通代理出口的范围之内？

二、开通一达通代理出口模式选择

【任务描述】

小张是天津一家家居家具进出口有限公司跨境电商运营专员，公司为了进一步拓宽运营获客渠道，已在阿里巴巴国际站开通店铺，店铺经过 2 个月的运营，店铺流量逐渐提升，2023 年 7 月，经过磋商谈判菲律宾买方下了一个购买折叠塑料餐桌的订单。小张在起草信用保障订单时，想通过一达通代理的方式完成出口。公司具体情况如下：公司为生产型企业，2002 年被认定为一般纳税人，2004 年取得出口退（免）税资格认定，2022 年开通 CGS 国际站会员。请问小张在开通一达通时，该选用哪种方式呢？

【任务实施】

（1）了解一达通代理出口的类型。

（2）掌握每种类型的准入规则。

（3）网页查询每种出口类型对应的平台收费规则。

（4）根据自身企业情况选择适合的出口类型。

【任务思考】

开通一达通代理出口服务后，要完成后续出口报关手续，该如何操作？

◘ 任务评价

请完成表 11-6 的学习评价。

表 11-6　任务学习评价表

序号	检查项目	分值	结果评估	自评分
1	是否了解一达通的定位和服务种类？	20		
2	是否了解一达通两种出口类型的准入规则？	30		
3	是否掌握一达通账户的开通操作？	30		
4	是否具备自主学习的能力？能否能够学以致用？是否具备动手操作的能力？	20		
	总分	100		

💡 习题巩固

项目 12

跨境客户开发与管理

项目导读

通过本项目的学习,学生应了解跨境电商客户主要来源渠道;能根据世界各国不同的市场和产品选择适当的客户开发策略;能够灵活地综合利用各种客户开发的方法开发新客户;同时掌握跨境客户的维护与管理方法,能够针对老客户进行二次营销,提高开发跨境客户的效率。

任务 12.1 跨境客户概况分析

学习目标

【知识目标】
(1) 了解跨境客户的主要来源构成。
(2) 掌握识别潜在客户的意义与方法。
(3) 了解主要国家跨境客户的跨境网购特点、生活习惯和购买行为。

【能力目标】
能够根据不同国家客户的跨境网购特点、生活习惯和购买行为处理好该国家的客户关系。

【素养目标】
(1) 通过科学分析来得出客观结论。
(2) 尊重不同国家的文化,热爱中国文化,树立文化自信。

任务引入

新零售贸易公司已经在速卖通上开店经营,企业在绞尽脑汁地开发跨境客户,促进企业的产品销售。请据此情况了解主要国家跨境客户的跨境网购特点、生活习惯和购买行为,了解跨境客户的主要来源构成,针对世界各国不同的文化背景、不同的宗教信仰、不同的消费习惯等,采取有效的开发渠道和促销方式,以提高开发跨境客户的效率。

¤ 任务分析

客户直接关系着企业的生存和发展,是企业收益的主要来源,所以对企业而言,开发客户是非常重要的工作,必须十分重视。我们既要知道跨境客户的主要来源,更要能够利用适当的方法从众多的潜在客户中识别筛选出目标客户。

¤ 知识链接

知识点 1 跨境客户的主要来源

开发客户是指市场人员找出潜在客户的过程。潜在客户是对企业产品或服务有需求或购买欲望的个人或机构。

视频:客服服务之实用沟通技巧

众所周知,没有足够的客户资源,企业的生存与发展就无从谈起。任何市场人员都应该明白,在寻找潜在客户方面所做的努力越大,销售成绩将越好。寻找潜在客户是市场开发循环的第一步,在确定目标市场区域后,就需要找到潜在客户并同其取得联系。事实上,市场人员的大部分时间和主要精力都用在寻找潜在客户上,去发现那些有可能购买产品的潜在客户。潜在客户的主要来源如图 12-1 所示。

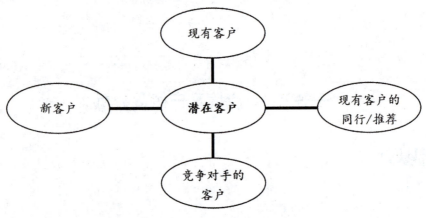

图 12-1 潜在客户的主要来源

一、现有客户

公司当前的客户是最好的潜在客户来源。在市场竞争激烈的今天,市场开发工作尤为重要,这就要求市场部门以外的其他部门也应抓住机会向客户进行销售。市场人员可以从这些部门获得客户目录清单及与这些客户有关的有价值的信息。这些目录清单可能包括一些以前被忽略掉的潜在客户,这些客户是公司的老主顾,他们对企业提供的商品或服务感兴趣。而且这些老主顾与社会各界联系多,交往面广,他们与其他公司或有合作关系,或有业务往来,通过他们的配合协助常常会带来成交的信息与希望。

二、现有客户的同行 / 现有客户的推荐

一般认为,同行是冤家,但相互没有竞争的不同区域的客户给企业的信息可能极有价值,他们都在行业内经营多年,对地区内的行业情况非常了解。市场人员应有意识地培养这样一个习惯,每次拜访客户后无论成功与否都顺便问一句"能否给我推荐一个客户",长此以往必会收到效果。

三、竞争对手的客户

据统计大约70%的市场人员不认为竞争对手的客户是其潜在客户，一般认为，客户与原厂家长期建立起的关系壁垒是很难攻破的。但竞争对手的客户也是潜在客户的重要来源之一。市场人员应首先分析本企业与竞争对手相比的优势与劣势，了解客户的需求特点，再将自身的优势与客户的需求相联系，这样也许就会找到市场机会。挖掘竞争对手的客户难度很大，需要产品定位、人际关系、产品质量等多方面的优势组合。

四、发展新客户

在国际市场竞争激烈，市场需求纷繁复杂的情况下，不能仅仅依靠固定的几个客户。应该不断地寻找新的伙伴，形成一个有潜力、有活力的客户群。

知识点 2 识别跨境电商目标客户

随着跨境电子商务的迅速发展，跨境电子商务企业的竞争也日趋激烈。任何企业要想在激烈的市场竞争中求得生存和发展，就要设法吸引消费者，使其成为自己的客户。一切以客户为中心，企业的一切活动都应满足和引导客户的需求为出发点。

识别客户是开发客户的第一步。企业应当在众多购买人群中选择属于自己的客户，而不应当以服务当下客户为己任，不能把所有的购买者都视为自己的目标客户，盲目求多求大，结果可能是失去所有的购买者。

客户识别就是通过一系列技术手段，根据大量客户的特征、购买记录等可得数据，找出谁是企业的潜在客户、客户的需求是什么、哪类客户最有价值等，并将这些客户作为企业客户关系管理的实施对象，从而为企业成功开发客户提供保障。

一、挖掘潜在客户

企业客户开发主要是指获取新客户，如果企业能够有效识别最有可能成为企业客户的潜在客户，并有针对性地对新客户的获取努力，势必能够大大节省企业的新客户获取时间成本和经济成本，这样可以杜绝新客户开发中无谓的投入，实现获客成本最低化。通过客户识别可以有效降低企业开发客户的实施成本，为企业创造竞争优势。

目前，跨境电商企业主要是通过网络寻找法来挖掘潜在客户的，思路主要分为两大类：第一类，跨境电商企业可以登录一些企业发布供求信息的网站，寻找相关有需求的客户；第二类，跨境电商企业也可以把自己的产品信息发布到网上，主动去吸引一些客户。

二、针对优质客户的二次销售

识别出重点客户之后，跨境电商企业必须将重点客户的购买力更好地掌控住。卖家可以通过站内信件、邮件等方式，对重点客户进行二次营销。二次营销的时机可以是：在每次有新品上线时，宣传新品；做特价销售，搞促销活动时；在重要节日等购买高峰期；或者针对转销型买家，其上一次转销估计已经完成，需要下一次采购的时候。在这些重要时间点，主动出击展开对于买家的二次营销，能使企业获得老买家稳定的交易量，从而更好地增加交易量。

视频：客户服务老客户二次营销

三、识别客户的具体操作

步骤一：在筛选客户前，需要考虑三个问题：一是潜在客户是否具有企业能够给予满足的需求；二是在企业满足其需求之后，这些潜在客户是否具有提供适当回报的能力；三是公司是否具有或能够培养比其他公司更能满足这些潜在客户需求的能力。

步骤二：遵循 MAN 法则，去挖掘潜在客户的支付能力、决策权力及需要，筛选出重点目标客户。MAN 法则，M（Money）是该潜在客户是否有购买资金，是否有购买力或筹措资金的能力；A（Authority）是该潜在客户，就是企业极力说服的对象是否有购买决策权，能否准确地了解真正的购买决策人是销售的关键；N（Need）是该潜在客户是否有购买需要。

步骤三：对潜在客户从紧迫性和重要性两个方面进行分类（表 12-1），企业应根据客户的不同类型，安排不同的访问频次和访问深度等。

表 12-1 潜在客户分类

根据紧迫性分类	渴望型客户	在 1 个月内能做出购买决定的潜在客户
	有望型客户	在 2 个月内能做出购买决定的潜在客户
	观望型客户	在 3 个月内能做出购买决定的客户
根据重要性分类	关键客户	最重要的是关键客户，这类客户需要市场人员投入更多的时间和精力增加访问频次，增加访问深度
	重要客户	这类客户应该安排合适的访问频次和内容
	一般客户	这类客户维持正常的访问频次与内容即可

知识点 3　主要国家跨境客户特点分析

跨境客户来自全球不同的国家和地区，不同的国家、民族和地区有其不同的文化背景和传统的风俗习惯，因而，也形成了不同的购买需求和心理、购买行为偏好。要面向不同国家客户进行营销，就要掌握各国客户的消费文化差异，只有了解不同国家的跨境客户的喜好和需求，才能有针对性地开展客户营销活动，也才能有效提高销售业绩。

一、俄罗斯

俄罗斯的电子商务发展起步晚，但发展速度快，已经成为欧洲发展最快的电子商务市场之一，并且自 2017 年以来保持了欧洲第四大电商市场的地位。2010 年以前，35% 的俄罗斯消费者喜欢把钱花在欧洲的网店，而到了 2016 年，就有 51% 的俄罗斯消费者喜欢在中国网店购物。其中，速卖通已经成为俄罗斯客户最喜欢的国外购物网站之一。

价格因素在俄罗斯人的购买决策中占有很大的比重，但其中也有一部分人更偏重有品牌的优质产品。俄罗斯人的消费并不仅仅取决于实际收入水平，同样受到生活方式的影响。因此，跨境电商卖家可以将消费者的生活方式、消费行为和消费需求联系起来。例如，俄罗斯人喜欢旅游，网购旅游服务、机票酒店的订单价值在所有网购类别中最高。其次是家具和家具用品。而且俄罗斯人热爱运动，在他们看来运动是生活的重要组成部分，所以，俄罗斯消费者会经常购买专业的运动服、运动鞋及配件。宗教信仰和习俗也影响着俄罗斯人的消费习惯。

研究报告显示，与中文网站相比，俄罗斯男性更喜欢从英文网站购买商品，而大多数女性更喜欢从中文网站购物，这种现象可能与购买的商品品类有关，女性购买的品类多为服装、饰品、儿童用品和家居用品。与此同时，男性经常集中购买电子产品和汽车配件。

俄罗斯人对于审美的偏好与中国人有很大不同。例如，俄罗斯成年女性不喜欢太过可爱的穿衣风格，她们更喜欢欧美性感风，并偏好在网店上看到欧美模特展示服装，以便判断衣服是否合身。

二、巴西

巴西电商发展非常迅速，网购习惯比较成熟，同时，网购人群也比较普及。巴西消费者在网购过程中，最看重的是价格实惠、选品丰富、打折促销及免运费。巴西消费者更喜欢二流质量三流价格的产品,巴西人对于价格低的商品更为青睐且不追求品牌。巴西消费者主要需求在服装配饰、美容保健和家具用品等。在服装风格上,更追求休闲大气、欧美风、配色夸张,但要求尺码准确,适应潮流。

在网购中,卖家店铺好评率对巴西消费者的购买决策影响很大,甚至会决定巴西消费者是否会买单,因为巴西关税和其他杂费导致巴西国内物价一直居高不下,因此巴西人更喜欢包邮产品,也喜欢参与促销活动,甚至会直接搜索折扣。

在巴西,人们都有自己的消费习惯,据巴西信用保护服务机构及国家商店联合会共同发起的一项调查数据显示,尽管商品的价格比以前更高,大部分巴西消费者不愿意更换购物地点,仅有 24% 的巴西消费者因为价格原因更换商店,在大多数巴西消费者的潜意识中,他们宁愿多花钱也不愿意更换购物地点,他们更容易形成店铺忠诚。

三、美国

美国是全球电子商务发展最早也是最快的国家之一,其应用领域和规模都领先于其他国家,在全球所有的电子交易额中,目前有 40% 发生在美国。

美国人最关心商品的质量、包装,然后才是价格。因此,产品质量的优劣是进入美国市场的关键。商品质量稍有缺陷,就只能放在商店的角落,降价处理。同时,美国人视包装和商品质量同等重要。我国宜兴紫砂壶非常著名,但因只用黄草纸包装,80 只装在一个大箱子中,内以杂纸屑或稻草衬垫,包装十分简陋,被美国客户心理定位为低端货,不仅只能在小店或地摊销售,更重要的是在美国市场上,高中低档货物差价很大,因此售价受到很大影响。因此,出口美国市场的商品包装一定要新颖、雅致、美观、大方,能够产生一种舒服惬意的效果,这样才能吸引美国买家。

美国消费者对于发货速度要求较高,希望下单后可以尽快收到自己满意理想的产品。除此之外,美国消费者对于产品的搜索更习惯使用自己的特定引擎。调查数据显示,美国消费者网购搜索产品时 44% 的人首先选择亚马逊,34% 的人选择谷歌之类的搜索引擎,21% 的人选择特定零售商的网站。

美国横跨三个时区,为了提高卖家发布商品的关注度,卖家应积极总结不同时区买家的上网采购时间,选择一个买家上网采购时间比较集中的时间段来针对性地工作。

> **素养提升**
>
> 以跨境电商为代表的跨境数字贸易助力我国外贸发展方式从"制造驱动"向"服务驱动"转型升级。跨境电商利用互联网和高科技优势,增长强劲,日益成为我国外贸稳增长的重要引擎和"外循环"的有力支撑点。
>
> 长期以来,中国和东盟经济互补性强,合作领域广,发展潜力大,双边贸易持续保持良好态势,跨境电商已然成为拉动中国—东盟发展的新引擎。
>
> 习近平总书记强调,"中国过去是、现在是、将来也永远是东盟的好邻居、好朋友、好伙伴。"
>
> 陆海相连,比邻而居。跨境电商将作为拉动中国—东盟发展的新引擎,提升贸易和投资自由化便利化水平,拓展数字经济、绿色经济等新领域合作,为构建更为紧密的中国—东盟命运共同体注入新动力。

跨境电商平台服务的客户来自全球,以速卖通为例,其平台客户以来自全球 220 多个国家和地区的外国人为主,当然也有极少数国外华人,但是这个数字可以忽略不计。世界不同国家、民族和地区有其传统的风俗与习惯，跨境卖家知道了这些后，对国际友好往来和对外经济合作是大有裨益的，所以，跨境卖家应大致了解客户所在国家的基本情况，以及不同国家买家的性格特点。

视频：纠纷避免及处理建议

年龄层——国外客户的网购年龄与国内相差不大，大多是20～40岁的中青年。但是，由于国外青少年相对独立，而且有一定经济能力，所以，他们十几岁就开始网购，这部分人群相对国内同龄人群会多一些。另外，由于国外买家网购历史较国内长，所以45岁以上网购的人群相比国内而言，数量也会更多。

思维方式——西方人太强调个性和个体，强调个体就会缺乏包容性。西方人的思维方式是由微观到宏观，与以个体为中心的思维方式相适应的。西方人用西方的思维方式创立了现代科学和现代资本主义制度，推动了人类科技飞速发展。个人利益最大化和自由竞争是现代资本主义制度的两大基石。西方人由微观到宏观的思维方式造成了宏观把握能力欠缺，西方文明主导下的发展始终重复着一种模式，就是发展—修正—再发展—再修正。

宗教信仰——基督教、伊斯兰教与佛教并称为世界三大宗教。这三种宗教是目前世界上仅有的三个各自被一部分国家列为国教的宗教，如基督教在欧美一些国家、伊斯兰教在中东一些国家、佛教在不丹和柬埔寨分别被列为国教。由于国外买家宗教信仰不同，不同的信仰，买家所呈现的性格特点也会有所差异，因此跨境电商卖家应大致了解宗教的基本情况。

¤ 工作任务实施

新年是俄罗斯人非常注重的节日，他们会在这个重要的节日互送礼物，越来越多的俄罗斯消费者开始通过网购的方式来采购节日用品。购物旺季对卖家和买家都非常重要，绝大部分跨境电商企业将新年这段时间作为俄罗斯市场一年的重中之重。

请你以Tom洗漱用品有限公司市场专员的身份，完成下面任务。

1. 利用所掌握的方法，挖掘并筛选出目标客户。

2. 思考并设计计划应该如何最大限度地利用年终旺季完成丰收和满意的一年。
（1）了解俄罗斯消费者喜欢买什么。

（2）了解俄罗斯消费者喜欢怎么买。

（3）计划采取的有效促销方式。

¤ 任务评价

请完成表12-2的学习评价。

表12-2 任务学习评价表

序号	检查项目	分值	结果评估	自评分
1	是否了解跨境电商客户的主要来源？	30		
2	是否会运用方法进行客户识别筛选？	30		
3	是否会运用方法对跨境客户主要特点进行调研？	40		
	总分	100		

习题巩固

任务 12.2　跨境客户开发策略与方法

学习目标

【知识目标】
(1) 了解跨境客户开发策略。
(2) 掌握跨境客户开发的渠道与方法。
(3) 掌握跨境电商客户开发信的要素与撰写方法。

【能力目标】
(1) 能够综合利用各种方法开发跨境客户。
(2) 能够完成跨境客户开发信的撰写。

【素养目标】
(1) 锻炼多维度的跨境客户开发思维。
(2) 培养基于客户视角开发跨境客户的思维。

任务引入

新零售贸易公司的跨境电商店铺已经开张运营,企业希望尽快增加客户规模,提高销售额,于是组织跨境电商市场专员学习跨境电商客户开发策略与方法。

任务分析

寻找潜在客户是跨境电商客户开发循环的第一步,在确定产品或目标市场区域后,就需要找到潜在客户并同其取得联系。这就要求市场人员熟悉客户开发策略,并能综合利用客户开发方法去寻找挖掘出潜在客户。

知识链接

知识点 1　跨境客户开发策略

跨境客户开发是指企业通过分析产品或服务的市场形势,制定企业经营目标,针对跨境目标客户的需求开展有效的营销活动,将目标客户的购买欲望和能力转化为实际购买行为,引导客户成为企业现实客户的过程。

一、营销为导向的跨境客户开发策略

营销为导向的客户开发策略是以客户为中心就要突出客户的需求，并利用便捷的方式满足客户的需求，它是境外客户开发的最佳和理想途径。营销为导向的开发策略，依靠企业自身的产品、价格、渠道和促销优势来吸引客户，将他们的购买欲望转化为购买行为。营销为导向跨境客户开发策略的优势在于，在客户开发过程中，有效地调动了客户的主动性，客户被企业产品与服务所吸引，主动或自愿地被开发成为企业的客户。

跨境电商客户分散在世界各地，为众多的跨境客户提供满意的服务需要借助遍及世界各地的互联网信息技术等，通过互联网将企业和客户紧密联系起来。在互联网技术的支撑下，借助恰当的营销策略为客户提供更好的产品和服务。在跨境客户开发过程中，企业的经营以创新客户满意、赢取客户忠诚为中心，致力于为客户提供更好的产品与服务，更便捷的交流、沟通渠道，更具吸引力的价格等来有效吸引客户。

二、推销为导向的跨境客户开发策略

推销是相对于营销导向的一种开发策略，推销是企业推销人员通过传递信息、说服等技巧与手段，确认、激活客户需求，并用适宜的产品满足顾客需求，以实现双方利益交换的过程。推销活动起始于寻找潜在客户。在内贸中，推销人员可以利用语言、地理优势通过一定的方式发现目标客户。

在跨境客户开发过程中，由于客户分散在世界各地，在语言、地域、风俗、消费习惯等方面存在很多差异，推销难度更大，因此有必要掌握和利用一定的方法与技巧，来提高推销效率。例如，在"互联网＋"时代，可以充分借助互联网技术进行客户调研、利用视频直播方式进行产品演示和客户互动等，这样既可以增加与客户互动，加强客户参与感，也可以在较小的成本下实现跨境客户开发。

知识点2　跨境客户开发方法

针对跨境客户的距离远、分布散的特点，跨境客户开发要依托遍布全球的互联网。借助业务覆盖全球的跨境电商平台、国内电商平台、社交媒体、搜索引擎、即时聊天工具等是开发跨境客户的有效渠道。开拓跨境客户市场的方法主要有以下几种。

一、利用搜索引擎开发客户

搜索引擎是外贸企业海外推广的有效手段之一，同时，也是搜索买家资料时很重要的一个工具。在具体操作中，常用以下方法：

（1）直接在搜索引擎首页输入关键词。
（2）在各国本地的常用搜索引擎输入关键词。
（3）用"关键词＋公司后缀"进行搜索。
（4）用公共邮箱后缀进行搜索。
（5）用搜索引擎地图搜索。
（6）通过国际展览会、博览会网站搜索。

下面是综合利用搜索引擎等互联网工具为某洗漱用品有限公司开发新客户的实践操作：

步骤一：通过搜索引擎收集跨境客户信息，例如，把公司产品的关键词 toothpaste ＋ importer/distributor/buyer/agent 输入搜索框进行搜索。

步骤二：通过客户所在国家的本土电商网站收集客户信息。具体到本任务，可以到 Ozon、Wildberries 等电商网站搜索俄罗斯相关客户信息。

步骤三：通过海外社交网站收集客户信息，通过 Facebook、Pinterest 等社交网站搜索相关客户信息。

步骤四：根据搜索到的客户信息，主动联络客户推荐店铺和产品。

二、通过业务覆盖全球的电商平台开发跨境客户

业务覆盖全球的电商平台包括全球速卖通、亚马逊、Ebay 等。它们在业务上覆盖了全球主要国家和地区，有广泛的客户群。

全球速卖通面向海外买家，是全球第三大英文在线购物网站。通过全球速卖通开发客户，需要完成店铺注册和装修，成交订单一般通过国际支付宝付款，同时，全球速卖通支持信用卡（Visa/Master Card）、Money Bookers、西联支付（Western Union）和银行转账（Bank Transfer T/T）等付款方式；产品一般通过国际快递送达客户，如中国邮政小包、DHL、UPS 等，一些卖家为缩短国际快递时间缩减快递成本也会设立海外仓。

亚马逊是美国最大的一家网络电子商务公司，是全球商品品种最多的网上零售商和全球第二大互联网企业。亚马逊和全球速卖通不同，它的跨境电商平台设立了不同的站点，每个站点涵盖一定的国家或地区，如美国站主要针对美国、加拿大等北美客户。2012 年，亚马逊"全球开店"项目向中国卖家开放，大批中国卖家涌向亚马逊开启了跨境电商业务，"全球开店"项目向中国卖家开放的站点有美洲站、欧洲站和亚洲站，澳洲站也即将开放。亚马逊平台运营也有自身特色，如重推荐，轻广告；重产品详情，轻客服咨询；重产品，轻店铺；重视客户反馈和用户体验。

三、通过区域性电商平台开发跨境客户

随着互联网技术的发展和电子商务的触角不断触及世界的各个角落，许多国家也看到了电商发展的潜力，一些覆盖本国或本地区的电商平台也营运而生。目前，一些国家发展比较好的电商平台如下：

（1）Allegro。Allegro 是欧洲第五大访问量的网上交易市场，超过 1 200 万的注册用户。其主要目标市场是东欧，也是波兰最大的电商平台，几乎占了波兰电商市场 80% 的份额，作为欧洲增长最快的电子商务平台，很受东欧客户的欢迎。

（2）Bol.com。Bol.com 是比利时、荷兰和卢森堡地区最大的在线综合类平台。每天拥有超过 100 万多次的访问量，有 650 万活跃的客户，在当地甚至不逊色于亚马逊，深受荷兰消费者的喜爱和尊重。

（3）Cdiscount。Cdiscount 是法国地区最大的电商平台，有专门的海外仓服务，可以在物流、客服上节省大量的时间，有很好的发展前景。

（4）Rakuten.co.uk。Rakuten 是英国第三大在线电商平台，紧随亚马逊和 eBay 之后。所有零售商都能够在 Rakuten 的 Play.com 店铺推介其品牌，是首个为零售商提供自定义店面的电商平台。

（5）Tophatter。Tophatter 是美国的一个在线拍卖电商平台，区别于其他电商网站，Tophatter 的订单大部分都是通过实时拍卖的方式卖出，也就是买家相互竞价，谁出的价格高，谁就拍卖成功。

（6）MercadoLibre。MercadoLibre 是拉美地区电商平台，覆盖了南美洲 18 个国家，其中包括巴西、墨西哥、智利、哥伦比亚、阿根廷等。2017 年销售额增长 30%，是一个成长速度很快的电商平台。

（7）Qoo10。趣天网的最大特点是经营范围广，覆盖国家多。已在日本和新加坡等 5 个国家运营了 7 个购物网站平台，还在继续向其他亚洲国家和地区扩充与发展。

（8）Lazada。东南亚最大的电子商务网站，主要涵盖马来西亚、新加坡、菲律宾、泰国等市场。

区域性电商平台虽然在市场分布范围上不够广，但在当地的影响力或发展速度不容小觑。利用这些区域性电商平台更熟悉本国或地区市场的优势，可以帮助拓展跨境客户。一方面，企业可以到卖家开放的区域性电商平台开店，通过他们的平台开发跨境客户；另一方面，国内卖家也可以成为区域性电商平台卖家的供货商，充分发挥我国商品物美价廉的优势，通过电商平台的卖家开发跨境客户。

四、通过社交媒体等开发跨境客户

1. 领英

领英是全球最大的职业社交网站之一，国外的很多大公司及员工都是领英的注册用户，而且他们具体的工作职位都会标清楚，这对外贸企业的推广来说十分有利，因此通过领英能够找到更多的跨境客户和订单。

领英对于外贸 B2B 行业来说开发跨境客户是有效果的，企业在填写完毕账户之后，你还需要把公司官网、博客以及其他有帮助的信息都准备完善，当潜在客户对你感兴趣的时候可以方便快捷地了解你的信息，例如，可以查看你是提供什么产品或服务。接下来要对客户进行分析，准确定位企业的目标客户，并发邀请给他们，同时看他们的关系网里有哪些人，如果有潜在客户就加入他们的群，从群里再挖掘新的符合要求的用户。在适当的时候建立自己的专业性群组，经常在领英问答区回答和你行业相关的问题，你的答案代表着你的专业水平，一旦被人看到并且认可，自然会有吸引客户的注意。在领英问答区回答问题质量贵在精辟，如果被选中为最佳答案，是有机会被贴上"Expert"的标签，对目标客户会产生更大的吸引力。

领英也提供了付费广告，领英聚集了庞大的专业人士，也就提供了类似付费广告，领英的付费广告会根据你选择人群的种类来投放的，具有很强的针对性。在付费模式上，领英提供了按点击付费 CPC 的模式及按展示次数 CPM 的付费模式。

在领英上投放广告其受众更为精准，企业可以选择将广告投放到特定的职位、行业，地理位置、性别、公司及领英组群，也可以自由的组合各种属性，能够根据广告的需要进行调整。

注册领英账号，个人信息的完善十分重要，它能帮助客户了解你的个人信息，也可以帮助你了解客户的信息，便于在众多的用户中发现目标客户。在账户主页要经常更新内容，如发布动态，让客户看到你的近况。具体可以发说说、上传照片及写日志等，通过图片和文字形式的合理搭配，我们可以图文并茂详细地介绍企业的产品，当然也可以发布一些参展消息、客户参观的介绍等。发布了内容之后就能被联系人看到，查看、点赞你的内容的用户都可能会是潜在客户。

除个人页面外，企业还可以创建公司主页来吸引用户的关注。中文页面可以在"更多"中点击公司进入，创建公司主页。英文页面则需要将鼠标移到 Interests，单击"companies"，单击右边的"create"进去后，输入公司付费邮箱和公司英文名。常见的 gmail、yahoo、163 邮箱都是免费邮箱，这也是很多人无法创建主页的原因。输入好公司英文名和付费邮箱后，单击"提交"，然后去邮箱单击链接激活主页，之后你直接搜索你的公司名字，立刻进去主页，鼠标移到"Edit"，单击"edit page"，在里面输入完善主页信息，然后就可以发产品了。

登录领英账号，添加好友可以立刻增加档案访问量和领英公司主页访问量，更重要的是你好友越多，档案和主页做得越详细，直接添加客户采购的通过率越高。客户采购同意你的好友请求后，你可以直接看他的邮箱，这样的邮箱最准确，如若不添加好友直接查看的邮箱和搜索的邮箱，很多邮箱可能是错的或者是无效的，这会直接影响到开发跨境客户的效率。

在领英页面的输入框，输入关键词，就可以找到相应的群组，单击"申请加入"。所谓人以群分，在群组中找到潜在客户的概率会更高，当然加入群只是第一步，后续还要在群里和大家保持互动。

2. Facebook

除领英外，也可以利用 Facebook 进行产品推广。Facebook 一直是开发跨境客户不能错过的社交媒体平台，想要保证推广营销的效果，就要对该平台的功能有所了解。

（1）Facebook 除了已经成熟的信息流广告板块，还提供了更多的广告投放选择，Facebook Messenger 广告就是其中之一。Facebook Messenger 广告为企业提供了和目标用户保持联系的方式，同时，还能为用户提供自定义体验。投放广告的企业可以在 Messenger App 中回答用户的问题或者和用户预约见面。另外，还有一种插播视频广告，不管是直播还是非直播状态中，广告主都可以播放 5～15 s 的视频广告，不仅帮助企业提升了品牌知名度，还能将推广信息抵达更多的用户。

（2）Facebook 还具备直播营销功能，这样的功能也成为很多商家开展推广营销的新方式，也很受用户的欢迎，而其中它还包含了几个隐藏功能，比如视频直播预先安排功能，将 Product Shop 与 Facebook Live 相结合的功能等。企业可以访问自己页面上的发布工具，转向视频库然后创建并预先安排直播。直播预约功能一方面能引起用户的关注，让用户产生期待；另一方面能让用户腾出时间来观看直播。如果企业要将 Facebook 直播和 Product Shop 结合在一起，就要先设置好 Product Shop。完成了设置工作后企业可以在直播过程中推广自己的产品，也可以在视频中为产品添加标签，吸引用户的访问。

（3）Facebook 平台为企业提供了一个免费的推广工具 Product Shops，企业可以直接在自己的 Facebook 主页中销售产品。利用这个工具，企业可以建立一个产品店铺，让消费者选择是否直接在 Facebook 上购买产品，或者跳到企业自己的网站上完成产品购买。直接在 Facebook 页面上销售产品将让卖家能够接触 Facebook 众多的用户。

五、通过即时聊天工具开发跨境客户

Skype、WhatsApp 等即时聊天工具也是常用的开发跨境客户的方法，其便捷的在线聊天功能能够更加及时地让企业与客户保持联络，通过它们也可以有针对地去开发跨境客户。

1. Skype

安装、注册 Skype 账户后，单击"菜单"→"工具"→"搜索 SKype 用户"，在搜索客户之前要了解目标客户的缩写，如 MOTA 是摩托罗拉的缩写。搜索时可以选择国家；搜索结果出来后，单击用户名，对搜索结果进行排序，并列出可能的联系方式。除按客户名搜索外，还可以按关键词搜索，使用关键字进行搜索，需要从取名心理去做一些分析，非常认真的客户有可能把自己的产品名作为 Skype 用户名的一部分，或者公司强制要求产品名作为用户名的一部分。Skype 上有个"搜索 Skype 用户"的功能，你可以按照国家、城市等地区、性别、对方的语言、年龄来搜索，当然最后一点就是别忘了在"查找 Skype me 状态下的用户"前面打上钩。只有标了"Skype me"的用户是欢迎别人去加他的用户。企业也可以设定"Skype me"让跨境客户找到自己。

2. WhatsApp

WhatsApp 是一款非常受欢迎的跨平台应用程序，用于智能手机之间的通信。WhatsApp 借助推送通知服务，可以即刻接收亲友和同事发送的信息。使用 WhatsApp 程序可免去用手机发送短信，同时，它还支持文字信息、图片、音频文件和视频信息的收发。WhatsApp 是基于手机

号码注册的，在注册的时候，只需要你输入手机号码，并接受一条验证短信，验证完成即完成注册。WhatsApp 会自动搜索你的手机联系人中已经在使用 WhatsApp 软件的人并自动添加到你的手机联系人名单里。

六、逐户寻找法开发跨境客户

逐户寻找法也称为普遍寻找法或者地毯式寻找法，是指营销人员在事先约定的范围内挨家挨户访问的方法，也叫作地毯式搜索法、逐户访问法、上门推销法。它是在不熟悉客户或不完全熟悉客户的情况下，推销员对某一特定地区和特定行业的所有单位或个人进行访问，从中寻找潜在的客户。所采取的寻找客户的方法就是把推销员按地区划片分工，逐户去访问。显然，依靠挨家挨户地方式拜访跨境客户难度极大，在"互联网＋"时代，要充分借助互联网＋推销拓展跨境客户。

企业在开发跨境客户之前，需要有一批业务熟练的客户开发人员，在充分熟悉产品和市场后，调研国外市场主要客户。推销人员通过互联网搜索潜在客户信息，如查看潜在客户的官网、网上销售店铺等，研究客户经营产品品类、档次、主要销售市场、经营理念等。对于锁定的目标客户，通过邮件、电话、社交媒体等渠道主动拓展业务。

七、客户引荐法开发跨境客户

客户引荐法又称为连锁介绍法、无限连锁法，就是指市场人员由现有客户介绍他认为有可能购买产品的潜在客户的方法。现有客户的介绍方法主要有口头介绍、写信介绍、电话介绍、名片介绍等。实践证明，客户引荐法是一种比较有效的寻找潜在客户的方法，它不仅可以大大地避免寻找工作的盲目性，而且有助于市场人员赢得新客户的信任。客户引荐法适用于特定用途的产品，如专业性强的产品或服务性要求较高的产品等。

利用客户的朋友圈去发现潜在客户也是重要的跨境客户开发途径。利用客户引荐法开发客户的优点是比较容易接近目标客户，客户可以直接和目标客户沟通，目的性强、成功率高。当然，利用客户开发跨境客户也可能会遇到一些问题，如客户是否愿意利用其朋友圈帮助开发跨境客户；客户是否具备开发身边潜在客户的能力等。

八、光辉效应法开发跨境客户

光辉效应法又称为中心辐射法、名人效应法或影响中心法等，属于介绍法的一种应用特例。它是指市场人员在某一特定的区域内，首先寻找并争取有较大影响力的中心人物为客户，然后利用中心人物的影响与协助把该区域内可能的潜在客户发展为潜在客户的方法。"光辉效应"法则显示，一些中心人物的购买与消费行为，就可能在他的崇拜者心目中形成示范作用与先导效应，从而引发崇拜者的购买行为与消费行为。光辉效应法适用于一些具有一定品牌形象、具有一定品位的产品或服务的销售，如高档服饰、化妆品、健身等。

九、代理人法开发跨境客户

代理人法，就是通过代理人寻找潜在客户的办法。这种方法在国外用得比较多，一般是市场人员在自己的业务地区或客户群中，通过有偿的方式委托特定的人或机构为自己收集信息，了解有关客户和市场、地区的情报资料等。实际上这种方法是以一定的经济利益换取代理人的关系资源。代理人法的不足与局限性在于合适的代理人难以寻找，更为严重的是，如果市场人员与代理人合作不好，沟通不畅或代理人同时为多家公司担任代理，则可能泄露公司商业秘密，这样可能使公司与市场人员陷于不公平的市场竞争中。

十、直接邮寄法开发跨境客户

直接邮寄法，就是企业将产品及企业信息印刷成信件或宣传品，以直接邮寄的方式传送给有可能购买的客户,以促使客户购买的一种方式。在有大量的可能的潜在客户需要某一产品或服务的情况下,用直接邮寄的方法来寻找潜在客户不失为一种有效的方式。直接邮寄法具有成本较低、接触的人较多、覆盖的范围较广等优点;但是,该法的缺点是时间周期较长。

十一、客户资料整理法开发跨境客户

客户资料整理法本质上属于"资料查阅寻找法",此法强调客户资料管理,现有的客户、与企业联系过的单位、企业举办活动(如公关、市场调查)的参与者等,他们的信息资料都应该得到良好的处理和保存,这些资料积累到一定的程度,就是一笔财富,在市场营销精耕细作的今天,这尤为重要。例如,某个家庭,第一代洗衣机购买的是"小天鹅双桶洗衣机"、第二代洗衣机是"小天鹅全自动洗衣机"、第三代洗衣机是"小天鹅滚筒式洗衣机",如果要做到真正让客户的三代洗衣机都选用"小天鹅",客户的资料和精细的客户服务就是必不可少的。

十二、市场咨询寻找法开发跨境客户

所谓市场咨询寻找法,就是指市场人员利用社会上各种专门的市场信息咨询机构或政府有关部门所提供的信息来寻找潜在客户的方法。使用该法的前提是存在发达的信息咨询行业,目前中国市场的信息咨询业正处于发展阶段。使用该法的优点是比较节省时间,所获得的信息比较客观、准确;缺点是费用较高。

一些组织,特别是行业组织、技术服务组织、咨询单位等,它们手中往往集中了大量的客户资料和资源,以及相关行业和市场信息,通过咨询的方式寻找客户不仅是一个有效的途径,有时还能够获得这些组织的服务、帮助和支持,如在客户联系、介绍、市场进入方案建议等方面。

十三、会议寻找法开发跨境客户

随着社会的发展,人们的交往也呈现多层次、多形式的特征。会议已经成为人们相互沟通的社会交往的重要表现形态;成为各类组织提升形象、传播和发布信息的重要契机。如今的会议形式已然超出了一般的单一格局,正朝着多元化方向发展,很多商业性目的的会议能产生巨大的客户开发机会,如行业演讲会、网上研讨会等。

行业演讲会或品牌技术研讨会通常由一个利益主体组织,一家或数家参与品牌通过会议进行演讲,尽管以技术或产品交流为形式,但却是以品牌宣传为主要目的,这类技术研讨会通常由品牌或行业媒体组织。对于跨国行业演讲会或品牌技术研讨会,经常会聚集世界上主要国家和地区的生产商与销售商,借助会议可以开发国外的批发商、零售商甚至是消费者。

随着信息技术的发展,网上研讨会成为举办研讨会的又一形式,它能够在节省主办方成本前提下,使更多的客户和目标客户获得研讨会内容,主办方能更有利地进行推广和跨境客户开发。网上研讨会有直播和录播两种类型,直播也是在指定的时间举办,并有演讲人进行演讲,演讲人可与客户及目标客户进行互动,由于采用了视频直播的方式,因此观众也可获得很好的现场参与感。网上研讨会规模可大可小,客户的接受度也比较高,可以在较小的会议成本下实现跨境客户的开发。

十四、挖对手的客户开发跨境客户

挖对手的客户是指企业通过各种竞争手段,如产品性能创新、提供增值服务、降低产品价格等,从竞争对手那里抢夺目标客户的方法。当竞争对手的产品、服务不能满足客户需求时,利用这种方法往往能收到很好的效果。

挖掘竞争对手的客户,需要多方面的优势组合。首先是自身产品定位,要么产品能通过性能创新或质量保证方面占绝对优势,要么是通过提升生产效率降低成本,从而价格获得绝对优势。

如果质量和价格均没有明显优势，就要考虑能否在竞品中具有比较优势。因为很多产品不可能100%的没有缺陷，抓住竞品缺陷问题，趁机把我们的产品推给竞争对手的客户，然后逐步获取该客户更多份额，以此拓展跨境客户。

知识点3 跨境电商客户开发信

在跨境电商平台上售卖产品，在运营中，跨境卖家向客户推荐公司与产品，是非常重要的。买家在购买产品时，对于物流、支付、价格及许多方面都会有质疑。卖家应打消买家的疑虑，减少客源流失，提高卖家的收益。

一、问候寒暄

在线沟通时，会涉及问候欢迎来客、提供帮助等寒暄语句。问候寒暄时，要亲切、自然，表现热情，常用语句如：

Thanks for your visiting to my online store!

What may I do for you？

Is there anything you like？

二、公司简介

关于公司的材料很多，诸如公司历史、地理位置、技术、实力、荣誉和产品简介。为了提高效率，应筛选出关键和有效信息提供给买家，从而达成交易。

在公司简介撰写中，应尽可能多、有技巧、恰当地呈现行业用词和商业信息量，而不是单一地只注重文采。商业化用词更能激发客户的关注和兴趣。在内容上应表明公司经营的产品及客户关注的价格、质量、服务、产品质量保证和售后、退换等一系列重要信息。这些信息是达到推销目的的关键，与购买者的利益息息相关，也是买方最先关注、询问的信息。

示例：

We are one of the biggest suppliers of Electronic Shaver on AliExpress.With more than 3 years'experience in world trade，we are able to provide the best prices，the highest quality and the superior service. We inspect our products before shipping them out and provide a 1-year warranty for all products.

We promise to give you a full refund if the products are not as described. If you have any questions，please contact us. We are happy to help you.

三、标题

在与客户进行有效的沟通时，标题的句式和表达有下面几种方法：

要具有吸引力的标题。在与客户进行沟通时，无论采用何种沟通工具，都要尽可能用直接、鲜明、简洁并安全的标题，以激发客户的好奇心，吸引买家的注意力。例如，标题1：Latest technology, which can help you double your efficiency in some ways. 标题2：The latest and unique pattern.

（1）大买家效应法。新客户会被大买家的光环而吸引，会因为卖家能够与大买家合作，而且具有合作多年的业绩，认同卖家的资质，相信卖家的推荐和对产品的描述，从而容易促进交易。采用这种方法时，标题就可以写"产品名称＋大买家"。例如，假设有一个大买家是T-Hotel，标题就是"towel supplier of T-Hotel for about 5 years"。

（2）认证法。如果卖家公司或所售产品通过了一些含金量很高的认证资质，在标题中应凸显出这些认证，那么对认证比较看重的客户就会在筛选中优先选择该产品。例如，卖家加入欧盟全球性鞋类认证机构"STARA"组织，并取得"CE"产品质量证书，标题可以写为：Our company has joined the European Union global footwear certification organization STARA, and obtained the "CE" product quality certificate.

四、产品简介

在产品方面，买家更多的是关注材质、规格尺寸、使用方法及其他问题。卖家在与客户交流这些方面的问题时，需要实事求是，如实相告，列出产品特点，避免产生纠纷。

五、产品推荐信

产品推荐信为商务信函的一种，典型的产品推荐信有一些固定的内容，具体包括称呼、正文、信尾敬语、签名。正文部分要提出产品名、概括新产品是什么，简要列出产品特点。在英文推荐信中，由于客户关心的更多是产品及成本，所以卖家一定要抓住重点，把产品特性放在英文推荐信的首位，同时，对客户的利益点要指出。

如果能够说服买家订阅店铺，则更有利于产品的推广。通过及时向订阅客户发布产品及活动信息可以有效地提高产品销量。

下面是一封跨境卖家给新客户发的信函，向新买家推荐店铺，内容主要强调的是店铺可以向客户推送最新的产品及促销信息。

Dear customer,

Thanks you for showing interest in my products. In order to offer a better service and keep you updated with the latest promotions and products, please subscribe to my store. Any problem of subscribing, please refer to http://help.aliexpress.com/alert-subscribe.html.

Best regards,

(Your name)

工作任务实施

请你以 Tom 洗漱用品有限公司市场专员身份，完成下面任务：

1. 利用互联网工具开发新客户。将开发客户过程截图放置下方。

2. 给新客户书写并发一封客户开发信函，向新买家推荐店铺。

任务评价

请完成表 12-3 的学习评价。

表 12-3　任务学习评价表

序号	检查项目	分值	结果评估	自评分
1	是否了解跨境客户开发策略与方法？	10		
2	是否会综合运用互联网工具开发新客户？	40		
3	是否了解跨境客户开发信的结构与撰写技巧？	10		
4	是否会撰写跨境客户开发信？	40		
	总分	100		

习题巩固

任务 12.3　跨境客户价值分析

学习目标

【知识目标】

（1）理解客户对企业的价值。
（2）了解跨境电商新老客户购物特点。
（3）掌握针对跨境电商老客户管理与二次销售的方法。

【能力目标】

能够对跨境电商老客户进行有针对性的维护和二次销售。

【素养目标】

培养在实际工作中应用辩证唯物观解决问题的能力。

任务引入

新零售有限公司非常注重开发新客户，在广告投放、引流等环节投入了巨大的营销费用，成效明显，吸引来了不少客户。但是，有些客户购买时非常爽快、简单咨询后就会下单，同时，也有些客户在咨询环节花费大量时间，甚至咨询后，也未达成交易，大大增加了企业的运营成本。鉴于此，公司开始分析新老客户购物的特点，并研究对老客户进行有针对性的维护和二次营销，以期能够降低运营成本，提高客户开发效率。

任务分析

客户是一个企业最宝贵的财富。传统经营管理思想认为，企业只需关心如何获取新客户，如何扩大销售额即可，而忽略了如何保持已有老客户。其实，老客户才是公司的重要基石和宝贵财富。如果企业对成交的客户进行有效管理和维护，对他们进行有针对性的二次营销，就有利于他们再次购买，使新客户变成老客户，老客户变成重要客户，企业就可以降低市场开发成本，提高利润率。

知识链接

知识点 1　客户的力量

在知识和智力资本占有举足轻重地位的行业，处于同一行业的各个公司之间的业绩存在着巨大的差距。大量经营实践证明,低的客户流失率是企业经营成功和持续发展的基础和重大动力之一。客户流失率低的公司其利润额始终保持高位,增长速度也快得多。客户产生巨大的经济效果,主要源于两种力量,即客户数量效应和客户保持时间效应。

一、客户数量效应

客户数量效应即客户流失情况对企业客户存量的影响。假设有两家公司,一家公司的客户流失率是每年5%,而另一家公司的客户流失率是每年10%。即前者的客户保持率为95%,后者为90%。再假设两家公司每年的新客户增长率均是10%,那么第一家公司的客户存量每年将净增5%,而第二家公司则为零增长。这样持续几年后,前者的客户存量将翻一番,而后者却没有实质性的增长。

二、客户保持时间效应

客户保持时间效应主要表现在两个方面:一方面是老客户为公司贡献更多的利润;另一方面是公司保持老客户的成本要比获取新客户的成本低得多。

美国市场营销学会客户满意手册的统计数据表明,吸引一个新客户所耗费的成本大概相当于保持一个现有客户的5倍,减少客户流失就意味着用更少的成本减少利润的流失。在成熟期的产品市场中,要开拓新客户很不容易。客户的忠诚度是一个企业能够生存发展的重要资产之一。在大多数情况下,企业从每位客户那里赚取的利润与其停留的时间成正比。随着客户保持年限的延长,投资回报率会呈现规律性增长。在大多数行业里,长期客户对企业的贡献随时间的延长而增加。因为高度满意的客户随着时间的增加会购买更多的产品或服务,并愿意为物有所值的产品或服务付出额外的费用。同时,拥有忠诚度的客户在已经建立信赖感的前提下的交易行为会为双方节省大量的时间成本、精力、人力,也会因客户有学习的效果而使企业可以花费较少的成本来服务客户,降低了公司的服务成本。而且忠诚的客户也会对该企业进行正面宣传,以便他人参考,他们也会把卖方推荐给其他潜在客户,进而替企业创造新的交易,从而间接地为企业创造更多的收入和利润。而当面临卖方合理的价格调整时,长期客户对价格敏感度较低,不会因一点小利而离开。企业一旦无法留住客户,不仅会失去原有客户的收益,并且需要花费更多的成本去寻求新客户以取代原有客户,因此,将因客户的转换行为而造成企业成本负担加重。而拥有长久且比较忠诚的客户,对企业的运营与收益较为有益。

知识点2 跨境电商新老客户购买流程分析

新客户一般是通过关键词搜索、类目浏览或付费广告进入我们的店铺,入店后对产品的款式、详情细节、评价情况、价格折扣、店铺信誉等进行主观辨别,在这个过程中,如果哪一个不是自己中意的,可能就退出店铺,俗称跳失率。如果有用户感兴趣的产品,则加入购物车或收藏。比较咨询后下单购买,成交之后还将因为服务不到位,诸如物流等因素产生纠纷。

对在店铺中购买次数大于1次的客户称为老客户或回头客。老客户会对我们店铺的产品质量和服务有客观的认识,如果有良好的购物体验,当看到自己感兴趣的产品时,只是简单咨询或直接拍下付款,他们更关注款式与店内活动。如果发生缺货或物流等问题,也相对容易解决,收到货之后会对产品进行更倾向于感性的评价,相应的纠纷提起率极少,而且非常乐意把自己购买的产品和经历分享到社交圈,并希望获得朋友们的认可。

跨境卖家可以考虑针对现有老客户进行二次营销,可以按下面步骤具体操作:

第一步:进行客户分类——按照每次购买产品的时间长短,可以进行客户分类。
第二步:找出不同类型客户的购买的共性与差异性——根据上一步分类客户的共同特性判

断出是初次购买还是再次购买的回头客。

第三步：梳理初次购买和再次购买的购买流程并比较分析。

第四步：提出方案——根据新老客户购买流程的不同，找出能够帮助企业降低成本、促进客户购买的办法。

> ■ **素养提升**
>
> 跨境电商的成功运营，其核心是客户的下单"黏合度"。一位老客户重复下单次数的多少真正决定了店铺的成功与否，第一次订单产品与服务的高满意度购物体验往往决定了客户能否多次重复下单，这与跨境电商卖家的专业度和耐心密不可分，这也对跨境电商卖家的综合能力提出了巨大挑战。
>
> 国家主席习近平强调，"要学习掌握唯物辩证法的根本方法，不断增强辩证思维能力，提高驾驭复杂局面、处理复杂问题的本领"。
>
> 跨境电商从业人员应在实际工作中应用辩证唯物观解决问题，利用专业知识和工作经验帮助客户解决一些实际问题。

知识点3　跨境电商老客户潜在价值分析

一、降低营销成本，提高利润率

从新老客户的购买流程中可以看出，老客户的购买流程相对新客户要缩短很多。据相关数据表明，开发一个新客户的成本是维护一个老客户的7～8倍。一次交易的完成并不意味着结束，若看成和客户再次沟通的开始，挖掘客户及客户圈内的潜在价值，增加老客户的成交次数，就意味着提高店铺的销量，从而增加更多的利润。

二、有效快捷地沟通，辅助优化产品

相对于新客户，老客户的优势是具有明显的信任基础，如果注重加强与客户线上和线下沟通，可以更直接地获取老客户对产品的意见和建议，选择或开发符合客户真正需求的产品，在竞争日益激烈的网络中方可占领高地。

三、借助口碑力量，建立品牌之路

随着速卖通在全球的影响力增强，速卖通正渗透国外终端用户的生活圈，而且国外买家朋友非常喜欢网络社交，经营店铺离不开客户的经营，日常我们对客户社交圈多加关注，则可以有效地增加客户的黏性，分享客户分享的内容，客户也乐意分享你所分享的。那么，每新增一个新客户对客户或店铺分享，意味着你的产品将获得更多海外买家的认知，用心经营的卖家可以通过口碑的力量获得廉价的品牌建设渠道。

知识点4　跨境电商老客户二次营销

开发一个新客户的费用是保持一个老顾客费用的5倍；保留5%的忠实顾客，利润额在10年内能增加100%；一个忠实的客户所带来的持续消费、关联性消费、介绍他人消费等是一次性客户消费量平均额的N倍；80%的生意来自20%的客户；区别公司的客户类别，抓住最主要的客户尤其重要。

有些跨境电商企业往往忽略了对老客户的维护与挖掘，将精力放在寻找新客户上。这样的后果就是店铺需要不断地投入广告费用、增加营销成本和运营成本。企业应该有意识维护老客户，稳定客户群，降低企业的运营和营销成本。同时，有针对性地对老客户进行二次营销。

面向跨境电商老客户二次销售，促进再次交易的主要途径如下。

一、维护老客户，增加客户黏性

在普遍"静默式"下单的情况下，跨境客户很少与跨境电商卖家进行深入交流。也就很难形成具有"黏性"的老客户。因而，当跨境卖家遇到客户的投诉问题时，没有感到麻烦与烦躁，而是利用专业知识和耐心，为客户完美地解决实际问题后，客户对卖家的信任会显著增强，这种人与人之间的相互信任关系会促使客户在未来稳定回购下单。

同时，相对于国内买家，跨境买家更容易接受"客户俱乐部制"。因此，有效且精致的营销邮件群发，一方面可以增加客户的黏性；另一方面也可以通过优惠券的发放促使客户参与店铺的各种促销活动中，促进他们回购下单。

二、收集客户信息，开展针对性二次营销

跨境客户信息是客户开发的重要基础，如果想对跨境电商老客户做二次营销，就需要挖掘大量的客户信息，拥有准确、完整的跨境客户信息，既有利于了解客户、接近客户、说服客户，也有利于"因人而异"地进行针对性的实施营销活动，从而避免大规模的广告投入，使跨境电商企业的营销成本降到最低点，而成功率却达到最高点。

可以获得跨境电商老客户信息的渠道主要如下。

1. 访问跨境电商平台店铺

针对有过成交记录的客户，在跨境电商平台上，通过店铺后台可以查看最基本的客户资料，但更多的客户资料需要客服工作人员在与客户聊天的过程中不断地收集和整理。

收集路径：进入速卖通后台，"交易"→"管理订单"→"订单批量导出"→"设置需要导出的订单条件"。

需要注意的是，订单导出时段只支持3个月，若需要3个月以上时间的数据，需要分批导出。

通过导出的订单，可以对订单中客户信息进行整理，有针对性地筛选出客户信息，如客户ID、买家邮箱、订单金额、产品信息、收货地址、国家、联系电话等。打开订单详情还可以看到更多详细的客户信息，如客户地理位置、资金详情等。

2. 访问实时营销界面

以速卖通平台为例，可以进入实时营销界面，通过观察该界面，可以随时了解客户动向，也可以查询来访客户的信息，并与这些来访客户进行及时互动，进而有效提高转化率和客户黏度。

（1）进入"数据纵横"→"实时营销"页面，可以观察到实时访客的信息，包括访客ID、会员等级、访客类型、访客行为、首访时间、浏览量、添加收藏次数、添加购物车次数、下单订单数、下单金额等。

（2）进入"营销活动"→"客户管理与营销"→"客户管理"页面。在"所有客户"里可以看到店铺成立以来所有的客户类型，通过"客户类型"的筛选可以区分已交易的客户、加购物车的客户、加收藏夹的客户，以及自定义筛选条件。

客户资源是跨境电商业务人员的宝贵资源，要增加资源或保护资源都得靠平日的积累和留意。搜寻客户信息的渠道有很多，跨境电商企业市场人员应结合本店铺的实际情况、经营产品的特点选择恰当有效的方法，并将收集到的客户信息归档管理，同时注意客户资源积累。

通过收集客户信息的方式，主动出击联系客户，推销产品，实现有效拓展客户，在实际业务中，应遵循先里后外、由近及远地按照已经发生交易、有过邮件往来、访问过店铺的顺序收

集客户信息,具体可以参照下面操作步骤。第一步:通过导出已有订单、实时营销界面等方式搜索客户信息。第二步:对已经成交的跨境客户,从订单系统中导出客户信息,并统计好客户成交金额、成交频率等信息;对于还没成交的客户,收集客户访问记录,以及在交流平台等地方留下的信息,并将这些信息进行归类。第三步:对跨境客户信息予以整合和处理,删除重复信息;对于需要却没有的信息进行进一步挖掘,并建立客户信息档案。第四步:对跨境客户信息进行分析,了解各种客户为企业带来的利润;对客户进行细分。划分不同的客户等级,以便进行客户分类管理。第五步:对不同等级的客户实施不同频率及不同类型的客户关怀,维护客户关系。并根据客户信息,对有购买需求及购买能力的客户实施精准营销。

¤ 工作任务实施

Tom 洗漱用品有限公司的速卖通店铺,近来为了拓展市场做了很多店铺广告和引流工作,虽然吸引来了一定的访客,并且有部分访客表现出对店铺产品的兴趣,但转化率却比较低,成交较少。

请你以 Tom 洗漱用品有限公司市场专员的身份,完成下面任务。

1. 利用所掌握的方法,通过收集老客户信息开发客户。

2. 对新老客户购买行为进行梳理,提出能够降低运营成本的办法。

¤ 任务评价

请完成表 12-4 的学习评价。

表 12-4 任务学习评价表

序号	检查项目	分值	结果评估	自评分
1	是否了解新老客户购物各自购物特点?	30		
2	是否会运用方法对老客户进行二次销售?	30		
3	是否能够基于跨境电商平台收集客户信息?	40		
	总分	100		

习题巩固

项目 13

跨境电商客服

项目导读

通过本项目的学习，学生应了解跨境电商客户服务的内涵、理念和工作的方法，主要来源渠道；能根据世界各国不同的市场和产品选择适当的开发客户策略；能够灵活地综合利用各种开发客户的方法开发新客户；同时，掌握跨境客户的维护与管理方法，能够针对老客户进行二次营销，提高开发跨境客户的效率。

任务 13.1　跨境电商客服思路与技巧

学习目标

【知识目标】
（1）了解客户服务内涵。
（2）能明确描述售前、售中和售后服务工作目标、工作原则和工作职责。
（3）能具体描述跨境客服售前、售中和售后服务分别采用什么服务策略。

【能力目标】
（1）在实践中能明确跨境客服管理岗位的工作目标。
（2）能良好运用跨境客服的思路和技巧。

【素养目标】
（1）通过客服案例分析，培养服务意识。
（2）通过客服学习，培养新时代中国特色社会主义核心价值观。

任务引入

跨境客服的工作是一个窗口，通过该窗口客户能够了解店铺所卖产品的特性、功能，获得更完善的解答、更快速的反馈、更优质的服务。毕业生小张想要面试奇峰贸易有限公司的跨境客服管理岗位，面试前他应从哪些方面认识跨境客服管理岗位的工作呢？

¤ 任务分析

客服不只是机械地应对客户提问,当客户提出一个问题时,作为客服应尝试理解客户问题背后的动机。例如,当客户提出"这件衣服除白色以外有黑色吗?"的问题时,客服可以尝试了解客户为什么想要黑色的衣服。客户提出这个问题背后的原因可能有:客户不喜欢白色;客户体型丰满穿黑色显瘦;客户所处地区排斥白色的衣服;客户因参加活动需要黑色衣服等。

如果客服机械地回答客户没有黑色,这个客户很可能就流失了;但是如果客服了解了客户问题背后的动机,则完全可以针对客户需求推荐其他商品供客户选择。

¤ 知识链接

知识点 1 售前客服

一、跨境客户服务

客户服务是指一种以客户为导向的价值观,广义地说,任何能提高客户满意度的内容都属于客户服务的范围。跨境电商客户服务是指通过各种通信方式了解客户需求,帮助客户解决问题,促进网店产品销售的业务活动,包括客户售前咨询、订单处理、售后咨询等。跨境电商企业一般都设有专职的客户服务岗位,简称客服。

售前服务

跨境客户服务理念是指在与客户的接触过程中要做到以客户为中心,设身处地去理解客户,挖掘客户需求,不断满足需求,为客户创造价值。以下几点将能帮助我们树立客户服务的理念。

(1)客户为什么会离开我们?调查显示,客户离开我们主要是因为他们得不到他们想要的,这同价格没有太大的关系,45%的客户离开是因为"很差的服务";20%是因为没有人去关心他们;(以上就有65%的客户离开是因为你做得不好!而不是价格。)15%离开是因为他们发现了更便宜的价格;15%离开是因为他们发现了更好的产品;5%离开是其他原因。

(2)开发新客户的成本。开发一个新客户的费用是保持一个老客户费用的5倍;保留5%的忠实客户,利润额在10年内能增加100%;一个忠实的客户所带来的持续消费、关联性消费、介绍他人消费等是一次性客户消费量平均额的N倍;80%的生意来自20%的客户;区别公司的客户类别,抓住最主要的客户尤其重要。

(3)优质服务所带来的收益。开发一个新客户需花大力气,而失去一位客户无须1 min。平均每个被得罪的客户会告诉8~16个人;被告知这个坏消息的人还会告知更多的人。不要得罪你的客户,你得罪的不是1个客户,可能是500个客户;在网络时代,更是瞬间传万里。调查资料表明,不满意的客户中只有4%会投诉,96%的不满意的客户从不投诉,但是这从不投诉的96%的不满意客户中有90%永远不会再购买该企业的产品和服务。

二、客服工作目的

1. 解决疑问,促进销售

售前客服通常需要解答客户对产品的咨询、对售后服务和物流的咨询。售前客服应从专业角度为客户提供关于产品的信息,推荐可以满足客户需求的商品。

2. 解决售后问题,降低纠纷率

售后客户需要解决客户在下单之后发生的问题,帮助客户尽快解决问题。例如,客户下单后仓库一直没发货,客服应该催促仓库尽快发货,并将发货信息及时通知客户。

但是有些问题是客服无法解决的,如因天气原因物流延迟了或客户收到的商品有瑕疵,客服需要安抚客户情绪,给予适当补偿,避免产生纠纷。

三、跨境客服工作原则

1. 积极主动,主导沟通

客服应尽量做到以下几点:

(1)提供解决方案,让买家可以选择。无论是售前推荐商品,还是售后解决问题,客服都应主动为客户提供解决方案,并且尽可能提供一套以上的解决方案供客户选择。

(2)话语柔和,善解人意。语气柔和亲切,让客户感觉到在与人沟通,而不是在与机器沟通。网络沟通因没有语气、语调和面部表情,信息传达会部分损失,客服可以用笑脸表情和英文流行网络用语来弥补,拉近和客户的距离。

(3)多做一些,让客户安心。如果物流延迟了,客户可以主动告知客户物流运输情况,客服主动提供必要的信息可以让客户在购物和等待的过程中更有安全感,降低了纠纷率,提高了好评率。

2. 实事求是,控制期望值

客服不能为了达到销售目的做出过度营销,不能为了暂时敷衍客户的提问做出过度承诺。客服话术应以实事求是为原则,客户会对客服做出的承诺产生不同程度的期望值,客服应控制客户的期望值在可兑现的范围内。

3. 承担责任,安抚情绪

客户发起售后咨询通常是因为某些原因造成这次交易不愉快,客服在接待售后咨询时应安抚客户情绪为第一要素。客户提出的理由可能是卖家的责任,也可能是物流的责任,甚至可能是客户自己的责任,客服面对客户的提问应第一时间安抚情绪,再分辨责任。如果是卖家的责任,客服应第一时间承担责任,补偿客户损失;如果不是卖家的责任,客服可以表示客户困扰的理解,并且积极主动帮助客户解决问题。

> ■ **素养提升**
>
> "以客为尊"等于"客户第一",以微笑面对一切,在工作中应该积极主动地为客户解决问题,具有同理心,学会换位思考,不冷漠,不推卸责任,在坚持原则的基础上争取实现客户和公司都满意的双赢目标,用强烈的责任心和服务意识,以及熟练的接待技巧为客户解决问题,提供优质的服务。

知识点 2 售中客服

一、跨境电商客服流程

1. 了解客户需求

客户需求是指客户的目标、需要、愿望及期望。在商业活动中,只要是涉及供应者与需求者,则需求者的相关要求都被称为客户需求。客户需求往往是多方面的、不确定的,需要分析和引导。

提问和聆听是了解客户需求的两种主要方式。运用提问和聆听技巧,既可以帮助客服人员提高客户的接受程度,提高与客户交流的有效性,获得更加全面的信息,也能够更加清楚地了解客户的状况、环境和需求,并且还可以帮助销售人员保持清晰的思路,提高与客户沟通的效率。

售中服务

2. 满足客户需求

（1）按层次满足客户需求。对于基本信息需求，企业应在网站提供详细的产品和服务资料，利用网络信息量大、查询方便、不受时空限制的优势，满足客户的需求。

（2）客户在进一步研究产品和服务时，可能遇到问题需要在线帮助。选购产品时或购买产品后，客户还会遇到许多问题，需要企业帮助解决，这些问题主要包括产品的安装、调试、使用和故障排除等。

（3）对于难度更大或网络营销站点未能提供答案的问题，客户希望能与企业人员直接接触，寻求更深入的服务，解决更复杂的问题。

（4）客户不仅需要了解产品和服务信息、需要在线帮助、进一步与企业人员接触，还有可能愿意积极参与到产品的设计、制造、配送、服务整个过程，追求更符合个性要求的产品和服务。

客户服务需求的四个层次之间相互促进，低层次的需求满足得越好，越能促进高一层次的服务需求。客户得到满足的层次越高，满意度就越高，与企业的关系就越密切。

3. 有效使用服务工具

（1）FAQ（Frequently Asked Questions）。FAQ即常见问题解答，在公司网站中以客户的角度设置问题、提供答案，形成完整的知识库。同时，还应提供检索功能，能够按照关键字快速查找所需内容。

（2）网络社区。网络社区包括论坛、讨论组等形式，客户可以自由发表对产品的评论，与使用该产品的其他客户交流产品的使用和维护方法。营造网上社区，不但可以使现有客户自由参与，同时，还可以吸引更多潜在客户参与。

（3）电子邮件。电子邮件是最简单的沟通方式，通过客户登记注册，企业可以建立电子邮件列表，定期向客户发布企业最新信息，加强与客户的联系。

（4）在线表单。在线表单是网站事先设计好的调查表格，通过在线表单可以调查客户需求，还可以征求客户意见。

（5）网上客户服务中心。在企业营销站点开设客户服务中心栏目，可详细介绍企业服务理念、组织机构。通过客户登记、服务热线、产品咨询、在线报修等，为客户提供系统、全面的服务。

二、客户投诉处理

当客户购买或使用产品和服务时，对产品本身和企业服务都抱有良好的期望，当期望和要求都得不到满足的时候，就会令客户心理失去平衡，由此产生的抱怨和不满行为，就是客户投诉。

客户投诉处理可分为接受投诉阶段、解释澄清阶段、提出解决方案阶段、回访阶段四个阶段。

1. 接受投诉阶段

要求做到认真倾听，保持冷静、同情、理解并安慰客户；给予客户足够的重视和关注；明确告诉客户等待时间，一定在时限内将处理结果反馈给客户。

2. 解释澄清阶段

要求做到不与客户争辩或一味寻找借口；不要给客户有受轻视冷漠或不耐烦的感觉；换位思考，易地而处，从客户的角度出发，做合理的解释或澄清；不要推卸责任，不得在客户面前评论公司、其他部门或同事的不足；如果确实是公司原因，必须诚恳道歉，注意管理客户的期望，同时提出解决问题的办法。

3. 提出解决方案阶段

要求做到可按投诉类别和情况，提出相应解决问题的具体措施；向客户说明解决问题所需要的时间及其原因，如果客户不认可或拒绝接受解决方案，坦诚地向客户表示公司的规定；及时将需要处理的投诉记录传递给相关部门处理。

4. 回访阶段

要求做到根据处理时限的要求，注意跟进投诉处理的进程；及时将处理结果向投诉的客户反馈；关心询问客户对处理结果的满意程度。

知识点 3 售后客服

一、售后客服过程

在售后客服过程中，主要问题集中在货物未及时收到、实际收到货物与描述不符合等。

1. 货物未及时收到

货物未及时收到的原因很多，包括物流公司因素、下单漏单、仓库漏发、货运丢失、客人地址不对、相关信息缺失、海关清关延迟、特殊原因（如海关、邮局等机构不正常营业，安防严检，极端天气因素等）。

售后客服

2. 实际收到货物与描述不符合

导致物品描述不符的主要原因包括货品贴错标签、入错库、配错货、发错地址、下单错误等，还有产品质量因素如参数不对、色差、尺寸有出入，其他如货运过程中造成的损坏、与客人预期不符也会导致货物与描述不符。

二、主动售后咨询

客户服务人员除及时为客户提供售前、售后的咨询外，有时还要主动将一些重要的信息告知客户。

（1）告知客户付款状态，确认订单及订单处理的相关信息。
（2）分阶段告知客户货物的物流状态信息。
（3）如遇到不可抗力因素导致包裹延误、物流滞后等应及时通知客户。
（4）有问题的产品同类订单应主动沟通、说明情况。
（5）公司推出的新产品、热卖产品应及时推荐给客户。
（6）店铺的营销活动应及时通知客户。

> ■ 素养提升
>
> 做一个客服人员，如何在工作中体现社会主义核心价值观，中华优秀传统文化等思政元素？如何构建"以人为本，匠心服务，责任担当"三个价值诉求点为核心，从而实现价值引领，素质养成，完成工作任务。

¤ 工作任务实施

售前、售中和售后服务分别采用的服务策略如下：

（1）售前服务：售前服务即打前战，用你的真诚、热情的服务态度来感染客户，让他在消费之前便对公司的产品有一个好的、深刻的印象，就是说要抓住客户的眼球和消费心理。

(2)应主动与对方取得联系,了解他的满意度,询问他使用产品的效果,客户如有疑问,应耐心回答,消除客户的疑虑。让客户觉得你是真正关心他,而不是挣完他的钱便不闻不问了。要让他感受到你的服务既到位又完善。另外,加强指导型服务也要与关怀顾客并重。

(3)在产品销售后,不可对客户不理不睬,而应该经常电话联系、聊聊天、问问情况,为他们追踪服务,也可以上门指导服务,并为每位客户提供完善的一条龙服务。这不仅能留住客户,而且能通过客户的口碑和分享扩大宣传产品,有事半功倍之功效。

任务评价

请完成表 13-1 的学习评价。

表 13-1 任务学习评价表

序号	检查项目	分值	结果评估	自评分
1	跨境电商客户工作原则是什么?	20		
3	是否会有效使用服务工具,服务工具包括哪些?	30		
4	是否清楚客户投诉处理解决的四个阶段?	20		
5	是否掌握售前、售中和售后服务分别采用什么服务策略?	30		
	总分	100		

习题巩固

任务 13.2 跨境客服沟通方法

学习目标

【知识目标】

(1)了解沟通的含义。
(2)了解跨境客户沟通的特点。
(3)掌握跨境客户沟通的技巧。
(4)掌握客户纠纷投诉的处理方法。

【能力目标】

(1)能运用技巧有效进行跨境客户的沟通。
(2)能针对客户具体问题提供正确的客户服务。
(3)能掌握典型情境下客服沟通回复的方法句式。

【素养目标】

(1) 目标是训练自我反思的能力,培养能接受自己、调整自己的人。

(2) 观摩突发事件中的情绪管理,倾听时的沟通策略。这是经过训练提高后未来的我们。

(3) 从低效倾听到良好倾听的训练:用随堂练习、课后作业、观摩分析讨论针对常见问题进行训练。

跨境客户的沟通

¤ 任务引入

无论跨境电商如何发展变化,沟通始终贯穿整个业务。根据美国营销协会的研究,客户不满意的原因有 2/3 出现在商家与客户的沟通不良这个问题上。可见,客户沟通是使客户满意的一个重要环节,只有加强与客户的联系和沟通,才能了解客户的需求和期望,特别出现纠纷时,有效的沟通有助于获得客户的谅解,减少或消除他们的不满。

¤ 任务分析

跨境电商每天的具体业务操作自始至终都离不开沟通,了解跨境客户沟通有别于国内的电商沟通及传统国际贸易沟通的特点,充分利用其优势,能使许多问题迎刃而解;反之则寸步难行。

¤ 知识链接

有效的客户沟通:全渠道沟通涉及确保能够提供使用不同渠道与客户联系的体验。因此,无论客户是通过电子邮件、网站还是社交媒体与卖家联系,他们都将拥有同样出色的体验。为买家创造这种体验可以提高他们的整体满意度。因为 74% 的消费者使用多种渠道与公司完成交易,并且 76% 的消费者希望通过不同渠道进行一致的互动。

知识点 1 跨境客服沟通特点

一、客户沟通的基础知识

客户沟通就是企业通过与客户建立互相联系的桥梁或纽带,拉近与客户的距离,加深与客户感情,从而赢得客户满意与客户忠诚所采取的行动。

二、跨境客户沟通的特点

跨境电商是指分属不同关境的交易主体,通过电商的手段将传统进出口贸易中的展示、洽谈和成交环节电子化,并通过跨境物流送达商品、完成交易的一种国际商业活动。跨境客户沟通就是将沟通放在了跨境电商这个特定的业务领域,这就决定了进行跨境客户沟通时所要注意的问题和技巧与国内电商领域,或者传统国际贸易领域的客户沟通是有所差别的。这需要我们了解跨境客户沟通的特点。

1. 沟通主体分属不同关境,处于不同的文化背景之下

跨境客户沟通是发生在不同关境的主体之中的,伴随关境不同的还有沟通主体在语言、文化、思维方式、行为特征等方面的差异,而这些差异必然会造成沟通时的障碍,作为从事跨境电商业务的客服人员需要掌握这些差异性,了解不同的国家、民族和地区跨境客户的风俗和习惯、购买需求、消费心理、购买行为才能更好地进行客户关系管理,最终促进销售业绩的增长。

2. 电子通信手段为跨境客服沟通的主要方式

跨境客户沟通的整个流程主要采取电子通信手段，因此，在沟通时必须充分考虑电子通信手段的特点。同时，选择合适的沟通工具也是让跨境客户沟通效率得以提高的关键，在跨境电商中由于存在时差，因此，在跨境电商中的买方客户一般不会与卖家客服产生过多的沟通与交流，因此，每个平台上的沟通工具如站内信、订单留言和邮箱等成为买卖双方常用的沟通方式。很多平台也鼓励买卖双方通过订单留言和站内信的方式进行沟通，这样的沟通方式有以下几点优势：

（1）买方和卖方关于订单的沟通都在订单留言和站内信完成，可以避免双方由于沟通方式过多而造成的重要信息缺失。

（2）当发生纠纷时，订单留言和站内信沟通记录可以保证订单沟通信息的完整性，而其截图则是作为纠纷判责的重要证据。另外，卖家客服经常会通过邮件与买家联系，发送营销邮件、节日祝福、通知邮件及推广信等，这也正好迎合了外国客户使用邮件的习惯。但是，涉及订单纠纷问题，建议买卖双方还是在订单留言与站内信中沟通，因为在很多平台中邮件沟通记录是不被认可的。

3. 跨境沟通贯穿于跨境电商的各个环节

与大家的认识不同，跨境沟通并非只发生在售中业务洽谈这一环节。在跨境业务的售前产品展示、售中业务洽谈和售后服务等环节，跨境沟通贯穿于始终。

在售前产品展示环节，无论店铺视觉描述或商品描述都属交流与沟通范畴。店铺视觉描述的内容主要包括店铺标识、店铺公告栏、商品分类栏、参数介绍栏、客服栏、联系方式名片、关键词设置、信用评价区、店铺内促销栏等。商品描述一般包括图片（或视频）和文字两部分。图片（或视频）给客户以感性认识，好的图片带来好的视觉冲击感，会大大提高客户的点击率；文字则是对商品及服务的详细描述，是提高客户购买转化率的关键。

在售中业务洽谈环节，在订单生成前，客户对商品的咨询、支付方式、物流及其他的咨询都应及时耐心、细致、全面地回复，任何一个和客户的接触点都是沟通的重点，客户拍下未付款，可以适当跟踪，弄清楚原因，若对方因为不熟悉跨境电商的交易流程，可以协助其完成流程，提供服务，促成订单；当订单生成后，无论备货细节的确认，报价和清关的咨询（图片、发票、货运方式）等，都是沟通的重点内容，每个细节处理得当都是跨境电子商务业务成功与否的关键。

在售后服务环节，应做好后期的交流与沟通、跟踪服务，并对客户反馈及客户评价进行及时回复，必要时进行适当的关系维系和沟通联络，业务成交后不应仅视为上一笔业务的结束，也应视为新一单业务的开始，因为业务的良好执行及良好的购物体验，同一客户可能会重复下单，成为忠实的回头客，或者经由其好评和推荐（这又形成一个新的客户触点），其他的客户也会购买。这样，售前的产品展示、售中的业务洽谈、售后服务就形成了一个良性的业务闭环，螺旋向上发展。

三、跨境客户沟通技巧

1. 做好沟通前的准备

作为跨境电商的客服人员首先要明确的是你所服务的对象来自不同的国家，拥有不同的文化背景、风俗习惯和购物需求，因此，了解服务对象的总体情况，不仅是客服应该具备的素质，更是决定沟通能够成功的前提条件。

（1）了解目标市场的风俗习惯，如节假日、国庆日等，便于沟通时拉近与被服务客户的心理距离。

（2）掌握不同国家的语言习惯，根据不同人群给予针对性回复。

（3）熟悉产品的特性及物流运输等环节的查询方法，能够回答客户的问题，提供准确的信息和建议，帮助客户做出购买决策。

2. 注重语言沟通的技巧，传递重点信息

客服人员在工作态度上，要务实求真，注重细节，同时保持心态平和。使用客户的语言，除能让客户在感受到尊重的同时，也有利于双方交流的顺畅，从而提高信任度，降低差评的发生概率。

通过邮件回复客户信息时，切忌长篇大论，语言应该尽可能做到精炼，突出重点。长篇大论的写作方式容易让客户产生厌烦情绪，且关键问题常常被淹没在大段的文字中而被忽略掉。所以可以采取加大分段的方式，把重点内容单独设立为一段，并在段前段后都加入空行。这样做可以使客户没有办法忽略你的重点，增加客户阅读的趣味感，减少厌烦情绪，缓解阅读疲劳。在排版时可以采用"提供证据—证据来源网址—信息解读—解决方案—结束语"的逻辑顺序来进行分段说明。这样的方式可以给我们的客户节省时间，并带来愉悦的体验，并对重点内容印象清晰，有利于取得客户的信任。

3. 沟通一定要注重时效性

国内电商平台由于其整个购买过程都是基于网络这样的特性，一旦出现纠纷或疑问，客户往往希望在第一时间得到回复，对卖家回复的时效性较高。虽然在跨境电商中，客户对于由于时差造成的不能及时回复容忍性较高，但是作为跨境卖家，尽可能早地回答客户的问题，对于提升客户满意度和培养忠实客户发挥着重要的作用。一般来说最好在 24 小时内回复客户，若是超过 24 小时，建议在回信中首句应致歉"Sorry for the late reply"，如果对于客户的提问暂时不能回复，如暂时无法得到确切的物流信息，可以告知对方"I will inform you of the shipping information as soon as the goods is sent out."这样，会让客户感觉你是在为他着想，有得到尊重、受到重视的感觉，并且让他对这个订单的整个完成过程心里有数，而不至于产生焦虑感。

4. 淡化事件的严重性

在跨境电商交易中，客户作为购买方，对于很多专业问题是非常不了解的。例如，不熟悉复杂的国际物流，如很难清晰地理解某些中国卖家所写出的产品英文说明。因此，当出现这类问题时，客户普遍会感到问题很棘手，并容易出现焦躁心态。针对这种情况，卖家首先需要做到的就是注重沟通的每个环节，特别是在与买家客服第一次的接触中，就要尽量淡化事件的严重性，在第一时间向客户保证能够帮助客户顺利解决问题，给客户吃了一颗定心丸。客户在得到卖家帮助解决问题的承诺后，往往就会觉得事情没那么严重，可以很好解决，这就很容易解除对卖家的抵触心理，并缓解不安情绪，这样有利于客户接受后续卖家对问题原因的解释及提出的解决方法。例如，客服可以在邮件的开头明确地写出：

Dear Jane,

Thank you so much for your order!

I am really sorry to hear that and surely I will help you solve this problem.

这样安抚客户之后，会让客户更有耐心，能够继续看完邮件下面提出的解释与解决方案。

知识点 2　跨境客服沟通的思路与技巧

一、快速反应

当客户遇到与商品有关的问题时，常常会担心得不到解决而表现出急躁的情绪，因此，当

客户提出投诉时一定要快速反应，准确记录下客户的问题并与客户沟通确认，在确认之后要及时查询问题发生的原因，并将原因告知客户。但有时经常会遇到一些不能够马上解决或查明原因的问题，这时切忌对客户无应答，应向其解释原因，并尽量给予一个确定的答复时间，在答复时间到来时争取给客户一个满意的回答。

二、热情接待

当收到客户投诉时，要热情地对待，很多客服常会出现一个误区，那就是交易时对待客户热情，而投诉时对待态度会冷淡，这样的做法很容易给客户带来一种虚伪的印象，这样的印象一旦形成，即便后期解决了客户的投诉，客户也会因较差的体验而不会再次到店铺购买，会造成客户的流失。

三、认真倾听

对于客户的投诉，不要着急去辩解，而是要耐心地听清楚问题的所在，和客户一起分析问题出在哪里，有针对性地找到解决问题的方法。在倾听客户投诉时，不但要听他表达的内容，还要注意他的语调和音量，这有助于了解客户语言背后的内在情绪。同时，要通过解释与澄清，确保真正了解客户的问题。

四、引导客户思绪

引导客户思绪时可以根据情况采用以下几种方法。

1. 转移话题法

当客户按照自己的思路处在发火和不断自责的情绪时，要注意倾听对方的抱怨，试图从中抓住一些有关的内容，扭转方向，缓和气氛。

小案例：

客户：你们未按时到货，让我错过了孩子的生日，这不是钱不钱的问题，这样的损失你们补偿得起吗？

客服：非常理解您，您的孩子多大了？男孩还是女孩？

客户：男孩，7岁了。

客服：您看我给您补偿一个儿童滑板车，非常适合这个年龄的男孩子玩，这也是近期我们店卖得最好的产品，还希望您能接受。

2. 间隙转折法

对于客服暂时没办法立刻给出解决问题方法的时候，或者客服无权做相关决定的时候，采用这种方法是非常必要的。

小案例：

客户：我要求全额退款，而且退货的运费要由你们承担。

客服：您的要求我清楚了，稍等，我向主要负责人员请示一下，尽量满足您的要求，如果实在有困难，您还有没有其他解决方法，我一并向负责人请示。

3. 给定限制法

有的时候遇到一些素质较差的客户，虽然客服人员做了很多尝试，但对方依然出言不逊，甚至不尊重你的人格的时候，客服人员可以采用较为坚定的态度给对方一定的限制，从而达到让沟通进行下去的目的。

小案例：

客服：××先生，我非常想帮助您，但是如果您一直这样情绪激动，我只能和您另约时间沟通解决问题了，您看呢？

知识点 3　跨境客服常见问题沟通示例

一、关于产品的沟通

在大部分情况下，卖家已经在跨境电商平台的详情页中详细地介绍了产品的信息，包括产品质量、颜色、规格、尺寸、材质和产品的销售方式等。但是，由于平台提供的仅仅是产品图片和文字描述，在对于产品的各个方面无法把握的情况下，客户可能会向卖家进行咨询。

（1）在颜色选择上，卖家提供的备选颜色无法满足客户的需求和喜好。例如，客户询问"Hi，do you have the iPad case in golden color？"

【回复案例】

Dear Nancy，

Thanks for your inquiry.

Sorry to tell you that golden color of the iPad case is not available at the moment. There are rose gold and champagne colors，which are similar and very popular in your market. Could you please consider about one of them？ Hope to hear from you.

Best regards，

（Your name）

（2）关于产品的规格尺码，客服人员一定要耐心回复，避免因规格尺码的选择问题引发纠纷。特别是服装和鞋类产品的尺码，国内的尺码标准和国外不一样，经常混淆，客服人员应熟悉所经营产品的不同的国家标准，并准确给予客户建议。例如，某女装店铺收到买家询问某款连衣裙尺码的询盘"Dear friend，please help me choose the size for bust 89 cm，waist 7 cm，and hip 90 cm"。卖家应根据客户提供的信息，根据附图中的尺码标准图，给出参考尺码选择，吸引客户下单。

【回复案例】

Dear Nancy，

Thanks for your interest in our item. We off three different sizes S，M and L（please refer to the attached size table below）.

According to the information you offered，we suggest you choose size M. You can also get more information from the size table. Please allow 1-2 cm errors due to manual measurement.And we do have this size in stock. We will ship it within 24 hours once you place an order from us. If you need any help or have any questions，please contact us. We will be here for you.

Best regards，

（Your name）

在质量或材质上，客户有时候无法直观把握，例如，某跨境平台上卖家收到客户的咨询"The coat is cheap，is it really 90% wool？"

（3）很多客户会对自己疑惑部分向客服人员进行咨询，这时客服应进行专业、耐心和细致的回复，比如上面的问题应回复：

Dear Nancy，

Thanks for the interest.

The coat is sold in low price as it is shipped directly from our factory. We guarantee that it is made of 90% wool and 10% cashmere. It is of good quality，and we promise to give you a full refund if the material is not as described.

Best regards,

(Your name)

（4）关于产品的销售方式，目前跨境电商 B2C 平台以零售为主，但是也有打包批发、直接代发等方式，涉及非主流的销售方式或者客户有这方面需要时，通常会向卖家咨询。例如，以下客户的咨询" Hello. How much for 30 pairs of stockings with multiple colors and postage to the U.S.A ？"

【回复案例】

Dear Nancy,

Thanks for your inquiry.

Sorry to tell you that we sell this item in dozens. You can choose the quantity of 3 dozens. And you can leave a message about the color you like in the order. We will make the delivery according to your requirement. And the shipping is free to the U.S.A by China Post Registered Air Mail or ePacket.

Looking forward to hearing from you again!

Best regards,

(Your name)

二、关于价格的沟通

与国内电商不同，跨境平台客户几乎不会与买家讨价还价。大部分客户直接根据平台上的产品价格直接决定下单或者不下单。但是以下几种情况可能会涉及价格的协商。

（1）如果发现客户下单未支付，跨境客服应考虑对价格、运费等进行调整，主动联系客户关注下单产品，争取订单。

【回复案例1】

Dear Nancy,

Thanks for your interest in our item. However, we notice that you haven't made the payment yet. Please note that there are only 3 days left to get 10% off by making payments. Right now, we only have lots of the X color left. The products may sell out soon for high popularity.We will prepare for your order at once after you pay. Hope to hear form you.

Best regards,

(Your name)

【回复案例2】

Dear Nancy,

We appreciate the order No.xxxxxx from you. For more future orders from you, we decide to give another 5% discount to you. We have adjusted the price for your order. Please check the price. We will ship your order within 24 hours once your payment is confirmed, If you need any help or have any questions, please let us know.

Best regards,

(Your name)

（2）客户拍下产品后，有时候会觉得价格不符合心理价位，客服提醒付款时，客户有可能会问" It is kind of expensive. Can you give me some discount ？"

①拒绝还价的回复。

【回复案例】

Dear Nancy,

Thank you for your inquiry.

I am sorry to inform you that we are not be able to offer your any discount for the price listed is reasonable and has been careful calculated and leaves us limited profit already. You can compare the price to that of the other sellers.

We can promise that our product is of good quality.

Please let me know if you have any further question.

Sincerely,

(Your name)

②给予折扣价的回复。

【回复案例】

Dear Nancy,

Thank you for your inquiry.

We'd like to offer you some discounts on bulk purchases. If your order is more than 10 pieces, we will give you a discount of 5% off.

Look forward to your reply.

Sincerely,

(Your name)

（3）跨境电商的一些小额跨境批发平台如敦煌网，是以批发的价格优势吸引众多的批发商。因此，如果有批发询盘时，跨境客服一定要抓住机会，回复时将商品样式、采购量和相应的价格详细说明。批发价格一定要有竞争性，最好可以免邮，这样可以让客户觉得得到了一个特大优惠。

【回复案例】

Dear Nancy,

Thank you for your inquiry.

We hope to establish business relationship with you. Here is the links of the products which you are interested in. If your order is larger than 100 pieces, we could give you a wholesale price $25/piece (freight included). If you have any further questions, please let us know. We will try our best to help you. Looking forward to your reply.

Sincerely,

(Your name)

三、关于付款的信息沟通

在跨境电子商务交易中，付款是订单是否真正转化为店铺利润的关键，也是所有卖家最关心的事情。但是在实际业务中，客户经常出于各种原因迟迟没有付款，或者由于是新手买家，不了解平台支付流程和操作步骤导致了支付失败，这个时候客服的适当干预与帮助就显得非常重要了。

（1）买家未付款时，客服要采取一定的技巧进行催单。

【回复案例】

Dear valued Customer,

Thank you for your order, We have this item in stock, if you have any question for the processing the payment of the order, please feel free to contact us. Thank you!

Sincerely,

(Your name)

(2)款项在审核阶段。

【回复案例】

Dear valued Customer,

Thank you for your order. The item(s) you ordered is currently being processed and will be shipped to you as soon as your payment has been confirmed. If you do experience any payment issues, please free contact us.

Thank you!

(Your name)

(3)当客户支付失败时,客服帮助解决回复。

【回复案例】

Dear Nancy,

Thank you for your inquiry. If your payment for the order has failed, please check it is not due to the following situations:

(1) Card security code failed;

(2) Insufficient fund;

(3) Exceed limit;

(4) The 3-D security code failed;

(5) Verification failed.

If you have any other questions, please feel free to contact me.

Best Regards,

(Your name)

四、关于发货的沟通

(1)买家下单后,缺货断货时的沟通方法。

【回复案例】

Dear valued Customer,

Thank you for your order. The items you ordered is currently out of stock, however you can select an items of equal value to your order, or request a refund. Please let us know which you prefer.

We look forward to hearing from you soon.

Thank you!

(Your name)

(2)由于某种原因(如法定节假日),不能正常发货,请买家同意延长发货期的回复。

【回复案例】

Dear valued Customer,

Thank you for your order. Please note that there will be shipping delays due to the national holidays and your order might not arrive at the expected time. We plan to extend the lead time, would you please accept it?

Thank you for your understanding and patience.

（Your name）

（3）如客户提出需要更换货物，客服人员应及时查询货物库存情况，作出处理。例如，客户的来信要求将她购买的 L 码的 T 恤换成 XL 码。

【回复案例】

Dear valued Customer，

Thanks for your order. We have changed the T-shirt with size L to the one with size XL for you. Hope you would be satisfied with it.

Sincerely，

（Your name）

（4）买家选择的发货方式，卖家无法做到，询问买方是否同意更换发货方式。

【回复案例】

Dear valued Customer，

Thank you for your order. We are sorry that we cannot ship your items via DHL at this point.We can only ship your item via E-packet which usually takes 10-15 business days for delivery.Please let us know as soon as possible if we should proceed with the E-packet shipping method.

We look forward to hearing from you soon.

Thank you!

（Your name）

（5）买家所在的地区比较偏远，不能包邮，建议买家补运费。

【回复案例】

Dear valued Customer，

Thank you for your order. We are sorry that we cannot ship your items via free shipping method as the address you have provided is located in a remote area. In order to ship your items to you as soon as possible, you will need to pay an extra fee, or you can request a full refund.

We are sorry for any inconvenience this may have caused. Please let us know which you prefer.

Thank you!

（Your name）

五、关于物流的沟通

（1）发货后告知买家物流方式及查询网址的回复。

【回复案例】

Dear valued Customer，

Regarding your order number：xxx，we have shipped your items via（DHL，EDS，E-packet）and the tracking number is xxx. Please check the tracking information here：wwww.xxxxxx.com for updateds.

Please note，it will take 2-5 days before the tracking information can be viewed online. If you have any further questions，please feel free to contact us.

Thank you!

（Your name）

（2）货物在运输过程中丢失，向买家提出重新发货的回复。

【回复案例】

Dear valued Customer,

Your items have been shipped on 12 MAY, 2019, however the shipping carrier has lost the package. At this point we would like to offer you two options, we can either resend you items or provide you with a full refund. Please let know which you prefer. We are sorry for any inconvenience this may have caused.

Thank you!

(Your name)

(3) 货物已经到达买家海关,需要买家清关时的回复。

【回复案例】

Dear valued Customer,

Your order number xxx has arrived and is being held by customs, and you will need to clear your item with customs. Please note that there might be VAT that you might have to pay.

If you have any questions, please feel free to contact us directly and we will be glad to assist you.

Thank you!

(Your name)

(4) 货物投妥,但投妥地址与签收人不一致,请买家再次核对。

【回复案例】

Dear valued Customer,

Your package was delivered to the address that you have provided, here is the shipping receipt. Please check with your local post office, or any family member or neighbor who might have signed for your package.

If you have not yet received your package, please feel free to contact us directly.

Thank you!

(Your name)

六、关于售后纠纷的沟通

(1) 买家投诉货物与描述不符的沟通回复。

【回复案例】

Dear valued Customer,

We have received your dispute message, what's wrong with the items which you have received? If you are experiencing problems with the items that you have received, please take clear photos and/or video and send it to us so that we may be able to resolve it as soon as possible. Thank you for your time.

(Your name)

(2) 货不对版的沟通回复。

【回复案例】

Dear valued Customer,

Sorry to know that you received a wrong item. Please don't worry, we will surely try our best to solve the problem.

Although it hardly happen, as we have a serious package team, but I know nothing is impossible. So would you mind sending me the picture of the item you received? If we find out the problem is on us, would like to resend you the right one or refund your money as you prefer. I assure you will not bear any loss.

I feel so sorry for the inconvenience caused to you, and I am looking forward to your confirm message.

Best regards,

(Your name)

（3）买家投诉收货数量不正确的沟通回复。

【回复案例】

Dear valued Customer,

If your package is missing some of the items that you have ordered, please take clear photos of the items that you have received, and send it to us. We can then proceed to send you the missing item as soon as possible or you may tell us your solution.

Thank you for your time.

(Your name)

（4）没有在规定时间内收到货物。

【回复案例】

Dear valued Customer,

Thanks for your message.

Sorry to hear that you still have not received your order. Just now I checked the shipping record. It seems that your order has left China on Nov.23th.

You know Christmas and New Year is coming, and there are many more parcels than usual at this time of the year, which may cause delay of many parcels. I guess that may be the reason why you have not received the goods. Normally it won't be lost.Would you please wait for one more week. If you don't get it after that, please feel free to contact me again.

Thank you for your patience!

Best regards,

(Your name)

（5）客户给出差评时的沟通回复。

【回复案例】

Dear valued Customer,

We noticed that you gave us a negative feedback.We feel so sorry that you are not satisfied with your products.

From your comment, we learnt that the sleeves of the dress are too long for you. In order to show our sincerity to fix the problem, we would like to give you a 5% discount so that you can have the sleeves cut short with the refund money.

Here we sincerely hope that you can revise the bad valuation, for positive feedback is very important to us.

We apologize again for all your inconvenience. If you have any other questions, please let us know. We will definitely try our best to solve all the problems.

Best regards,

(Your name)

（6）买方将纠纷投诉到平台时的沟通回复。

【回复案例】

Dear valued Customer,

We have received your escalated dispute message. Please provide us with the specific problem that you are having in order for us to help you resolve this case as soon as possible. Or you may tell us your solution.

We are looking forward to hearing form you soon.

Thank you!

(Your name)

(7) 退换货的沟通回复。

【回复案例】

Dear valued Customer,

We apologize for the inconvenience. But we sincerely hope to bring this matter to a successful solution.

As such, we would like to offer you the following option: (1) Keep the items you ordered and accept a partial refund of US$xx; (2) Return the goods to us and you will receive a full refund; (3) Return the goods and we will give you a replacement when we receive it, and we will take responsibility of the shipping freight back and forth.

Please let us know your decision soon and whatever you decide, we hope to do business with you for a long time.

Best regards,

(Your name)

(8) 收到买家退货并完成退款后，希望下次可以再次合作的沟通回复。

【回复案例】

Dear valued Customer,

We have received your item and will now proceed to inform DHgate to apply the refund to you. We apologize for any inconvenience this may have caused. Welcome to our store again and we will give you some discount in your new order. Best Regards!

(Your name)

> ■ 素养提升
>
> 课程建设重点是考量学生从业后的职业背景和学习特点，通过对本课程所蕴含的思政要素的纵向深挖和横向凝练，使其与所需沟通知识与技能要领有机结合，实现显性知识获取与隐性价值引领的无声融合，使社会主义核心价值观落实落地。

工作任务实施

学生分为6组分别按表13-2进行提问回答，依次对照标准（表13-3）打分。

表13-2　任务学习评价表

序号	客户提问内容
1	客户询问"Hi, do you have the iPad case in golden color?"

续表

序号	客户提问内容
2	客户询问"Hello. How much for 30 pairs of stockings with multiple colors and postage to the U.S.A?"
3	客户询问"Dear friend, please help me choose the size for bust 89 cm, waist 7 cm, and hip 90 cm."
4	客户询问"It is kind of expensive. Can you give me some discount?"
5	针对货物在运输过程中丢失,向买家提出重新发货的情况如何回复?
6	针对买家投诉货物与描述不符的,如何回复?

¤ 任务评价

请完成表 13-3 的学习评价。

表 13-3　任务学习评价表

序号	检查项目	分值	结果评估	自评分
1	关于产品的沟通	10		
2	关于价格的沟通	20		
3	关于付款的信息沟通	20		
4	关于发货的沟通	20		
5	关于物流的沟通	20		
6	关于售后纠纷的沟通	10		
	总分	100		

习题巩固

参考文献

[1] 王海军. 跨境电子商务支付与结算［M］. 北京：人民邮电出版社，2018.
[2] 李鹏博，郑锴. B2B跨境电商［M］. 北京：电子工业出版社，2018.
[3] 许辉，张军. 跨境电子商务实务［M］. 北京：北京理工大学出版社，2023.
[4] 陈君鹏，丁文剑. 电商视觉营销与图像设计［M］. 北京：电子工业出版社，2021.
[5] 孟盛，贺学耕，杜作阳. 跨境电商B2C实务［M］. 北京：中国人民大学出版社，2020.
[6] 李鹏博，郑锴. B2B跨境电商［M］. 北京：电子工业出版社，2018.
[7] 陈钰，黄森才. 跨境电商综合实训［M］. 广州：暨南大学出版社，2021.
[8] 易传识网络科技. 跨境电商多平台运营：实战基础［M］. 3版. 北京：电子工业出版社，2020.
[9] 张志合. 跨境电商B2B运营——阿里巴巴国际站运营实战118讲［M］. 北京：电子工业出版社，2022.
[10] 邓志新. 跨境电商：理论、操作与实务［M］. 北京：人民邮电出版社，2023.
[11] 张繁正. 跨境电子商务数据化运营［M］. 北京：电子工业出版社，2021.
[12] 速卖通大学. 跨境电商客服：阿里巴巴速卖通宝典［M］. 北京：电子工业出版社，2016.
[13] 罗俊，黄毅，邹其君. 跨境客户关系管理［M］. 2版. 北京：电子工业出版社，2022.
[14] "跨境电商B2B数据运营"1＋X职业技能等级证书配套教材编委会. 跨境电商营销策划［M］. 北京：电子工业出版社，2021.
[15] "跨境电商B2B数据运营"1＋X职业技能等级证书配套教材编委会. 跨境电商B2B店铺运营实战［M］. 北京：电子工业出版社，2021.
[16] 宋磊. 跨境电商操作实务——基于速卖通平台［M］. 2版. 北京：北京理工大学出版社，2021.